KB165260

LLVM Cookbook

LLVM Cookbook

한 권으로 끝내는 컴파일러와 LLVM

메이유르 판디·슈오그 사르다 지음 | 박현재·민재원·서혜영·송은두·제한재 옮김

지은이 소개

메이유르 판디_{Mayur Pandey}

컴파일러와 컴파일러 툴 개발에 헌신하는 소프트웨어 엔지니어이자 열렬한 오픈소스 지지자다. LLVM 오픈소스 커뮤니티에서 활동적인 기여자며, 타이젠^{Tizen} 프로젝트에서 컴파일러 팀의 일원으로 일하면서 다른 컴파일러 기술과 함께 실천적인 경험을 쌓아왔다.

인도 NIT 알라하바드^{Allahabad} 대학에서 정보기술^{information technology} 학사 학위를 받고 현재 인도 방갈로르에 살고 있다.

나의 가족과 친구들에게 감사드립니다. 이 책을 완성할 수 있게 다른 일들을 도와줬고 항상 격려해줬습니다.

슈오그 사르다 Suyog Sarda

컴파일러와 컴파일러 툴 개발에 헌신하는 소프트웨어 엔지니어이자 열렬한 오픈소스 지지자다. LLVM 오픈소스 커뮤니티의 활동적인 기여자며, 타이젠 프로젝트에서 컴파일러 팀의 일원으로 일하면서 ARM과 X86 아키텍처의 코드 성능을 개선했다. 컴파일러 개발에서 관심 분야는 코드 최적화와 벡터화다.

컴파일러뿐만 아니라 리눅스 커널 개발에도 관심이 많고, 두바이 Birla Institute of Technology에서 열린 IEEE Proceedings of the 2012 International Conference on Cloud Computing, Technologies, Applications, and Management 에서 「Secure Co-resident Virtualization in Multicore Systems by VM Pinning and Page Coloring」이라는 제목의 기술 논문을 발표했다. 인도 Pune 공과대학 College of Engineering, Pune에서 학사 학위를 받았으며, 현재 인도 방갈로르에 살고 있다.

나의 가족과 친구들에게 감사드리며, 언제나 많은 도움을 주는 LLVM 오픈소스 커뮤니티에 감사를 전합니다.

기술 감수자 소개

로건 치엔 Logan Chien

국립 타이완 대학에서 컴퓨터 과학으로 석사 학위를 받았다. 전업 소프트웨어 엔지니어며, 관심 분야는 컴파일러 디자인, 컴파일러 최적화, 가상 머신이다. 여가 시간에 LLVM과 안드로이드Android 같은 여러 오픈소스 프로젝트에서 활동했으며, LLVM 프로젝트에는 2012년부터 참여했다.

마이클 하이들 Michael Haidl

GPUGraphics Processing Units, 인텔 제논 파이Intel Xeon Phi 가속기로 이뤄진 멀티코어 아키텍처가 주요 분야인 고성능 컴퓨팅 엔지니어다. 14년 경력의 C++ 개발자고, 수년 동안 다양한 프로그래밍 모델(CUDA)을 개척하면서 병렬화에 많은 기술을 보유하고 있다. 현재 독일 뮌스터 대학에서 연구원으로 일하고 있으며, LLVM 기술을 활용한 GPU 컴파일 기술을 중심으로 박사 논문을 쓰고 있다.

미소와 사랑으로 매일 격려를 해주는 아내에게 감사를 드립니다. 또한 LLVM/Clang 그리고 다른 LLVM 프로젝트에 많은 노력을 쏟고 있는 전체 LLVM 커뮤니티에 감사를 드립니다. LLVM이 빠르게 진화하는 것을 보는 건 정말 놀랍습니다.

데이브 티안 Dave (Jing) Tian

플로리다 대학의 컴퓨터 & 정보과학 & 엔지니어링CISE, Computer & Information Science & Engineering 부문에서 석사 연구원으로 박사 학위를 준비 중이며, SENSEI 센터의 창립 멤버다. 연구 주제는 시스템 보안, 임베디드 시스템 보안, 신뢰trusted 컴퓨팅, 보안을 위한 정적 코드 분석, 가상화다. 또한 리눅스 커널 그리고 컴파일러 해킹에 관심이 있다.

오리건Oregon 대학에서 일 년 동안 AI와 머신 러닝을 연구했고, 파이썬과 운영체제를 가르쳤다. 그전에는 4년 동안 Alcatel-Lucent(Lucent Technologies) 연구 개발부의 LCPLinux Control Platform 그룹에서 소프트웨어 엔지니어로 일했다. 중국에서 전자공학으로 석사 학위를 받았다. 연락처는 root@ davejingtian. org며, 개인 홈페이지는 http://davejingtian.org다.

많은 성과를 이룬 이 책의 지은이에게 감사를 전합니다. 그리고 좋은 책을 리뷰할 수 있게 기회를 준 팩트출판사의 편집장께 감사드립니다.

옮긴이 소개

박현재 (hyeonjae2010@gmail.com)

얕지만 다양한 분야에 관심이 많다. 계산기를 만들다가 컴파일러와 프로그래밍 언어론에 관심을 갖게 됐고, LLVM 스터디를 하게 됐다.

민재원 (binerdd@gmail.com)

한국인터넷진흥원 취약점 분석 팀에서 주임 연구원으로 근무했으며, 현재 NHN 엔터테인먼트에서 보안 엔지니어로 근무 중이다. 취약점, 익스플로잇 기술 등에 관심이 많고, 최근엔 iOS, 안드로이드 커널 취약점을 연구하고 있다.

서혜영 (hea0.seo@gmail.com)

임베디드 시스템 개발 및 최적화 분야에서 활동했고, 운영체제, 시스템 분석, 최적화 등에 관심이 많다. 새로운 것에 대해 도전하는 것을 좋아하고, 또한 세상에 대한 호기심이 많아 여행도 즐긴다.

송은두 (danny.song.ga@gmail.com)

개발을 사랑하는 소프트웨어 엔지니어다. 현재 임베디드 소프트웨어 개발 분야에 몸담고 있으며, 기술을 탐구하고 토론하며 공유하는 것을 좋아한다.

제한재 (hanjae.jea@gmail.com)

알고리즘 콘테스트로 프로그래밍에 입문해 모바일 애플리케이션, 자바 웹 서비스를 개발했다. 산업기능요원으로 사이냅소프트에서 웹 오피스와 문서 처리 솔루션을 개발했다. 프로그래밍 언어론에 관심이 있고, 지속 가능한 개발 방법에 대해 끊임없이 고민하는 개발자다. 현재 산업기능요원을 마치고 고려대학교 컴퓨터 학과에 입학 예정이다.

옮긴이의 말

컴파일러는 소프트웨어 개발자라면 누구나 매일 사용하는 도구지만, 실제 내부가 어떻게 동작하는지 아는 개발자는 그리 많지 않다. 과거엔 오픈소스 컴파일러인 GCC, 마이크로소프트에서 개발하는 MSVC를 많이 사용했지만, 최근에는 LLVM이 관심을 많이 받고 있고, 특히 엑스코드^{XCode}가 LLVM을 기본 컴파일러로 채택하면서 LLVM으로 빌드하는 상용 애플리케이션이 많아졌다. LLVM은 더 나아가 FreeBSD 운영체제를 빌드할 때도 쓰인다. 이렇듯 LLVM의 인기가 높아지면서 LLVM을 제외하고는 컴파일러를 논할 수 없게 됐다.

일리노이 대학의 연구 주제로 시작한 LLVM은 재사용이 가능한 코어 라이브러리, 프론트엔드, 링커 등 컴파일러 및 툴체인의 집합이다. 컴파일러의 구성 요소들이 모두 모듈화돼 있다는 특징 때문에 LLVM 모듈들을 사용한 다양한 프로젝트들이 활발하게 개발되고 있다. C/C++, 오브젝티브 C$^{Objective-C}$ 등 셀 수 없는 프로그래밍 언어들을 지원할 뿐만 아니라 디스어셈블러, 에뮬레이터의 코어 역할을 하기도 한다.

이 책은 LLVM 컴파일러 사용 기초부터 중간 언어, 최적화 과정까지 빠짐없이 다룬다. 관련 컴파일러 이론도 충분히 설명함으로써 컴파일러 이론에 대한 이해가 부족한 독자들도 내용을 소화할 수 있도록 책을 구성했다. 컴파일러를 공부함으로써 독자적인 컴파일러를 만들겠다는 거창한 목표를 이루지는 못하더라도, 평소에 작성하는 코드를 컴파일러는 내부적으로 어떻게 해석하고 최적화하는지 감을 잡을 수 있는 좋은 기회가 될 것이다.

각자 직장생활을 하면서도 개인적인 시간을 투자해 LLVM에 관심을 갖고 같이 번역을 완료한 동료들과 이 책을 번역할 수 있도록 지원해주신 에이콘 출판사 관계자들께 감사의 말씀을 드린다.

옮긴이 일동

차례

지은이 소개   5

기술 감수자 소개   7

옮긴이 소개   9

옮긴이의 말   12

들어가며   21

1 LLVM 설계와 사용법   29

소개   30

모듈식 설계의 이해   30

Clang/LLVM을 이용한 크로스컴파일링   35

C 소스코드를 LLVM 어셈블리로 변환   37

IR을 LLVM 비트코드로 변환   39

LLVM 비트코드를 타겟 머신 어셈블리로 변환   42

LLVM 비트코드를 LLVM 어셈블리로 역변환   44

LLVM IR 변환   45

LLVM 비트코드 링킹   49

LLVM 비트코드 실행   51

C 프론트엔드 Clang 사용   52

GO 프론트엔드 사용   56

드래곤에그 사용   57

2 프론트엔드 작성 단계   61

소개   62

TOY 언어 정의   62

렉서 구현 방법   64

추상 구문 트리 정의   67

파서 구현   71

단순 표현식의 파싱   73

이항 표현식의 파싱   76

파싱을 위한 드라이버 적용   80

TOY 언어 대상 렉서 실행   81

각 추상 구문 트리 클래스를 위한 IR 코드 생성 기법 정의   83

표현식을 위한 IR 코드 생성   84

함수를 위한 IR 코드 생성   86

IR 코드 최적화 기능 추가   90

3 프론트엔드 확장과 JIT 컴파일 추가   93

소개   93

조건문 코드 생성: if/then/else   94

반복문 코드 생성   101

사용자 정의 연산자: 이항 연산자   108

사용자 정의 연산자: 단항 연산자   114

JIT 컴파일 추가   121

4 최적화 준비   125

소개   125

최적화의 다양한 레벨   126

LLVM 패스 구현   128

opt 툴로 구현한 패스 실행   131

새로운 패스에서 다른 패스 사용   133

패스 매니저에 패스 등록   136

분석 패스 구현   139

에일리어스 분석 패스 구현   143

다른 분석 패스 사용   147

5 최적화 구현   151

소개   151

죽은 코드 제거 패스 작성   152

인라인 변환 패스 작성   157

메모리 최적화 패스 작성   161

LLVM IR 병합   164

반복문 변환과 최적화   166

표현식 재배치   169

IR 벡터화   171

기타 최적화 패스   179

6 타겟 독립적 코드 생성기   185

소개   186

LLVM IR 명령어의 생명주기   186

GraphViz를 이용한 LLVM IR 제어 흐름 그래프의 시각화   191

TableGen을 이용한 타겟 지정   198

명령어 집합 정의   199

머신 코드 디스크립터 추가   201

MachineInstrBuilder 클래스 구현   205

MachineBasicBlock 클래스 구현   207

MachineFunction 클래스 구현   209

명령어 선택자 작성   211

SelectionDAG 교정   217

SelectionDAG 최적화   223

DAG에서 명령어 선택   229

SelectionDAG에서 명령어 스케줄링   236

7 머신 코드 최적화   241

소개   241

머신 코드의 공통부분 표현식 제거   242

유효 구간 분석   254

레지스터 할당   261

프롤로그-에필로그 코드 삽입   268

코드 생성   272

꼬리 호출 최적화   275

형제 호출 최적화   279

8 LLVM 백엔드 작성   283

소개   284

레지스터와 레지스터 집합 정의   285

호출 규약 정의   287

명령어 집합 정의   288

프레임 저수준화 구현   290

명령어 출력   294

명령어 선택   298

명령어 인코딩 추가   302

보조 타겟 지원   305

다중 명령어로 저수준화   308

타겟 등록   310

9 다양한 프로젝트에서의 LLVM 활용   **323**

소개   324

LLVM의 예외 처리   324

새니타이저 사용 방법   329

LLVM으로 가비지 컬렉터 작성   333

LLVM IR을 자바스크립트로 변환   339

Clang 정적 분석기의 사용   341

bugpoint 사용   343

LLDB 사용   348

LLVM 유틸리티 패스 사용   353

찾아보기   357

들어가며

프로그래머라면 프로그래밍하면서 컴파일러를 접해봤을 것이다. 컴파일러란 쉽게 설명하면 사람이 이해할 수 있는 형태의 고수준 코드를 기계가 이해할 수 있는 형태의 저수준 코드로 변환해주는 프로그램이다. 컴파일러가 어떻게 동작하는지 내부 구조에 의문을 가져본 적이 있는가? 컴파일러는 최적화된 머신 코드를 생성해내기 위해 수많은 작업을 수행하며, 좋은 컴파일러를 구현하려면 복잡한 알고리즘이 많이 필요하다.

이 책은 컴파일 과정인 프론트엔드, 코드 최적화, 코드 생성 등 모든 단계를 다루는데, 단순한 기반 구조를 가진 LLVM이 각 컴파일 단계를 학습하는데 적합하다. LLVM은 여러 모듈과 계층으로 나눠져 있으며 모든 컴파일러 기능들이 독립적으로 구현돼 있다. 또한 객체지향 언어인 C++로 구현됐으며, 프로그래머에게 단순한 인터페이스와 수많은 API를 제공해 독자적인 컴파일러를 구현하기 쉽게 해준다.

복잡한 솔루션보다는 단순한 솔루션을 여러 번 다루는 것이 나을 것이다. 이 책에서는 모든 컴파일 옵션을 고려하고 단순히 코드를 컴파일하는 것 이상의 것을 이해할 수 있도록 보여줌으로써 독자의 실력 향상에 도움이 되는 다양한 예제를 다룬다.

또한 컴파일러 개발과 관련이 없는 개발자라 할지라도 이 책을 통해 많은 것을 얻을 수 있다고 믿는다. 컴파일러 구현에 대한 이해는 최적화된 코드를 짤 수 있게 도와줄 것이다.

책에서 다루는 예제들이 유익하다고 생각하길 바라며, 이 예제들을 학습한 뒤에는 스스로 컴파일러를 만들 수 있을 것이다.

이 책의 구성

1장, LLVM 설계와 사용법에서는 LLVM과 Clang를 다운로드해 설치하는 방법과 LLVM 내부 동작과 관련된 여러 예제를 통해 LLVM의 모듈 구조에 대해 설명한다. 또한 프론트엔드에 관련된 다양한 예제를 다룬다.

2장, 프론트엔드 작성 단계에서는 프로그래밍 언어의 프론트엔드 구현 방법을 설명한다. TOY 언어를 위해 하위 단계부터 간단한 컴파일러 프론트엔드를 만들며, 이를 통해 프론트엔드 언어가 LLVM IR로 변환되는 과정을 눈으로 확인해본다.

3장, 프론트엔드 확장과 JIT 컴파일 추가에서는 TOY 언어의 고급 기능을 살펴보고 프론트엔드에 JIT 컴파일 기능을 추가한다. 대부분의 현대 프로그래밍 언어에서 찾을 수 있는 강력한 기능을 구현한다.

4장, 최적화 준비에서는 LLVM IR의 패스 기반 구조를 다룬다. 다양한 최적화 단계를 탐험하고, 각 단계에서 어떤 최적화 기술이 적용되는지 살펴본다. LLVM 패스를 스스로 작성할 수 있게 단계별로 설명한다.

5장, 최적화 구현에서는 흔히 사용되는 LLVM IR에 대한 다양한 최적화 패스 구현 방법을 설명한다. 또한 아직 LLVM 오픈소스 코드에 공개되지 않은 벡터화 기술 관련 내용도 살펴본다.

6장, 타겟 독립적 코드 생성기에서는 타겟 독립적 코드 생성기의 추상적인 기반 구조에 대해 설명한다. LLVM IR이 최종적으로 기계 코드를 생성하기 위해 사용하는 Selection DAG로 어떻게 변환되는지도 살펴본다.

7장, 머신 코드 최적화에서는 Selection DAG가 어떻게 최적화되고 타겟 레지스터가 어떻게 변수에 할당되는지 살펴본다. 또한 Selection DAG의 최적화와 여타 레지스터 할당 기술에 대해서도 설명한다.

8장, LLVM 백엔드 작성에서는 레지스터와 명령어 집합, 호출 규약, 인코딩, 보조 타겟 기능 등 타겟 아키텍처를 표현하는 방법을 설명한다.

9장, 다양한 프로젝트에서의 LLVM 활용에서는 LLVM IR 기반 구조를 사용할 수 있는 다양한 프로젝트를 살펴본다. LLVM은 단순한 컴파일러가 아니라 컴파일러 기반 구조다. 코드 조각들에 적용할 수 있는 다양한 프로젝트를 살펴보고 유용한 정보를 얻는 것이 9장의 목표다.

준비 사항

이 책에서 다루는 예제를 실습하려면 리눅스 머신이 필요한데, 우분투를 추천한다. 또한 텍스트/코드 에디터와 인터넷 연결, 브라우저가 필요하다. 두 파일을 비교하기 위한 프로그램인 meld도 설치하기를 권장한다. meld는 리눅스에서 원활하게 동작한다.

이 책의 대상 독자

컴파일러 개념에 익숙하고 LLVM 기반 구조를 이해하고 탐험하기를 원하며, 업무에 활용하고자 하는 컴파일러 엔지니어를 위한 것이다.

또한 컴파일러와 직접 연관은 없지만 수천 라인의 코드를 작성하는 프로그래머를 위한 책이기도 하다. 컴파일러 동작 방식에 대한 지식을 바탕으로 최적화된 코드를 작성해 고성능의 깔끔한 프로그램을 개발할 수 있다.

절의 구성

이 책에 자주 나타나는 여러 제목이 있다.

하나의 절을 완성하기 위한 방법에 대해 명확한 지침을 전달하기 위해 다음과 같은 제목들을 사용한다.

준비

이 절에서 설명하는 것을 알려주고, 어떤 소프트웨어를 준비하기 위한 방법이나 그 절에 필요한 주요 설정 사항을 기술한다.

예제 구현

이 절을 수행하기 위해 필요한 절차를 기술한다.

예제 분석

이전 절에 있었던 것에 대한 세부 설명으로 이뤄져 있다.

부연 설명

이 절에 관련된 더 많은 지식을 얻기 위한 추가 정보로 구성돼 있다.

참고 사항

예제와 관련해 추가적으로 참고할 만한 자료 링크를 제공한다.

편집 규약

이 책에서는 독자의 이해를 돕고자 다루는 정보에 따라 다음과 같이 글꼴 형식을 다르게 적용했다.

텍스트로 된 코드, 데이터베이스 테이블명, 폴더명, 파일명, 파일 확장자, 경로명, 더미 URL, 사용자 입력, 값 트위터 핸들러에서는 다음과 같이 표기한다.

"다른 컨텍스트를 include 지시자를 사용해 포함시킬 수 있다."

코드 블록은 다음과 같이 표기한다.

```
primary := identifier_expr
:=numeric_expr
:=paran_expr
```

특정한 코드 블록에 집중시키고 싶으면 관련 줄이나 아이템을 굵게 처리한다.

```
primary := identifier_expr
:=numeric_expr
:=paran_expr
```

커맨드라인 입력이나 출력의 경우 다음과 같이 표현한다.

```
$ cat testfile.ll
```

새로운 용어와 중요한 단어는 고딕체로 표기한다. 메뉴나 대화상자처럼 컴퓨터 화면에 표시되는 단어는 다음과 같이 표기한다.

"NEXT 버튼을 클릭하면 다음 화면으로 이동한다."

 경고나 중요한 내용 표시는 이와 같은 상자 안에 나타난다.

 유용한 팁과 요령을 이와 같이 표현한다.

독자 의견

독자 의견을 언제나 환영한다. 이 책에 대한 생각을 알려주기 바란다. 이 책의 좋은 점이나 싫었던 점을 가리지 않아도 된다. 독자에게 더욱 유익한 도서를 만들기 위해 무엇보다 독자 의견이 중요하다.

일반적인 의견이라면 도서 제목으로 이메일 제목을 적어서 feedback@ packtpub.com으로 이메일을 보내면 된다.

자신의 전문 지식을 바탕으로 도서를 집필하거나 기여하는 데 관심이 있다면 http://www.packtpub.com/authors에 있는 저자 가이드를 읽어보기 바란다.

고객 지원

팩트출판사의 구매자가 된 독자에게 도움이 되는 몇 가지를 제공하고자 한다.

예제 코드 다운로드

이 책에 사용된 예제 코드는 http://www.packtpub.com의 계정을 통해 다운로드할 수 있다. 다른 곳에서 구매한 경우에는 http://www.packtpub.com/support를 방문해 등록하면 파일을 이메일로 직접 받을 수 있다. 또한 에이콘출판사의 도서정보 페이지인 http://www.acornpub.co.kr/book/llvm-cookbook에서도 예제 코드를 다운로드할 수 있다.

컬러 이미지 다운로드

이 책의 컬러 스크린샷과 다이어그램을 별도의 PDF 파일로 제공한다. 컬러 이미지를 통해 출력 결과물의 변화를 좀 더 자세히 살펴볼 수 있다. 이 책에서 사용한 컬러 이미지는 https://www.packtpub.com/sites/default/files/downloads/5981OS_ColorImages.pdf에서 다운로드할 수 있다. 또한 에이콘출판사의 도서정보 페이지인 http://www.acornpub.co.kr/book/llvm-cookbook에서도 컬러 이미지를 다운로드할 수 있다.

오탈자

내용을 정확하게 전달하려고 최선을 다했지만 실수가 있을 수 있다. 팩트출판사의 도서에서 코드나 텍스트상의 문제를 발견해서 알려준다면 매우 감사하게 생각할 것이다. 그런 참여를 통해 다른 독자에게 도움을 주고, 다음 버전의 도서를 더 완성도 높게 만들 수 있다. 오자를 발견한다면 http://www.packtpub.com/submit-errata를 방문해 책을 선택하고, errata submission form 링크를 클릭해서 구체적인 내용을 입력해주기 바란다. 보내준 오류 내용이 확인되면 웹사이트에 그 내용이 올라가거나 해당 서적의 정오표 부분에 그 내용이 추가될 것이다. 한국어판은 에이콘출판사의 도서정보 페이지인 http://www.acornpub.co.kr/book/llvm-cookbook에서 찾아볼 수 있다.

저작권 침해

인터넷의 모든 매체에서 저작권 침해가 심각하게 벌어진다. 팩트출판사에서는 저작권과 사용권 문제를 아주 심각하게 인식한다. 어떤 형태로든 팩트출판사 서적의 불법 복제물을 인터넷에서 발견한다면 적절한 조치를 취할 수 있도록 해당 주소나 사이트명을 알려주길 부탁한다. 의심되는 불법 복제물의 링크를 copyright@packpub.com으로 보내주기 바란다. 저자와 더 좋은 책을 위한 팩트출판사의 노력을 배려하는 마음에 깊은 감사의 마음을 전한다.

질문

이 책과 관련해 질문이 있다면 questions@packtpub.com으로 문의하기 바란다. 최선을 다해 질문에 답하겠다. 한국어판에 관한 질문은 옮긴이나 에이콘출판사 편집 팀(editor@acornpub.co.kr)으로 문의해주길 바란다.

1

LLVM 설계와 사용법

1장에서 다루는 내용은 다음과 같다.

- 모듈식 설계의 이해
- Clang/LLVM을 이용한 크로스컴파일링
- C 소스코드를 LLVM 어셈블리로 변환
- IR을 LLVM 비트코드로 변환
- LLVM 비트코드를 타겟 머신 어셈블리로 변환
- LLVM 비트코드를 LLVM 어셈블리로 역변환
- LLVM IR 변환
- LLVM 비트코드 링킹
- LLVM 비트코드 실행
- C 프론트엔드 Clang 사용
- GO 프론트엔드 사용
- 드래곤에그^{Dragonegg} 사용

소개

1장에서는 LLVM의 구성과 LLVM에 있는 다양한 툴을 알아본다. 간단한 C 코드를 LLVM IR^{Intermediate representation}로 변환하는 방법과 IR을 다양한 형태로 변환하는 방법을 알아본다. LLVM의 소스 트리 구성과 새로운 컴파일러를 작성할 때 LLVM을 이용하는 방법도 알아본다.

모듈식 설계의 이해

GCC^{GNU Compiler Collection} 같은 컴파일러들은 대부분 하나의 라이브러리로만 구성돼 있지만, LLVM은 여러 라이브러리로 구성돼 있다. 이번 예제에서는 LLVM 최적화기^{optimizer}를 사용해서 LLVM의 구성과 설계를 알아본다. LLVM 최적화기는 라이브러리로 만들어져 있으므로 이 라이브러리를 이용해 여러 패스^{pass}를 세부적으로 실행시켜볼 수 있다. 라이브러리 기반 설계 덕분에 사용자는 최적화 패스를 선택적으로 적용할 수 있다. 시스템마다 적합한 최적화 패스와 그렇지 않은 최적화 패스가 있어, 이런 최적화 패스를 선택적으로 적용할 수 있는 것은 매우 유용하다. 기존 컴파일러들은 여러 코드를 따로 떼어내기 힘든 구조로 돼 있어, 사용자들이 이해하기도 어려웠고 부분적으로 사용하기도 어려웠다. LLVM은 전체 구조를 모두 이해하지 않더라도 특정 최적화기를 이해할 수 있게 모듈화가 잘 돼 있다. 필요한 최적화기를 골라 사용하기만 하면 되고, 연관된 컴포넌트를 모두 이해할 필요는 없다.

이번 예제를 진행하려면 LLVM 어셈블리를 조금은 알아야 한다. LLVM에서 사용하는 코드는 메모리상에서 사용할 IR, 디스크상에서 사용할 비트코드^{bitcode} 표현, 읽을 수 있는 어셈블리가 있다. LLVM은 정적 단일 할당^{SSA, Static Single Assignment} 기반으로 표현식을 사용한다. 그래서 타입 안전성과 저수준 연산, 유연성 측면에서 유리하고, 고급 언어를 깔끔하게 구현할 수 있다.

SSA 기반 표현식은 LLVM의 컴파일 전반에 걸쳐 이용된다. LLVM의 표현식은 저수준부터 고수준까지 깔끔하게 대응시킬 수 있는 유니버설 IR을 목표로 설계됐다. LLVM 어셈블리도 상당히 잘 설계돼 있다. 이번 예제의 마지막에 LLVM 어셈블리에 대한 참조 링크가 있으니 참고하면 된다.

준비

호스트 머신에 LLVM 툴체인toolchain을 설치해야 한다. opt 툴은 꼭 필요하다.

예제 구현

하나의 코드에 각각 다른 두 가지의 최적화를 수행해보고, 각 최적화별로 원래의 코드가 어떻게 바뀌는지 살펴본다.

1 . 먼저 testfile.ll라는 이름으로 파일을 만들고 다음과 같이 최적화를 수행할 코드를 작성한다.

```
$ cat testfile.ll
define i32 @test1(i32 %A) {
    %B = add i32 %A, 0
    ret i32 %B
}

define internal i32 @test(i32 %X, i32 %dead) {
    ret i32 %X
}

define i32 @caller() {
    %A = call i32 @test(i32 123, i32 456)
    ret i32 %A
}
```

2. 이제 opt를 이용해서 최적화를 해본다. 먼저 중복 명령어 조합^{Combine} redundant instructions 최적화를 한다.

```
$ opt -S -instcombine testfile.ll -o output1.ll
```

3. instcombine 최적화 결과를 확인한다.

```
$ cat output1.ll
; ModuleID = 'testfile.ll'

define i32 @test1(i32 %A) {
    ret i32 %A
}

define internal i32 @test(i32 %X, i32 %dead) {
    ret i32 %X
}

define i32 @caller() {
    %A = call i32 @test(i32 123, i32 456)
    ret i32 %A
}
```

4. 이번엔 죽은 인자 제거^{Dead argument elimination} 최적화를 한다.

```
$ opt -S -deadargelim testfile.ll -o output2.ll
```

5. deadargelim 최적화 결과를 확인한다.

```
$ cat output2.ll
; ModuleID = 'testfile.ll'

define i32 @test1(i32 %A) {
    %B = add i32 %A, 0
    ret i32 %B
}

define internal i32 @test(i32 %X) {
    ret i32 %X
}
```

```
define i32 @caller() {
    %A = call i32 @test(i32 123)
    ret i32 %A
}
```

예제 분석

이전 예제에서 명령어를 조합해 코드엔 영향을 주지 않고 %B = add i32 %A, 0; ret i32 %B를 ret i32 %A로 줄이는 instcombine 패스를 실행했다.

그리고 deadargelim 패스를 실행해보면서 @test1() 함수엔 변화가 없고 @test() 함수엔 사용하지 않는 인자가 삭제되는 것을 확인할 수 있다.

LLVM 최적화기는 사용자에게 다양한 패스를 제공하는 툴이다. 이런 패스는 모두 비슷한 스타일로 작성돼 있다. 각 패스는 컴파일된 오브젝트 파일로 돼 있는데, 라이브러리 파일 안에 들어있다. 이 라이브러리 속에 들어있는 패스들은 서로 강하게 연결돼 있지 않다. LLVM의 패스 매니저^{PassManager}는 패스 사이의 의존성 정보를 갖는데, 패스가 실행될 때 서로 연관된다. 다음 그림은 패스가 특정 라이브러리 안의 오브젝트 파일과 어떻게 연결되는지 보여준다. PassA는 LLVMPasses.a의 PassA.o를 참조하고, 커스텀 패스는 MyPass.o의 MyPasses.a를 참조한다.

예제 코드 다운로드

http://www.packtpub.com에서 가입한 계정으로 구매한 모든 책의 예제 코드를 다운로드 할 수 있다. 다른 곳에서 구매했다면 http://www.packtpub.com/support을 방문해 등록한 이메일로 코드를 받아볼 수 있다. 에이콘출판사의 도서정보 페이지 http://www.acornpub.co.kr/book/llvm-cookbook에서도 예제 코드를 다운로드 할 수 있다.

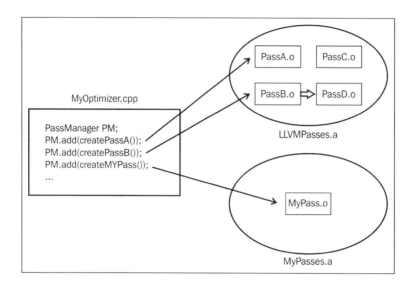

LLVM의 최적화기처럼 LLVM의 코드 생성기^{code generator}도 모듈화돼 있어, 각 단계(명령어 선택, 레지스터 할당, 스케줄링, 코드 레이아웃 최적화, 어셈블리 생성)가 잘 분리돼 있다. 그리고 기본적으로 내장돼 실행되는 여러 패스가 있다. 사용자는 이런 패스를 선택적으로 실행시킬 수 있다.

참고 사항

- 1장에서는 사용자가 원하는 최적화 패스를 선택해 동작시킬 수 있는 커스텀 패스를 만드는 법을 알아봤다. 더 자세한 내용은 http://www.aosabook.org/en/llvm.html을 참고한다.
- LLVM 어셈블리 언어를 더 알고 싶으면 http://llvm.org/docs/LangRef.html을 참고한다.

Clang/LLVM을 이용한 크로스컴파일링

크로스컴파일이란 특정 플랫폼(예를 들어 x86)에서 빌드한 바이너리가 다른 플랫폼(예를 들어 ARM)에서 동작하게 빌드하는 것을 의미한다. 바이너리를 빌드한 머신이 호스트 머신이고, 생성된 바이너리를 실행하게 될 머신이 타겟 머신이다. 같은 플랫폼에서 실행될 코드를 빌드하는 컴파일러를 네이티브 어셈블러^{native assembler}라고 하고(호스트 플랫폼과 타겟 플랫폼이 같은 경우), 다른 플랫폼에서 실행될 코드를 빌드하는 컴파일러를 크로스컴파일러^{cross-compiler}라고 한다.

이번 예제에서는 호스트 플랫폼과 다른 플랫폼을 위한 LLVM의 크로스컴파일링을 해본다. 타겟 플랫폼을 위해 빌드된 바이너리를 사용해볼 수 있다. x86_64 호스트 플랫폼에서 크로스컴파일링하고 ARM 타겟 플랫폼에서 실행할 예제를 따라 해본다. 그러면 생성된 바이너리를 ARM 아키텍처의 플랫폼에서 실행해볼 수 있다.

준비

호스트 플랫폼에는 다음 패키지가 설치돼 있어야 한다.

- cmake
- ninja-build
- gcc-4.x-arm-linux-gnueabihf
- gcc-4.x-multilib-arm-linux-gnueabihf
- binutils-arm-linux-gnueabihf
- libgcc1-armhf-cross
- libsfgcc1-armhf-cross
- libstdc++6-armhf-cross

- libstdc++6-4.x-dev-armhf-cross

- llvm

X86_64 호스트 아키텍처에서 ARM 타겟용 바이너리를 컴파일하기 위해선 다음 단계를 수행해야 한다.

1. LLVM의 일반적인 빌드를 위한 cmake 플래그를 추가한다.

   ```
   -DCMAKE_CROSSCOMPILING=True
   -DCMAKE_INSTALL_PREFIX=<path-where-you-want-the-
   toolchain>(optional)
   -DLLVM_TABLEGEN=<path-to-host-installed-llvm-toolchain-bin>
   /llvm-tblgen
   -DCLANG_TABLEGEN=<path-to-host-installed-llvm-toolchain-
   bin>/clang-tblgen
   -DLLVM_DEFAULT_TARGET_TRIPLE=arm-linux-gnueabihf
   -DLLVM_TARGET_ARCH=ARM
   -DLLVM_TARGETS_TO_BUILD=ARM
   -DCMAKE_CXX_FLAGS='-target armv7a-linux-
   gnueabihf -mcpu=cortex-a9 -I/usr/arm-linux-gnueabihf/include/
   c++/4.x.x/arm-linux-gnueabihf/ -I/usr/arm-linux-gnueabihf/
   include/ -mfloat-abi=hard -ccc-gcc-name arm-linux-gnueabihf-gcc'
   ```

2. 플랫폼에 있는 컴파일러를 사용하는 경우 다음을 실행한다.

   ```
   $ cmake -G Ninja <llvm 소스코드 디렉토리> <앞의 옵션>
   ```

   크로스컴파일러로 Clang를 사용하는 경우 다음을 실행한다.

   ```
   CC='clang' CXX='clang++' cmake -G Ninja <소스코드 디렉토리> <앞의
   옵션>
   ```

3. 이제 LLVM을 빌드한다.

   ```
   $ ninja
   ```

4. LLVM과 Clang이 성공적으로 빌드된 이후엔 다음 명령어로 설치한다.

```
$ ninja install
```

DCMAKE_INSTALL_PREFIX 옵션을 설정했다면 설치한 디렉토리에 sysroot가 생성될 것이다.

예제 분석

cmake 패키지는 cmake에 플래그 옵션을 전달해 타겟 플랫폼을 위한 툴체인을 빌드한다. 그리고 tblgen 툴은 타겟의 디스크립션 정보를 C++ 코드로 변환하는 데 사용된다. 이것을 이용해 타겟에서 사용되는 명령어나 레지스터의 개수 등과 같은 정보를 얻을 수 있다.

 크로스컴파일러로 clang을 사용하면 LLVM ARM 백엔드에선 위치 독립적인 코드 (PIC, position-independent code)에서 절대적 재배치 코드 생성 문제가 있다. 이를 해결하기 위해선 잠시 PIC를 해제시켜야 한다. ARM 라이브러리는 호스트 시스템에선 작동하지 않는다. 따라서 복사본을 다운로드하거나 호스트 시스템에서 빌드해야 한다.

C 소스코드를 LLVM 어셈블리로 변환

이제 C 프론트엔드인 Clang를 이용해 C 코드를 LLVM의 중간 표현[IR, intermediate representation]으로 변환한다.

준비

PATH에 Clang이 설치돼 있어야 한다.

1. multiply.c 파일에 다음과 같은 C 코드를 만든다.

```
$ cat multiply.c
int mult() {
    int a =5;
    int b = 3;
    int c = a * b;
    return c;
}
```

2. C 코드에서 LLVM IR을 생성하기 위해 다음 명령어를 실행한다.

```
$ clang -emit-llvm -S multiply.c -o multiply.ll
```

3. 생성된 IR을 살펴보면 다음과 같을 것이다.

```
$ cat multiply.ll
; ModuleID = 'multiply.c'
target datalayout = "e-m:e-i64:64-f80:128-n8:16:32:64-S128"
target triple = "x86_64-unknown-linux-gnu"

; Function Attrs: nounwind uwtable
define i32 @mult() #0 {
    %a = alloca i32, align 4
    %b = alloca i32, align 4
    %c = alloca i32, align 4
    store i32 5, i32* %a, align 4
    store i32 3, i32* %b, align 4
    %1 = load i32* %a, align 4
    %2 = load i32* %b, align 4
    %3 = mul nsw i32 %1, %2
    store i32 %3, i32* %c, align 4
    %4 = load i32* %c, align 4
    ret i32 %4
}
```

cc1을 이용해서 같은 IR을 생성할 수 있다.

```
$ clang -cc1 -emit-llvm testfile.c -o testfile.ll
```

주어진 C 코드에서 IR로 변환하는 과정은 C 코드를 식별자, 리터럴, 연산자 등과 같은 여러 토큰으로 분리하는 렉싱^{lexing} 과정부터 시작한다. 분리된 여러 토큰은 파서에게 전달되고, 파서는 해당 프로그래밍 언어를 위해 문맥 자유 문법^{CFG, Context Free Grammar}을 이용해 추상 구문 트리^{AST, Abstract Syntax Tree}를 구성한다. 코드의 의미상으로 문제가 없는지 의미 분석^{semantic analysis} 후 코드에서 IR을 생성한다.

이때 Clang 프론트엔드를 사용해 C 코드에서 IR 코드를 생성해봤다.

참고 사항

- 2장에선 렉서^{lexer}와 파서^{parser}가 어떻게 작동하고 코드를 생성하는지 알아본다. LLVM IR의 기본적인 내용은 http://llvm.org/docs/LangRef.html을 참고한다.

IR을 LLVM 비트코드로 변환

이번 예제에서는 IR에서 LLVM 비트코드를 생성하는 방법을 배운다. LLVM 코드의 파일 포맷(바이트코드라고 알려진)은 실제로 두 가지가 있다. 비트 스트림 컨테이너 포맷과 LLVM IR로 인코딩된 컨테이너 포맷이다.

준비

PATH에 llvm-as 툴이 설치돼 있어야 한다.

다음 단계를 따라 한다.

1. 먼저 `llvm-as`에 입력할 IR 코드를 만든다.

```
$ cat test.ll
define i32 @mult(i32 %a, i32 %b) #0 {
    %1 = mul nsw i32 %a, %b
    ret i32 %1
}
```

2. 다음 명령어로 test.ll의 LLVM IR을 비트코드로 변환한다.

```
$ llvm-as test.ll -o test.bc
```

3. test.bc에 생성된 결과물은 비트스트림 포맷이다. 이것을 문자 포맷으로 출력하면 다음 스크린샷과 같은 형태의 결과를 볼 수 있다.

비트코드 파일의 내용물을 보는 방법은 `hexdump` 툴을 이용하는 것이다. 다음 스크린샷은 `hexdump`를 사용한 결과물을 보여준다.

```
$ hexdump -C test.bc
00000000  42 43 c0 de 21 0c 00 00  68 00 00 00 0b 82 20 00  |BC..!...h..... .|
00000010  02 00 00 00 13 00 00 00  07 81 23 91 41 c8 04 49  |..........#.A..I|
00000020  06 10 32 39 92 01 84 0c  25 05 08 19 1e 04 8b 62  |..29....%......b|
00000030  80 0c 45 02 42 92 0b 42  64 10 32 14 38 08 18 4b  |..E.B.Bd.2.8..K|
00000040  0a 32 32 88 48 90 14 20  43 46 88 a5 00 19 32 42  |.22.H.. CF....2B|
00000050  e4 48 0e 90 91 21 c4 50  41 51 81 8c e1 83 e5 8a  |.H...!.PAQ......|
00000060  04 19 46 06 89 20 00 00  0b 00 00 00 32 22 c8 08  |..F.. ......2"..|
00000070  20 64 85 04 93 21 a4 84  04 93 21 e3 84 a1 90 14  | d...!....!.....|
00000080  12 4c 86 8c 0b 84 64 4c  10 14 73 04 60 50 06 00  |.L....dL..s.`P..|
00000090  94 81 80 11 00 00 00 00  43 1c 01 00 00 00 00 00  |........C.......|
000000a0  00 00 00 00 c8 c3 00 00  32 00 00 00 33 08 80 1c  |........2...3...|
000000b0  c4 e1 1c 66 14 01 3d 88  43 38 84 c3 8c 42 80 07  |...f..=.C8...B..|
000000c0  79 78 07 73 98 71 0c e6  00 0f ed 10 0e f4 80 0e  |yx.s.q..........|
000000d0  33 0c 42 1e c2 c1 1d ce  a1 1c 66 30 05 3d 88 43  |3.B.......f0.=.C|
000000e0  38 84 83 1b cc 03 3d c8  43 3d 8c 03 3d cc 78 8c  |8.....=.C=..=.x.|
000000f0  74 70 07 7b 08 07 79 48  87 70 70 07 7a 70 03 76  |tp.{..yH.pp.zp.v|
00000100  78 87 70 20 87 19 cc 11  0e ec 90 0e e1 30 0f 6e  |x.p ........0.n|
00000110  30 0f e3 f0 0e f0 50 0e  33 10 c4 1d de 21 1c d8  |0.....P.3...!..|
00000120  21 1d c2 61 1e 66 30 89  3b bc 83 3b d0 43 39 b4  |!..a.f0.;..;.C9.|
00000130  03 3c bc 83 3c 84 03 3b  cc f0 14 76 60 07 7b 68  |.<..<..;...v`.{h|
00000140  07 37 68 87 72 68 07 37  80 87 70 90 87 70 60 07  |.7h.rh.7..p..p`.|
00000150  76 28 07 76 f8 05 76 78  87 77 80 87 5f 08 87 71  |v(.v..vx.w.._..q|
00000160  18 87 72 98 87 79 98 81  2c ee f0 0e ee e0 0e f5  |..r..y........|
00000170  c0 0e ec 00 71 20 00 00  02 00 00 00 06 40 30 d4  |....q ......@0.|
00000180  32 01 00 00 61 20 00 00  07 00 00 00 13 04 81 09  |2...a ..........|
00000190  81 08 32 08 07 02 00 00  02 00 00 00 16 10 00 26  |..2............&|
000001a0  10 04 00 00 00 00 00 00  00 00 00 00              |............|
000001ac
$ ▯
```

예제 분석

`llvm-as`는 LLVM 어셈블러인데, LLVM IR을 LLVM 비트코드로 변환시
켜준다. 앞의 명령어에서 test.ll은 입력 파일로, test.bc는 출력 비트코드 파
일로 사용됐다.

부연 설명

LLVM IR을 비트코드로 인코딩하려면 블록과 레코드 개념이 필요하다. 블
록은 함수의 본문이나 심볼 테이블 등과 같은 비트스트림의 구역을 표현한
다. 각 블록은 ID 값을 가진다(예를 들어 LLVM IR의 함수 본문은 ID 12를 나타낸다).
레코드는 레코드 코드와 정수 값으로 구성되고, 명령어나 전역 변수 서술자,
타입 정보 같은 엔티티를 기술한다.

LLVM IR의 비트코드 파일은 단순 래퍼[wrapper] 구조 속에 싸여 있다. 이 구조체에는 단순한 헤더가 있는데, 내장된 비트코드 파일의 오프셋과 크기 정보를 갖고 있다.

- LLVM의 비트스트림 파일 포맷에 대한 자세한 내용은 http://llvm.org/docs/BitCodeFormat.html#abstract를 참고한다.

LLVM 비트코드를 타겟 머신 어셈블리로 변환

이번 예제에서는 LLVM 비트코드 파일을 특정 타겟의 어셈블리 코드로 변환해본다.

준비

LLVM 툴체인에 llc LLVM 정적 컴파일러가 설치돼 있어야 한다.

예제 구현

다음 순서를 따라 한다.

1. llc의 입력 값으로 사용할 이전 예제의 test.bc 비트코드 파일을 만든다. 다음 명령어로 LLVM 비트코드를 어셈블리 코드로 변환할 수 있다.

   ```
   $ llc test.bc -o test.s
   ```

2. test.s에 어셈블리 코드가 생성됐다. 결과를 확인하기 위해 다음 명령어를 사용한다.

   ```
   $ cat test.s
   ```

```
        .text
        .file "test.bc"
        .globl mult
        .align 16, 0x90
        .type mult,@function
mult:                                           # @mult
        .cfi_startproc
# BB#0:
        Pushq %rbp
.Ltmp0:
        .cfi_def_cfa_offset 16
.Ltmp1:
        .cfi_offset %rbp, -16
        movq %rsp, %rbp
.Ltmp2:
        .cfi_def_cfa_register %rbp
        imull %esi, %edi
        movl %edi, %eax
        popq %rbp
        retq
.Ltmp3:
        .size mult, .Ltmp3-mult
        .cfi_endproc
```

3. 비트코드 파일 포맷에서 어셈블리 코드로 덤프를 생성하려면 Clang을 이용하면 된다. test.bc는 비트스트림 파일 포맷이지만, Clang에 -S 옵션을 주면 어셈블리 파일 포맷인 test.s가 나온다.

```
$ clang -S test.bc -o test.s -fomit-frame-pointer # clang
프론트엔드 사용
```

test.s 파일의 결과물은 이전의 예제 결과와 같다. llc는 디폴트로 프레임 포인터를 제거하지만, Clang는 그렇지 않기 때문에 fomit-frame-pointer 옵션을 추가로 사용했다.

llc 명령어는 특정 아키텍처에 맞는 어셈블리어로 컴파일한다. 이전 명령어를 사용할 때 타겟 아키텍처를 명시하지 않으면 llc 명령어가 실행되는 호스트 머신과 같은 아키텍처로 코드가 생성된다. 이 어셈블리 파일에서 실행 파일을 만들기 위해서는 어셈블러와 링커를 사용해야 한다.

이전 명령어에서 -march=architecture flag 옵션을 사용하면 어셈블리가 생성돼야 할 타겟 아키텍처를 명시할 수 있다. -mcpu=cpu flag 옵션으로 아키텍처에서 코드를 생성할 때 특정해야 할 CPU도 지정할 수 있다. 그리고 -regalloc=basic/greedy/fast/pbqp 옵션으로 사용할 레지스터 할당 타입도 선택할 수 있다.

LLVM 비트코드를 LLVM 어셈블리로 역변환

이번 예제에서는 LLVM 비트코드를 LLVM IR로 역변환해본다. LLVM 역어셈블러 툴인 llvm-dis를 사용한다.

llvm-dis 툴이 설치돼 있어야 한다.

이전 예제 IR을 LLVM 비트코드로 변환해서 만든 test.bc 파일을 사용해 비트코드 파일을 IR로 변환한다. test.bc 파일은 llvm-dis 툴의 입력 값으로 사용한다. 이제 다음 단계를 따라 한다.

1. 다음 명령어를 사용해서 비트코드가 이전 예제에서 만들었던 IR로 변환되는지 살펴본다.

   ```
   $ llvm-dis test.bc -o test.ll
   ```

2. 생성된 LLVM IR은 다음과 같다.

   ```
   $ cat test.ll
   ; ModuleID = 'test.bc'

   define i32 @mult(i32 %a, i32 %b) {
       %1 = mul nsw i32 %a, %b
       ret i32 %1
   }
   ```

   'IR을 LLVM 비트코드로 변환' 예제에서 만든 test.ll과 같은 결과물이 생성되는 것을 확인할 수 있다.

예제 분석

llvm-dis 명령어는 LLVM의 역어셈블러다. 이 툴은 LLVM 비트코드를 LLVM 어셈블리로 변환한다. llvm-dis를 이용해 test.bc를 test.ll로 변환해봤다. 파일명을 생략하고 이 명령어를 사용하면 표준 입력에서 입력을 받을 수 있다.

LLVM IR 변환

이번 예제에서 opt 툴을 이용해 IR을 다른 형태로 변환하고 IR 코드에 여러 최적화를 적용해본다.

opt 툴이 설치돼 있어야 한다.

opt 툴을 이용해 다음과 같은 포맷으로 패스를 실행할 수 있다.

```
$ opt -패스명 input.ll -o output.ll
```

1. 실제 예제를 사용한다. 'C 소스코드를 LLVM 어셈블리로 변환' 예제
   에서 사용했던 다음과 같은 C 코드로 LLVM IR를 만든다.

```
$ cat multiply.c
int mult() {
    int a = 5;
    int b = 3;
    int c = a * b;
    return c;
}
```

2. IR로 변환하고 출력해본다. 다음은 최적화하기 전의 결과물이다.

```
$ clang -emit-llvm -S multiply.c -o multiply.ll
$ cat multiply.ll
; ModuleID = 'multiply.c'
target datalayout = "e-m:o-i64:64-f80:128-n8:16:32:64-S128"
target triple = "x86_64-apple-macosx10.10.0"

; Function Attrs: nounwind ssp uwtable
define i32 @mult() #0 {
  entry:
  %a = alloca i32, align 4
  %b = alloca i32, align 4
  %c = alloca i32, align 4
  store i32 5, i32* %a, align 4
```

```
        store i32 3, i32* %b, align 4
        %0 = load i32* %a, align 4
        %1 = load i32* %b, align 4
        %mul = mul nsw i32 %0, %1
        store i32 %mul, i32* %c, align 4
        %2 = load i32* %c, align 4
        ret i32 %2
    }
```

3. 이제 opt 툴을 이용해 메모리를 사용하는 코드를 레지스터를 사용하게
   변환한다.

```
$ opt -mem2reg -S multiply.ll -o multiply1.ll
$ cat multiply1.ll
; ModuleID = 'multiply.ll'
target datalayout = "e-m:o-i64:64-f80:128-n8:16:32:64-S128"
target triple = "x86_64-apple-macosx10.10.0"

; Function Attrs: nounwind ssp uwtable
define i32 @mult() #0 {
    entry:
    %mul = mul nsw i32 5, 3
    ret i32 %mul
}
```

예제 분석

LLVM의 최적화기인 opt과 분석 툴은 input.ll을 입력 파일로 전달된 패스를
수행한다. 패스를 실행하고 난 후의 결과물로 output.ll 파일이 생성되는데, 변
환 이후의 IR 코드를 담고 있다. opt 툴에 여러 개의 패스를 전달할 수 있다.

부연 설명

-analyze 옵션이 수행되면 입력 소스코드를 다양하게 분석하고, 표준 출력

이나 표준 에러에 그 결과를 출력한다. 출력물은 다른 프로그램에서 사용할 수 있도록 파일로 리다이렉션시킬 수도 있다. -analyze 옵션이 수행되지 않으면 입력 파일을 최적화하는 변환 패스를 수행한다.

다음은 최적화 툴에 전달할 수 있는 일부 중요한 변환 플래그를 나열했다.

- **adce** 적극적인 죽은 코드 제거aggressive dead code elimination

- **bb-vectorize** 베이직 블록 벡터화basic-block vectorization

- **constprop** 단순 상수 전파simple constant propagation

- **dce** 죽은 코드 제거dead code elimination

- **deadargelim** 죽은 인자 제거Dead Argument Elimination

- **globaldce** 사용하지 않는 전역 변수 제거Dead Global Elimination

- **globalopt** 전역 변수 최적화Global Variable Optimizer

- **gvn** 전역 변수 번호 붙이기Global Value Numbering

- **inline** 함수 인라인화Function Integration/Inlining

- **instcombine** 중복 명령어 조합Combine redundant instructions

- **licm** 루프 불변자 코드 이동Loop Invariant Code Motion

- **loop-unswitch** 반복문 내 분기문 제거Unswitch loops

- **loweratomic** 원자 불변식 지양Lower atomic intrinsics to non-atomic form

- **lowerinvoke** 함수 호출 지양Lower invokes to calls, for unwindless code generators

- **lowerswitch** 분기문 지양Lower SwitchInsts to branches

- **mem2reg** 메모리의 레지스터 지향Promote Memory to Register

- **memcpyopt** 메모리 복사 최적화MemCpy Optimization

- **simplifycfg** 제어 흐름 그래프 단순화Simplify the CFG

- **sink** 코드 싱크Code sinking

- **tailcallelim** 꼬리 호출 제거Tail Call Elimination

어떻게 작동하는지 이해하기 위해 이전에 나온 최적화 변환을 반드시 직접 수행해봐야 한다. llvm/test/Transforms 디렉토리에서 테스트 코드를 구할 수 있다. 언급한 패스를 각각 테스트해보고 눈으로 확인해볼 수 있다. 직접 수행해보고 테스트 코드가 어떻게 변환되는지 확인한다.

 C 코드가 IR로 변환되는 관계를 알아보려면 C 소스코드를 LLVM 어셈블리로 변환 예제에서 mem2reg 패스를 넣어 변환해보면 된다. IR 명령어로 어떻게 맵핑되는지 이해하는 데 도움이 될 것이다.

LLVM 비트코드 링킹

이번 예제에서 이전에 생성한 .bc 파일과 필요한 모든 파일을 합치는 링킹 과정을 수행한다.

준비

.bc 파일들을 링킹하려면 `llvm-link` 툴이 필요하다.

예제 구현

다음 예제를 따라 한다.

1. `llvm-link`가 작동하는 것을 보려면 먼저 한 코드가 다른 코드를 참조 하는 서로 다른 두 개의 소스코드를 작성한다.

```
$ cat test1.c
int func(int a) {
    a = a*2;
    return a;
```

```
    }
    $ cat test2.c
    #include<stdio.h>
    extern int func(int a);
    int main() {
        int num = 5;
        num = func(num);
        printf("number is %d\n", num);
        return num;
    }
```

2. C 코드에서 비트스트림 형태 파일로 변환한다. 먼저 .ll 파일로 변환하고, .ll 파일을 .bc로 변환한다.

```
$ clang -emit-llvm -S test1.c -o test1.ll
$ clang -emit-llvm -S test2.c -o test2.ll
$ llvm-as test1.ll -o test1.bc
$ llvm-as test2.ll -o test2.bc
```

test1.bc와 test1.bc의 func 함수를 참조하는 test2.bc 파일이 생성됐다.

3. llvm-link 명령어를 실행한다.

```
$ llvm-link test1.bc test2.bc -o output.bc
```

llvm-link 툴에 여러 비트코드 파일을 입력했고, 서로 연결된 하나의 비트코드를 생성했다. output.bc가 생성된 결과 파일이다. output.bc 파일을 다음 예제인 LLVM 비트코드 실행에서 사용할 것이다.

예제 분석

llvm-link는 보통 링커가 하는 기본적인 기능을 수행한다. 즉, 다른 파일에 정의한 함수나 변수를 참조하면 정의한 다른 모든 파일을 풀어 연결하는 일을 한다. 하지만 다양한 오브젝트 파일에서 바이너리를 만들어 내는 전통적인 링커와 다르다. llvm-link는 비트코드 파일만 다룬다.

이전 시나리오에선 test1.bc와 test2.bc 파일을 링킹해 모든 참조가 들어있는 하나의 output.bc를 만들었다.

 llvm-link에 -S 옵션을 주면 IR 파일을 얻을 수도 있다.

LLVM 비트코드 실행

이번 예제에서는 이전 예제에서 만든 LLVM 비트코드를 실행한다.

준비

LLVM 비트코드를 실행시키려면 lli 툴이 필요하다.

예제 구현

이전 예제에서 다른 파일에 정의한 함수를 참조하는 두 개의 .bc 파일을 연결해 하나의 비트스트림 파일을 만드는 법을 알아봤다. lli 명령어를 사용하면 생성된 output.bc를 실행시킬 수 있다. 결과물은 표준 출력으로 출력된다.

```
$ lli output.bc
number is 10
```

lli의 입력으로 수행하고 싶은 비트코드 output.bc 파일을 사용하면 표준 출력과 같은 곳에서 수행 결과를 볼 수 있다. 이 경우 test1.c와 test2.c의 링킹 파일인 output.bc의 수행 결과로 'number is 10'이 출력됐다. test2.c의 메인 함수는 test1.c에 정의된 함수에 5를 매개변수로 호출한다. test1.c에 정의된 함수는 매개변수로 입력된 값에 2를 곱해 반환하고, 이 반환 값은 함수를 호출한 메인 함수에서 출력한다.

lli 명령어는 LLVM 비트코드 형태의 파일을 실행시킨다. LLVM 비트코드 파일을 입력 값으로 받고, 실행시킬 수 있는 아키텍처나 인터프리터가 있으면 JIT 컴파일러를 사용해 실행한다.

lli가 JIT 컴파일러를 사용해 실행 중이면 llc를 사용해 코드를 만든 것처럼 효율적으로 수행된다.

• 3장의 '프론트엔드 확장과 JIT 컴파일 추가' 절을 참고한다.

C 프론트엔드 Clang 사용

이번 예제에서는 Clang 프론트엔드를 다른 용도로 사용하는 방법을 알아본다.

Clang 툴이 있어야 한다.

Clang은 고수준의 컴파일러로 사용될 수 있다.

1. 'hello world' C 코드를 만든다.

```
$ cat test.c
#include <stdio.h>
int main() {
   printf("hello world\n");
```

```
        return 0;
    }
```

2. Clang을 사용해 a.out 실행 파일을 만든다. 실행시키면 다음과 같은 결과를 얻을 수 있다.

```
$ clang test.c
$ ./a.out
hello world
```

C 코드가 들어 있는 test.c를 Clang으로 컴파일해 실행 가능한 파일을 생성했다.

3. -E 플래그를 사용하면 전처리기 모드를 사용할 수 있다. 다음 예제는 #define 지시어가 MAX 값을 정의하고 있고, 이 MAX를 배열의 크기로 사용하는 C 코드를 작성한다.

```
$ cat test.c
#define MAX 100
void func() {
    int a[MAX];
}
```

4. 다음 명령어를 사용해 전처리기를 실행한다.

```
$ clang test.c -E
# 1 "test.c"
# 1 "<built-in>" 1
# 1 "<built-in>" 3
# 320 "<built-in>" 3
# 1 "<command line>" 1
# 1 "<built-in>" 2
# 1 "test.c" 2

void func () {
    int a[100];
}
```

test.c는 이번 예제에서 두루 사용될 예정이다. MAX는 100으로 정의돼 있는데, a[MAX]는 a[100]으로 변환됐다.

5. 다음 명령어를 사용하면 표준 출력으로 test.c의 AST를 출력할 수 있다.

```
$ clang -cc1 test.c -ast-dump
TranslationUnitDecl 0x7fbfe20286c0 <<invalid sloc>> <invalid sloc>
|-TypedefDecl 0x7fbfe2028bc0 <<invalid sloc>> <invalid sloc>
 implicit __int128_t '__int128'
|-TypedefDecl 0x7fbfe2028c20 <<invalid sloc>> <invalid sloc>
implicit __uint128_t 'unsigned __int128'
|-TypedefDecl 0x7fbfe2028f70 <<invalid sloc>> <invalid sloc>
implicit __builtin_va_list '__va_list_tag [1]'
`-FunctionDecl 0x7fbfe2029010 <test.c:2:1, line:4:1> line:2:6
func 'void ()'
  `-CompoundStmt 0x7fbfe20291a0 <col:14, line:4:1>
    `-DeclStmt 0x7fbfe2029188 <line:3:3, col:13>
      `-VarDecl 0x7fbfe2029130 <col:3, col:12> col:7 a 'int [100]'
```

-cc1 옵션은 컴파일러 프론트엔드가 Clang임을 보장하고, test.c 파일에 해당하는 추상 구문 트리를 출력한다.

6. test.c에서 LLVM 어셈블리 코드를 만들려면 다음 명령어를 따라한다.

```
$ clang test.c -S -emit-llvm -o -
; ModuleID = 'test.c'
target datalayout = "e-m:e-i64:64-f80:128-n8:16:32:64-S128"
target triple = "x86_64-unknown-linux-gnu"

; Function Attrs: nounwind uwtable
define void @func() #0 {
    %a = alloca [100 x i32], align 16
    ret void
}
```

-S와 -emit-llvm 플래그를 사용하면 test.c를 LLVM 어셈블리로 만든다.

7. test.c의 머신 코드를 얻으려면 Clang에 -S 옵션을 넘겨주면 된다. -o - 옵션을 사용했기 때문에 결과물은 표준 출력으로 생성된다.

```
$ clang -S test.c -o -
    .text
    .file    "test.c"
    .globl   func
    .align   16, 0x90
    .type    func,@function
func:                                    # @func
    .cfi_startproc
# BB#0:
    pushq    %rbp
.Ltmp0:
    .cfi_def_cfa_offset 16
.Ltmp1:
    .cfi_offset %rbp, -16
    movq  %rsp, %rbp
.Ltmp2:
    .cfi_def_cfa_register %rbp
    popq  %rbp
    retq
.Ltmp3:
    .size    func, .Ltmp3-func
    .cfi_endproc
```

-S 플래그를 단독으로 사용하면 컴파일러의 코드 생성 과정에 의해 머신 코드가 생성된다. 코드 생성 명령어에 -o - 옵션을 사용해서 출력 결과가 표준 출력으로 생성됐다.

앞선 예제에서처럼 Clang은 입력 플래그에 따라 전처리기, 컴파일러, 프론트엔드, 코드 생성기의 기능을 수행한다.

- 지금까지 Clang의 다양한 사용법을 간단하게 소개했다. Clang으로 다양한 작업을 수행하게 할 수 있는 매우 다양한 플래그가 더 있다. Clang -help를 치면 옵션 리스트를 볼 수 있다.

GO 프론트엔드 사용

llgo 컴파일러는 Go 언어로만 작성된 LLVM 기반 Go 프론트엔드다. 이 프론트엔드를 사용하면 Go 언어로 작성된 프로그램에서 LLVM 어셈블리 코드를 만들어 낼 수 있다.

llgo 바이너리를 다운로드하거나, 직접 소스코드로 llgo을 빌드한 후 PATH 에 바이너리를 추가해야 한다.

다음 과정을 따라 한다.

1. llgo로 LLVM 어셈블리를 만들 Go 소스 파일을 만든다. 다음과 같은 test.go를 만든다.

   ```
   $ cat test.go
   ```

```
package main
import "fmt"
func main() {
    fmt.Println("Test Message")
}
```

5. 이제 LLVM 어셈블리를 얻기 위해 llgo를 사용한다.

```
$ llgo -dump test.go
; ModuleID = 'main'
target datalayout = "e-p:64:64:64..."
target triple = "x86_64-unknown-linux"
%0 = type { i8*, i8* }
....
```

예제 분석

llgo 컴파일러는 Go 언어를 위한 프론트엔드다. test.go 프로그램을 입력하면 LLVM IR을 생성한다.

참고 사항

- llgo를 설치하는 방법은 https://github.com/ go-llvm/llgo에 자세히 나와 있다.

드래곤에그 사용

드래곤에그Dragonegg는 gcc의 최적화기와 코드 생성기 대신 LLVM 최적화기와 LLVM 코드 생성기를 gcc에서 사용할 수 있게 하는 gcc 플러그인이다.

x86-32/x86-64나 ARM 프로세서를 타겟 머신으로 하는 gcc 4.5나 그 이상 버전의 gcc가 필요하다. 드래곤에그 소스코드를 다운로드해 dragonegg.so 파일로 빌드해야 한다.

예제 구현

다음을 따라 한다.

1. 간단한 hello world 프로그램을 만든다.

```
$ cat testprog.c
#include <stdio.h>
int main() {
    printf("hello world");
}
```

2. gcc로 이 프로그램을 컴파일한다. 여기선 gcc-4.5를 사용했다.

```
$ gcc testprog.c -S -O1 -o -

    .file    " testprog.c"
    .section .rodata.str1.1,"aMS",@progbits,1
.LC0:
    .string  "Hello world!"
    .text
.globl main
    .type main, @function
main:
    subq    $8, %rsp
    movl    $.LC0, %edi
    call    puts
    movl    $0, %eax
    addq    $8, %rsp
```

```
        ret
        .size main, .-main
```

3. gcc 명령어에 -fplugin=path/dragonegg.so 플래그를 사용하면
   gcc는 LLVM의 최적화기와 LLVM 코드 생성기를 사용한다.

```
$ gcc testprog.c -S -O1 -o - -fplugin=./dragonegg.so
    .file " testprog.c"
# Start of file scope inline assembly
    .ident "GCC: (GNU) 4.5.0 20090928 (experimental) LLVM:
82450:82981"
# End of file scope inline assembly

    .text
    .align    16
    .globl    main
    .type main,@function
main:
    subq  $8, %rsp
    movl  $.L.str, %edi
    call  puts
    xorl  %eax, %eax
    addq  $8, %rsp
    ret
    .size main, .-main
    .type .L.str,@object
    .section .rodata.str1.1,"aMS",@progbits,1
.L.str:
    .asciz      "Hello world!"
    .size     .L.str, 13

    .section    .note.GNU-stack,"",@progbits
```

- 소스코드를 구하는 방법과 설치 절차에 대한 자세한 내용은 http://dragonegg.llvm.org/를 참고한다.

2

프론트엔드 작성 단계

2장에서 다루는 내용은 다음과 같다.

- TOY 언어 정의
- 렉서 구현 방법
- 추상 구문 트리 정의
- 파서 구현
- 단순 표현식의 파싱
- 이진 표현식의 파싱
- 파싱을 위한 드라이버 적용
- TOY 언어 대상 렉서 실행
- 각 AST 클래스를 위한 IR 코드 생성 기법 정의
- 표현식을 위한 IR 코드 생성
- 함수를 위한 IR 코드 생성
- IR 코드 최적화 기능 추가

소개

2장에서는 언어의 프론트엔드를 구현하는 방법을 배운다. 사용자 정의 TOY 언어를 통해 렉서와 파서 구현 및 프론트엔드가 생성하는 추상 구문 트리^{AST,} ^{Abstract Syntax Tree}에서 IR 코드를 어떻게 생성하는지 예제로 알아본다.

TOY 언어 정의

렉서와 파서를 구현하기 전에 언어 구문과 문법을 먼저 정의해야 한다. 2장에서는 앞서 언급했듯이 TOY 언어를 통해 렉서와 파서를 어떻게 구현하는지 설명한다. 이번 예제의 목적은 프론트엔드가 언어를 어떻게 처리하는지 보여주는 것이기 때문에 TOY 언어가 단순하기는 하지만, 예를 들어 설명하기에는 적합하다.

대부분의 프로그래밍 언어는 변수, 함수 호출, 상수 등이 정의돼 있다. 편의상 TOY 언어에는 32비트 정수 타입의 상수만 고려하기로 한다. TOY 언어는 타입 선언이 필요한 C/C++나 자바와는 다르게 파이썬처럼 타입 선언이 필요하지 않다.

예제 구현

언어의 문법은 다음과 같이 정의한다. 생성 규칙이 정의돼 있으며, **좌변**^{LHS,} ^{Left Hand Side}에는 non-terminal, **우변**^{RHS, Right Hand Side}에는 terminal과 non-terminal의 조합이 있다. 표현식에서 좌변은 우변의 생성 규칙으로 대체된다.

1. 숫자 표현식은 상수를 출력한다.

   ```
   numeric_expr := number
   ```

2. 괄호 표현식은 괄호 사이에 표현식이 온다.

   ```
   paran_expr := '(' expression ')'
   ```

3. 식별자 표현식은 식별자나 함수 호출을 출력한다.

```
identifier_expr
:= identifier
:= identifier '('expr_list ')'
```

4. 식별자 표현식이 함수 호출이면 인자가 없거나 쉼표로 구분된 인자들이 올 것이다.

```
expr_list
:= (empty)
:= expression (',' expression)*
```

5. 문법의 시작 지점인 최초 표현식은 식별자 표현식, 숫자 표현식, 괄호 표현식 중 하나를 출력한다.

```
primary
:= identifier_expr
:= numeric_expr
:= paran_expr
```

6. 표현식은 이진 표현식을 출력한다.

```
expression := primary binoprhs
```

7. 우변에 있는 이항 연산의 경우 이진 표현식이나 이항 연산자의 조합으로 출력한다.

```
binoprhs := ( binoperator primary )*
binoperators := '+' / '-' / '*' / '/'
```

8. 함수 선언은 다음 형태의 문법을 갖는다.

```
func_decl := identifier '(' identifier_list ')'
identifier_list := (empty)
                := (identifier)*
```

9. 함수 정의는 def 키워드 이후에 함수 선언과 함수 본체가 연이어 존재하는 것으로 다른 것과 구분할 수 있다.

```
function_defn := 'def' func_decl expression
```

10. 마지막으로 최상위 단계의 표현식은 일반 표현식을 생성한다.

```
toplevel_expr := expression
```

위에서 정의한 규칙대로 TOY 언어를 작성하면 다음과 같다.

```
def foo (x , y)
x + y * 16
```

이제 언어를 정의했으니, 다음 단계는 렉서와 파서를 구현하는 것이다.

렉서 구현 방법

프로그램의 컴파일 과정 중 그 첫 번째는 바로 렉서다. 렉서는 프로그램의 입력 값을 토큰으로 분리하는 역할을 하는데, 분리된 토큰token들은 이후 파서가 추상 구문 트리Abstract Syntax Tree를 만드는 데 사용한다. 토큰으로 분리하는 언어는 보통 문맥 자유 언어다. 토큰은 의미 있는 문자들의 집합이라고 할 수 있는데, 문자의 스트림에서 이런 토큰을 형성하는 것을 토큰화라고 한다. 그리고 토큰을 식별하기 위해 구분자를 사용한다. LEX 같은 어휘 분석을 자동화하는 툴도 있는데, TOY 언어 렉서는 다음과 같이 C++로 구현했다.

준비

현 단계에서는 이전 예제를 통해 TOY 언어에 대해 숙지하고 있어야 한다. 다음과 같이 toy.cpp 파일을 생성한다.

```
$ vim toy.cpp
```

앞으로 살펴볼 코드에는 렉서, 파서, 코드 생성 로직이 모두 구현돼 있다.

렉서를 구현하면서 먼저 토큰의 종류를 정의해 입력 문자열을 구분한다
(오토마타의 스테이트와 유사). 토큰은 **열거형**(enum) 타입을 사용해서 정의할 수
있다.

1. 다음과 같이 toy.cpp 파일을 연다.

```
$ vim toy.cpp
```

2. toy.cpp 파일에 다음과 같이 enum을 선언한다.

```
enum Token_Type {
    EOF_TOKEN = 0,
    NUMERIC_TOKEN,
    IDENTIFIER_TOKEN,
    PARAN_TOKEN,
    DEF_TOKEN
};
```

다음은 토큰 종류에 대한 설명이다.

- **EOF_TOKEN** 파일의 끝을 지정

- **NUMERIC_TOKEN** 숫자 타입의 토큰

- **IDENTIFIER_TOKEN** 식별자 토큰

- **PARAN_TOKEN** 괄호 토큰

- **DEF_TOKEN** def 토큰 이후는 함수 정의임을 지정하는 토큰

3. 상수를 저장하기 위해 toy.cpp에 다음과 같이 정적 변수를 정의한다.

```
static int Numeric_Val;
```

4. 식별자의 이름을 저장하기 위해 다음과 같이 문자열 타입의 정적 변수
를 정의한다.

```
static std::string Identifier_string;
```

5. 이제 렉서 함수를 isspace(), isalpha(), fgetc() 같은 라이브러리
   함수들을 활용해 toy.cpp 파일에 다음과 같이 정의한다.

```cpp
static int get_token() {
    static int LastChar = ' ';

    while(isspace(LastChar))
    LastChar = fgetc(file);

    if (isalpha(LastChar)) {
        Identifier_string = LastChar;

        while(isalnum((LastChar = fgetc(file))))
        Identifier_string += LastChar;

        if (Identifier_string == "def")
        return DEF_TOKEN;
        return IDENTIFIER_TOKEN;
    }

    if (isdigit(LastChar)) {
        std::string NumStr;
        do {
            NumStr += LastChar;
            LastChar = fgetc(file);
        } while(isdigit(LastChar));

        Numeric_Val = strtod(NumStr.c_str(), 0);
        return NUMERIC_TOKEN;
    }

    if (LastChar == '#') {
        do LastChar = fgetc(file);
        while(LastChar != EOF && LastChar != '\n'
        && LastChar != '\r');

        if (LastChar != EOF) return get_token();
    }
```

```
        if (LastChar == EOF) return EOF_TOKEN;
        int ThisChar = LastChar;
        LastChar = fgetc(file);
        return ThisChar;
    }
```

예제 분석

앞서 정의한 TOY 언어의 예는 다음과 같다.

```
def foo (x , y)
x + y * 16
```

렉서는 이 프로그램을 입력받는다. def라는 키워드를 만나게 되면 그 후에 오는 문자들이 무엇이든 상관없이 def 토큰으로 인식해 DEF_TOKEN enum 값을 반환한다. 그 뒤에는 함수 정의와 인자들, 그리고 2개의 이항 연산자, 2개의 변수, 상수를 포함한 표현식이 온다. 이것들이 어떤 방식으로 자료 구조에 저장되는지는 다음 예제에서 설명한다.

참고 사항

* 더 자세하고 구체적인 Clang 구현 C++ 렉서는 http://clang.llvm.org/ doxygen/Lexer_8cpp_source.html을 참고한다.

추상 구문 트리 정의

추상 구문 트리는 프로그래밍 언어의 소스코드를 추상 구문 구조로 표현한 것이다. 표현식과 흐름 제어문과 같은 프로그래밍 구조를 나타내는 추상 구문 트리는 연산자와 피연산자들로 그룹화된다. 추상 구문 트리는 프로그래밍 구조들 사이의 관계를 표현하는 것이지, 문법에 의해 어떻게 생성되는지를 표현하는 것은 아니다. 추상 구문 트리는 구분자와 구두점 같이 중요하지 않은 프로그래밍 요소들은 무시하며, 일반적으로 이후 컴파일 과정에서 사용되는 각 요소에 대한 추가 속성도 포함하고 있다. 소스코드 위치가 이런 속성 중 하나며, 소스코드가 문법에 일치 여부를 판단하는 도중 에러가 발생했을 때 해당 줄 번호를 전달할 때 사용할 수 있다(위치, 그리고 줄 번호, 열 번호와 그 외의 관련 속성들은 C++ 프론트엔드 Clang의 SourceManager 오브젝트에 저장). 프로그램 요소와 언어의 올바른 사용 여부에 대해 컴파일러가 체크하는 과정인 의미 분석Semantic Analysis에서 추상 구문 트리를 집중적으로 사용한다. 컴파일러는 또한 의미 분석 단계에서 추상 구문 트리를 기반으로 심볼 테이블을 생성한다. 트리의 모든 노드를 순회하면 프로그램의 참 여부를 검증할 수 있으며, 이후 추상 구문 트리를 기반으로 코드를 생성한다.

준비

이제 렉서를 실행해 추상 구문 트리 생성할 때 사용하는 토큰을 얻었을 것이다. 우리가 파싱하려는 언어는 표현식 그리고 함수 정의, 함수 선언으로 구성된다. 다시 말하자면 표현식은 변수 그리고 이항 연산자, 숫자 표현식 등으로 구성돼 있다.

예제 구현

추상 구문 트리를 정의하기 위해 다음 단계를 따른다.

1. toy.cpp 파일을 연다.

   ```
   $ vi toy.cpp
   ```

   렉서 코드 밑에 추상 구문 트리를 정의한다.

2. 표현식을 파싱하기 위한 base 클래스는 다음과 같이 정의한다.

   ```
   class BaseAST {
   ```

```
public :
    virtual ~BaseAST();
};
```

그 후 각각 표현식 타입을 파싱하기 위한 상속 클래스를 정의한다.

3. 변수 표현식을 위한 추상 구문 트리 클래스는 다음과 같다.

```
class VariableAST : public BaseAST{
    std::string Var_Name;
    // 변수명을 저장하기 위한 문자열 객체
public:
    VariableAST(std::string &name) : Var_Name(name) {}
    // 문자열을 전달해 variable AST 클래스를 초기화하는 생성자
};
```

4. 언어는 숫자 표현식도 포함한다. 숫자 표현식을 위한 추상 구문 트리 클래스는 다음과 같이 정의한다.

```
class NumericAST : public BaseAST {
    int numeric_val;
public :
    NumericAST (intval): numeric_val(val) {}
};
```

5. 이항 연산자를 포함하는 표현식의 경우 다음과 같이 추상 구문 트리 클래스를 정의한다.

```
class BinaryAST : public BaseAST {
    std::string Bin_Operator; // 저장하기 위한 문자열 객체
    // 이항 연산자
    BaseAST*LHS, *RHS;// 이항 표현식의 좌변 및 우변을 저장하기 위한 객체들
    // 이항 연산자의 좌변 및 우변은 어떤 연산도 가능하며
    // BaseAST 객체를 사용해서 저장한다.
public:
    BinaryAST (std::string op, BaseAST *lhs, BaseAST *rhs):
    Bin_Operator(op), LHS(lhs), RHS(rhs) {} // Constructor
```

```
    // 이항 연산자를 초기화하기 위한 이항 표현식의 우변 및 좌변
};
```

6. 함수 선언을 위한 추상 구문 트리 클래스는 다음과 같이 정의한다.

```
class FunctionDeclAST {
    std::string Func_Name;
    std::vector<std::string> Arguments;
public:
    FunctionDeclAST(const std::string &name,
        const std::vector<std::string> &args):
        Func_Name(name), Arguments(args) {}
};
```

7. 함수 정의를 위한 추상 구문 트리 클래스는 다음과 같이 정의한다.

```
class FunctionDefnAST {
    FunctionDeclAST *Func_Decl;
    BaseAST* Body;
public:
    FunctionDefnAST(FunctionDeclAST *proto, BaseAST *body):
        Func_Decl(proto), Body(body) {}
};
```

8. 함수 호출을 위한 추상 구문 트리 클래스는 다음과 같다.

```
class FunctionCallAST : public BaseAST {
    std::string Function_Callee;
    std::vector<BaseAST*> Function_Arguments;
public:
    FunctionCallAST(const std::string &callee,
        std::vector<BaseAST*> &args):
        Function_Callee(callee), Function_Arguments(args) {}
};
```

이제 추상 구문 트리의 기본적인 골격이 준비됐다.

렉서가 주는 토큰들에 대한 다양한 정보를 담고 있는 데이터 구조를 추상 구문 트리라고 할 수 있다. 이 정보들은 파서 로직이 생성하며, 추상 구문 트리는 파싱되는 토큰의 타입에 따라 채워진다.

참고 사항

* 추상 구문 트리를 생성했으니 이제 파서를 구현할 차례다. 파서를 구현한 이후에 렉서와 파서를 실행하는 예제를 살펴본다. Clang에서 C++의 추상 구문 트리 구조에 대한 구체적인 내용은 http://clang.llvm.org/docs/IntroductionToTheClangAST.html을 참고한다.

파서 구현

파서parser는 언어의 문법에 따라 코드를 구문적으로 분석한다. 파싱 단계에서는 입력 코드를 정의한 문법에 따라 토큰들로 구분할 수 있는지 판단한다. 이 단계에서 파스 트리parse tree를 생성한다. 파서는 함수를 정의해 추상 구문 트리라 불리는 자료 구조로 언어를 구성한다. 이번 예제에서 정의한 파서는 탑다운 파서인 재귀 하향 파서recursive decent parser 기법을 이용하며, 상호 재귀 함수mutually recursive functions를 사용해 추상 구문 트리를 생성한다.

준비

이 예제에서는 사용자 정의 언어를 필요로 하며(TOY 언어), 렉서가 생성한 토큰 스트림도 필요하다.

기본적인 값들을 저장할 공간을 다음과 같이 TOY 파서에 정의한다.

1. 다음과 같이 toy.cpp 파일을 연다.

   ```
   $ vi toy.cpp
   ```

2. 렉서가 전달한 현재 토큰을 저장하는 전역 정적 변수를 정의한다.

   ```
   static int Current_token;
   ```

3. 렉서의 토큰 스트림으로부터 다음 토큰을 가져오는 함수를 정의한다.

   ```
   static void next_token() {
       Current_token = get_token();
   }
   ```

4. 다음 단계는 앞 절에서 정의한 추상 구문 트리 자료 구조를 활용해 표현식을 파싱하는 함수를 정의하는 것이다.

5. 렉서가 구분한 토큰 종류에 따르는 파싱 함수를 호출할 수 있게 범용 파싱 함수를 다음과 같이 정의한다.

   ```
   static BaseAST* Base_Parser() {
       switch (Current_token) {
           default: return 0;
           case IDENTIFIER_TOKEN: return identifier_parser();
           case NUMERIC_TOKEN: return numeric_parser();
           case '(': return paran_parser();
       }
   }
   ```

입력 스트림은 토큰으로 분리돼 파서에게 전달된다. Current_token은 처리해야 할 토큰을 저장하고 있다. 토큰의 종류는 이 단계에서 알 수 있으

며, 토큰 종류에 알맞은 해당 파싱 함수를 호출해 추상 구문 트리들을 초기
화한다.

- 다음 예제에서는 다양한 표현식을 파싱하는 방법을 배운다. Clang에서
  C++ 언어를 파싱하는 구체적인 방법은 http://clang.llvm.org/doxygen/
  classclang_1_1Parser.html을 참고한다.

단순 표현식의 파싱

이번 예제에서는 단순한 표현식을 파싱하는 방법을 배운다. 단순한 표현식
은 숫자, 식별자, 함수 호출, 그리고 함수 선언, 함수 정의로 구성된다. 각
표현식의 종류에 따라 다른 파싱 로직을 정의해야 한다.

준비

사용자 정의 언어(이 경우엔 TOY 언어), 렉서가 생성한 토큰의 스트림이 필요하
다. 이미 앞에서 추상 구문 트리를 정의했고, 이제 표현식을 파싱하고 각
표현식의 종류에 따라 추상 구문 트리 생성자를 호출할 것이다.

예제 구현

단순한 표현식을 파싱하기 위해 다음 코드를 따라 해본다.

1. toy.cpp 파일을 연다.

```
$ vi toy.cpp
```

toy.cpp 파일에 이미 렉서 로직을 구현했다. 다음 코드들은 toy.cpp 파일의 렉서 코드 뒤에 추가해야 한다.

2. 숫자 표현식을 위한 parser 함수를 다음과 같이 정의한다.

```
static BaseAST *numeric_parser() {
    BaseAST *Result = new NumericAST(Numeric_Val);
    next_token();
    return Result;
}
```

3. 식별자 표현식을 위한 parser 함수를 정의한다. 식별자는 변수 참조나 함수 호출일 수도 있다는 점을 명심한다. 이 둘은 다음 토큰이 여는 괄호(()인지 여부를 확인해 구분할 수 있다. 이는 다음과 같이 구현한다.

```
static BaseAST* identifier_parser() {
    std::string IdName = Identifier_string;

    next_token();

    if (Current_token != '(')
    return new VariableAST(IdName);

    next_token();

    std::vector<BaseAST*> Args;
    if (Current_token != ')') {
        while(1) {
            BaseAST* Arg = expression_parser();
            if (!Arg) return 0;
            Args.push_back(Arg);

            if (Current_token == ')') break;

            if (Current_token != ',')
            return 0;
            next_token();
        }
    }
```

```
    }
    next_token();
    return new FunctionCallAST(IdName, Args);
}
```

4. 함수 선언을 위한 parser 함수를 다음과 같이 정의한다.

```
static FunctionDeclAST *func_decl_parser() {
    if (Current_token != IDENTIFIER_TOKEN)
    return 0;

    std::string FnName = Identifier_string;
    next_token();

    if (Current_token != '(')
    return 0;

    std::vector<std::string> Function_Argument_Names;
    while(next_token() == IDENTIFIER_TOKEN)
    Function_Argument_Names.push_back(Identifier_string);
    if (Current_token != ')')
    return 0;

    next_token();

    return new FunctionDeclAST(FnName, Function_Argument_Names);
}
```

5. 함수 정의를 위한 parser 함수를 다음과 같이 정의한다.

```
static FunctionDefnAST *func_defn_parser() {
    next_token();
    FunctionDeclAST *Decl = func_decl_parser();
    if (Decl == 0) return 0;

    if (BaseAST* Body = expression_parser())
    return new FunctionDefnAST(Decl, Body);
    return 0;
}
```

expression_parser 함수는 표현식을 파싱하는 함수며, 다음과 같이 정의한다.

```
static BaseAST* expression_parser() {
    BaseAST *LHS = Base_Parser();
    if (!LHS) return 0;
    return binary_op_parser(0, LHS);
}
```

숫자 토큰을 만나면 숫자 표현식을 위한 생성자가 호출되고, 생성된 추상 구문 트리 오브젝트를 파서가 반환한다. 이 오브젝트에는 숫자 데이터가 채워져 있다. 유사하게 식별자 표현식의 경우 파싱된 데이터는 변수 또는 함수 호출이다. 함수 선언 및 정의를 위해 함수의 이름과 인자들이 파싱되고 해당되는 추상 구문 트리 클래스 생성자들이 호출된다.

이항 표현식의 파싱

이번 예제에서는 이항 표현식을 파싱하는 방법을 배운다.

사용자 정의 언어(이 경우는 TOY 언어)가 필요하고, 렉서가 생성한 토큰 스트림이 필요하다. 이항 표현식 파서는 좌변과 우변의 순서를 판단하기 위해 이항 연산자의 연산 우선순위가 필요하다. 이항 연산자의 연산 우선순위를 정의하기 위해 STL의 map을 사용한다.

이항 표현식을 파싱하기 위해 다음 코드를 따라 해본다.

1. 다음과 같이 toy.cpp 파일을 연다.

```
$ vi toy.cpp
```

2. 다음과 같이 toy.cpp 파일에 map를 정의해 연산자 우선순위를 전역으로 저장한다.

```
static std::map<char, int> Operator_Precedence;
```

   TOY 언어에는 4개의 연산자가 있는데, 우선순위는 - < + < / < *다.

3. 우선순위를 초기화할 함수(map에 우선순위를 저장)를 toy.cpp의 전역으로 다음과 같이 정의한다.

```
static void init_precedence() {
    Operator_Precedence['-'] = 1;
    Operator_Precedence['+'] = 2;
    Operator_Precedence['/'] = 3;
    Operator_Precedence['*'] = 4;
}
```

4. 도우미 함수를 다음과 같이 정의해 우선순위를 반환한다.

```
static int getBinOpPrecedence() {
    if (!isascii(Current_token))
        return -1;

    int TokPrec = Operator_Precedence[Current_token];
    if (TokPrec <= 0)
        return -1;
    return TokPrec;
}
```

5. 이제 이항 연산자는 다음과 같이 정의한다.

```
static BaseAST* binary_op_parser(int Old_Prec, BaseAST *LHS) {
   while(1) {
      int Operator_Prec = getBinOpPrecedence();
      if (Operator_Prec < Old_Prec)
         return LHS;

      int BinOp = Current_token;
      next_token();
      BaseAST* RHS = Base_Parser();
      if (!RHS)
         return 0;

      int Next_Prec = getBinOpPrecedence();
      if (Operator_Prec < Next_Prec) {
         RHS = binary_op_parser(Operator_Prec+1, RHS);
         if (RHS == 0)
            return 0;
      }

      LHS = new BinaryAST(std::to_string(BinOp), LHS, RHS);
   }
}
```

여기서 현재 연산자의 우선순위와 이전 연산자의 우선순위를 비교하고, 결과는 이항 연산자의 좌변 및 우변을 확인하면서 판단한다. 이항 연산자 파서는 재귀적으로 호출하는데, 이는 우변이 한 개의 식별자가 아니라 또 하나의 표현식일 수 있기 때문이다.

6. parser 함수를 위한 괄호는 다음과 같이 정의한다.

```
static BaseAST* paran_parser() {
   next_token();
   BaseAST* V = expression_parser();
   if (!V)
      return 0;

   if (Current_token != ')')
```

```
        return 0;

    return V;
}
```

7. parser 함수의 래퍼^{Wrapper} 역할을 하는 최상위 함수는 다음과 같이
   정의한다.

```
static void HandleDefn() {
    if (FunctionDefnAST *F = func_defn_parser()) {
        if (Function* LF = F->Codegen()) {
        }
    }
    else {
        next_token();
    }
}

static void HandleTopExpression() {
    if (FunctionDefnAST *F = top_level_parser()) {
        if (Function *LF = F->Codegen()) {
        }
    }
    else {
        next_token();
    }
}
```

참고 사항

• 2장의 나머지 예제들은 사용자 객체를 다룬다. 표현식 파싱 및 C++ 파
  싱에 대한 구체적인 정보는 http://clang.llvm.org/doxygen/classclang_1
  _1Parser.html을 참고한다.

파싱을 위한 드라이버 적용

이번 예제에서는 TOY 파서의 메인 함수에서 파싱 함수를 호출하는 방법을 배운다.

파싱을 하기 위한 드라이버 프로그램을 다음과 같이 정의한다.

1. toy.cpp 파일을 연다.

   ```
   $ vi toy.cpp
   ```

2. Driver 함수는 main() 함수에서 호출하며, 파서는 다음과 같이 정의한다.

   ```
   static void Driver() {
      while(1) {
         switch (Current_token) {
            case EOF_TOKEN: return;
            case ';': next_token(); break;
            case DEF_TOKEN: HandleDefn(); break;
            default: HandleTopExpression(); break;
         }
      }
   }
   ```

3. 전체 프로그램을 실행하기 위한 main() 함수는 다음과 같이 정의한다.

   ```
   int main(int argc, char* argv[]) {
      LLVMContext &Context = getGlobalContext();
      init_precedence();
      file = fopen(argv[1], "r");
      if (file == 0) {
         printf("Could not open file\n");
      }
   ```

```
        next_token();
        Module_Ob = new Module("my compiler", Context);
        Driver();
        Module_Ob->dump();
        return 0;
    }
```

예제 분석

main() 함수는 프론트엔드에 입력으로 들어가는 코드를 처리하기 위해 렉
서와 파서를 호출하는 역할을 한다. main() 함수는 드라이버 함수를 호출해
서 파싱을 시작한다.

참고 사항

- Clang의 C++ 파싱 과정에서 main() 함수와 드라이버 함수가 어떻게 동
  작하는지에 대한 구체적인 정보는 http://llvm.org/viewvc/llvm-project/
  cfe/trunk/tools/driver/cc1_main.cpp를 참고한다.

TOY 언어 대상 렉서 실행

이제 TOY 언어를 위한 모든 기능을 갖춘 렉서와 파서가 정의됐으므로 TOY
언어를 대상으로 실행해 볼 차례다.

준비

이를 위해 TOY 언어의 문법과 앞에서 다룬 예제들을 이해를 하고 있어야
한다.

예제 구현

실행을 해서 TOY 언어에 대해 테스트한다.

1. 첫 단계는 toy.cpp 프로그램을 컴파일해 실행 파일을 생성하는 것이다.

   ```
   $ clang++ toy.cpp -O3 -o toy
   ```

2. toy 실행 파일은 컴파일러 프론트엔드다. example 파일에 파싱될 TOY 언어가 저장돼 있다.

   ```
   $ cat example
   def foo(x , y)
   x + y * 16
   ```

3. toy 컴파일러에 의해 처리되는 파일이 실행 파일의 인자로 전달된다.

   ```
   $ ./toy example
   ```

예제 분석

TOY 컴파일러는 읽기 모드로 example 파일을 열어 단어 스트림을 토큰으로 분리한다. 스트림에서 def 키워드를 만나고 DEF_TOKEN을 반환한다. 그 후 HandleDefn() 함수를 호출해 함수명과 인자들을 저장한다. 이 함수는 재귀적으로 토큰의 타입을 확인하고 특정 토큰에 대한 핸들러 함수를 호출해 관련 추상 구문 트리에 저장한다.

참고 사항

- 앞서 언급한 렉서와 파서는 일부 사소한 구문 오류 외에는 다른 오류들은 처리할 수 없다. 오류 처리를 구현하기 위해서는 http://llvm.org/docs/tutorial/LangImpl2.html#parser-basics를 참고한다.

각 추상 구문 트리 클래스를 위한 IR 코드 생성 기법 정의

이제 추상 구문 트리는 자료 구조에 필요한 정보를 저장하고 있으며, 다음 단계는 LLVM IR을 생성하는 것이다. LLVM API를 LLVM IR 코드 생성에 사용하는데, IR은 LLVM 내장 API로 생성한 사전 정의 포맷을 따른다.

준비

현재 시점에서는 TOY 언어 코드를 입력해 추상 구문 트리를 생성했을 것이다.

예제 구현

LLVM IR을 생성하기 위해 가상 함수인 `CodeGen`을 각 추상 구문 트리 클래스별로 다음과 같이 정의한다. 추상 구문 트리 클래스는 이전의 추상 구문 트리 부분에서 정의했으며, 다음 함수를 그 클래스에 추가한다.

1. toy.cpp 파일을 다음과 같이 연다.

   ```
   $ vi toy.cpp
   ```

2. 이전에 정의한 `BaseAST` 클래스 내부에 `Codegen()` 함수를 다음과 같이 추가한다.

   ```
   class BaseAST {
     ...
     ...
     virtual Value* Codegen() = 0;
   };
   class NumericAST: public BaseAST {
     ...
     ...
     virtual Value* Codegen();
   ```

```
};
class VariableAST: public BaseAST {
    ...
    ...
    virtual Value* Codegen();
};
```

가상 함수 Codengen()은 정의한 모든 추상 구문 트리 클래스에 포함
된다. 그리고 함수는 **정적 단일 할당**^{Static Single Assignment} 값을 표현하는
LLVM Value 객체를 반환한다. Codegen()이 사용하는 정적 변수도
정의할 수 있다.

3. 다음 정적 변수를 전역으로 선언한다.

```
static Module* Module_Ob;
static IRBuilder<> Builder(getGlobalContext());
static std::map<std::string, Value*> Named_Values;
```

Module_Ob 모듈은 코드의 모든 함수 및 변수를 포함한다.

Builder 객체는 **LLVM IR**을 생성하는 것을 도와주고, **LLVM** 명령어를 삽
입하기 위해 프로그램상 현재 지점을 추적한다. 또한 새로운 명령어를 생성
하는 함수를 갖고 있다.

Named_Values 맵은 심볼 테이블과 같이 현재 범위에서 정의한 모든 변수를
추적한다. **TOY** 언어에서는 맵이 함수 인자를 저장하고 있다.

표현식을 위한 IR 코드 생성

이번 예제에서는 표현식에 대한 **IR** 코드가 어떻게 컴파일러 프론트엔드에
의해 생성되는지 이해할 수 있다.

TOY 언어를 위한 LLVM IR 코드 생성 루틴을 구현하려면 다음 코드를 따라 한다.

1. toy.cpp 파일을 다음과 같이 연다.

```
$ vi toy.cpp
```

2. 숫자 값을 위한 코드를 생성하는 함수를 다음과 같이 정의한다.

```
Value *NumericAST::Codegen() {
    return ConstantInt::get(Type::getInt32Ty(getGlobalContext()),
        numeric_val);
}
```

LLVM IR에서 정수는 ConstantInt 클래스로 표현하고, 값은 APInt 클래스에 저장한다.

3. 변수 표현식 코드를 생성하는 함수는 다음과 같이 정의한다.

```
Value *VariableAST::Codegen() {
    Value *V = Named_Values[Var_Name];
    return V ? V : 0;
}
```

4. 이항 표현식을 위한 Codegen() 함수는 다음과 같이 정의한다.

```
Value *BinaryAST::Codegen() {
    Value *L = LHS->Codegen();
    Value *R = RHS->Codegen();
    if (L == 0 || R == 0)
        return 0;

    switch(atoi(Bin_Operator.c_str())) {
        case '+': return Builder.CreateAdd(L, R, "addtmp");
        case '-': return Builder.CreateSub(L, R, "subtmp");
        case '*': return Builder.CreateMul(L, R, "multmp");
        case '/': return Builder.CreateUDiv(L, R, "divtmp");
```

```
        default: return 0;
      }
  }
```

이전 코드가 여러 개의 addtmp 변수를 생성하면 LLVM은 자동으로 변수명 뒤에 고유한 숫자를 붙여 구별할 수 있게 해준다.

참고 사항

- 다음 예제는 함수에 대한 IR 코드를 생성하는 방법을 설명한다. 코드 생성이 실제로 어떻게 동작하는지 배운다.

함수를 위한 IR 코드 생성

이 예제에서는 함수에 대한 IR 코드를 생성하는 방법을 배운다.

예제 구현

다음 단계를 따른다.

1. 함수 호출을 위한 Codegen() 함수는 다음과 같이 정의한다.

```
Value *FunctionCallAST::Codegen() {
    Function *CalleeF = Module_Ob->getFunction(Function_Callee);
    std::vector<Value*>ArgsV;
    for(unsigned i = 0, e = Function_Arguments.size();
        i != e; ++i) {
      ArgsV.push_back(Function_Arguments[i]->Codegen());
      if (ArgsV.back() == 0)
        return 0;
    }
    return Builder.CreateCall(CalleeF, ArgsV, "calltmp");
}
```

함수 호출을 만났을 경우 전달된 각 인자에 대해 재귀적으로 `Codegen()` 함수를 호출해 LLVM 호출 명령어를 생성한다.

2. 함수 호출을 위한 `Codegen()` 함수를 정의했고, 이제 함수 선언과 정의를 위한 `Codegen()` 함수를 정의할 차례다. `Codegen()` 함수 선언은 다음과 같이 정의한다.

```
Function *FunctionDeclAST::Codegen() {
    std::vector<Type*>Integers(Arguments.size(),
        Type::getInt32Ty(getGlobalContext()));
    FunctionType *FT = FunctionType::get(Type::getInt32Ty(
        getGlobalContext()), Integers, false);
    Function *F = Function::Create(FT,
        Function::ExternalLinkage, Func_Name, Module_Ob);

    if (F->getName() != Func_Name) {
        F->eraseFromParent();
        F = Module_Ob->getFunction(Func_Name);

        if (!F->empty())
            return 0;

        if (F->arg_size() != Arguments.size())
            return 0;
    }
    unsigned Idx = 0;
    for (Function::arg_iterator Arg_It = F->arg_begin(); Idx !=
        Arguments.size(); ++Arg_It, ++Idx) {
        Arg_It->setName(Arguments[Idx]);
        Named_Values[Arguments[Idx]] = Arg_It;
    }
    return F;
}
```

함수 정의를 위한 `Codegen()` 함수는 다음과 같이 정의한다.

```
Function *FunctionDefnAST::Codegen() {
```

```
Named_Values.clear();

Function *TheFunction = Func_Decl->Codegen();
if (TheFunction == 0)
    return 0;

BasicBlock *BB = BasicBlock::Create(getGlobalContext(),
        "entry", TheFunction);
Builder.SetInsertPoint(BB);

if (Value *RetVal = Body->Codegen()) {
    Builder.CreateRet(RetVal);
    verifyFunction(*TheFunction);
    return TheFunction;
}
TheFunction->eraseFromParent();
return 0;
}
```

3. 끝났다. LLVM IR은 이제 준비가 됐다. 최상위 표현식을 파싱하기 위해 만든 래퍼 함수에서 작성한 `Codegen()` 함수를 호출한다.

```
static void HandleDefn() {
    if (FunctionDefnAST *F = func_defn_parser()) {
        if (Function* LF = F->Codegen()) {
        }
    }
    else {
        next_token();
    }
}

static void HandleTopExpression() {
    if (FunctionDefnAST *F = top_level_parser()) {
        if (Function *LF = F->Codegen()) {
        }
    }
}
```

```
    else {
        next_token();
    }
}
```

정상적으로 파싱한 후 각각의 Codegen() 함수를 호출해 LLVM IR을
생성한다. dump() 함수를 호출해 생성한 IR을 출력한다.

예제 분석

Codegen() 함수는 LLVM 내장 함수를 호출해 IR을 생성한다. 포함해야
하는 헤더 파일은 llvm/IR/Verifier.h, llvm/IR/DerivedTypes.h, llvm/IR/
IRBuilder.h, llvm/IR/LLVMContext.h, llvm/IR/Module.h다.

1. 코드를 컴파일할 때 LLVM 라이브러리를 링크해야 한다. 이를 위해
   llvm-config 툴을 다음과 같이 사용할 수 있다.

   llvm-config --cxxflags --ldflags --system-libs --libs core.

2. 이 목적을 위해 다음 플래그를 추가해 toy 프로그램을 재컴파일해야
   한다.

   **$ clang++ -O3 toy.cpp `llvm-config --cxxflags --ldflags --
   system-libs --libs core` -o toy**

3. toy 컴파일러로 예제 코드를 컴파일하면 다음과 같이 LLVM IR을 생
   성한다.

   ```
   $ ./toy example

   define i32 @foo (i32 %x, i32 %y) {
       entry:
       %multmp = muli32 %y, 16
       %addtmp = add i32 %x, %multmp
       reti32 %addtmp
   }
   ```

다른 예제인 example2 파일은 함수 호출을 포함한다.

```
$ cat example2:
foo(5, 6);
```

LLVM IR은 다음과 같이 덤프될 것이다.

```
$ ./toy example2
define i32 @1 () {
   entry:
   %calltmp = call i32@foo(i32 5, i32 6)
   reti32 %calltmp
}
```

참고 사항

- Clang에서 C++용 `Codegen()`가 동작하는 세부 사항을 알고 싶다면 http://llvm.org/viewvc/llvm-project/cfe/trunk/lib/CodeGen/을 참고한다.

IR 코드 최적화 기능 추가

LLVM은 다양한 종류의 최적화 패스를 제공한다. LLVM은 컴파일러 구현체가 어떤 최적화를 사용할지, 그리고 적용 순서는 어떻게 할지 등을 결정할수 있게 해준다. 이 예제에서는 IR 최적화를 추가하는 방법을 배운다.

예제 구현

다음 단계를 따라 한다.

1. IR 최적화 기능을 추가하기 위해 먼저 해야 할 것은 다음과 같이 함수 매니저를 나타내는 정적 변수를 선언하는 것이다.

```
static FunctionPassManager *Global_FP;
```

2. 그런 다음, 이전부터 사용한 Module 객체를 함수 패스 매니저 정의에 사용한다. 이것은 main() 함수에서 다음과 같이 할 수 있다.

```
FunctionPassManager My_FP(TheModule);
```

3. 이제 다음과 같이 main() 함수에 다양한 최적화 단계의 파이프라인을 추가할 수 있다.

```
My_FP.add(createBasicAliasAnalysisPass());
My_FP.add(createInstructionCombiningPass());
My_FP.add(createReassociatePass());
My_FP.add(createGVNPass());
My_FP.doInitialization();
```

4. 이제 전역 정적 변수가 파이프라인에 다음과 같이 할당된다.

```
Global_FP = &My_FP;
Driver();
```

이 패스 매니저에는 run 메소드가 있는데, Codegen() 함수 정의에서 반환하기 전에 생성된 함수 IR을 실행할 수 있다. 이를 설명하면 다음과 같다.

```
Function* FunctionDefnAST::Codegen() {
   Named_Values.clear();
   Function *TheFunction = Func_Decl->Codegen();

   if (!TheFunction) return 0;
      BasicBlock *BB = BasicBlock::Create(getGlobalContext(),
             "entry", TheFunction);
   Builder.SetInsertPoint(BB);
   if (Value* Return_Value = Body->Codegen()) {
      Builder.CreateRet(Return_Value);
      verifyFunction(*TheFunction);
      Global_FP->run(*TheFunction);
      return TheFunction;
   }
}
```

```
        TheFunction->eraseFromParent();
        return 0;
    }
```

이것은 여러 부분에서 장점이 많은데, 함수를 그 자리에서 최적화해 생성된 함수 본문 코드를 향상시키기 때문이다.

참고 사항

- 이후 장들에서는 최적화 패스와 run 메소드를 추가하는 방법을 설명한다.

3

프론트엔드 확장과 JIT 컴파일 추가

3장에서 다루는 내용은 다음과 같다.

- 조건문 코드 생성: if/then/else
- 반복문 코드 생성
- 사용자 정의 연산자: 이항 연산자
- 사용자 정의 연산자: 단항 연산자
- JIT^{Just In Time} 컴파일 추가

소개

2장에서는 다양한 표현 타입을 위한 토큰 정의와 입력 스트림을 토큰으로 자르기 위한 렉서^{lexer} 구현, 다양한 표현식을 갖는 추상 구문 트리^{abstract syntax tree} 구조 개요, 파서 작성, 코드 생성, 프론트엔드에 적용되는 다양한 최적화 등 프로그래밍 언어를 만들기 위한 프론트엔드의 기본 요소에 대해 알아봤다.

프로그래밍 언어는 흐름을 결정할 수 있는 조건문과 반복문을 가질 때 강력하고 다양한 표현을 할 수 있다. JIT 컴파일은 실행될 때 즉각적인 코드 컴파일이 가능하다. 3장에서는 더 정교한 프로그램의 패러다임을 알아보고, 의미 있고 쓸모 있는 프로그래밍 언어를 만드는 데 필요한 개선 사항이 무엇인지 알아본다. 그리고 이후 예제에서 이런 개선 사항을 정의한 언어로 어떻게 구현하는지 보여준다.

조건문 코드 생성: if/then/else

특정 조건에 따라 구문을 실행하는 것은 프로그래밍 언어에 큰 장점을 부여한다. if/then/else문은 특정 조건에 따라 프로그램의 흐름을 바꿀 수 있다.

조건문은 if문부터 시작하고 if 조건이 참(true)이면 then을 따라오는 표현식을 실행한다. 조건이 거짓(false)이면 else를 따라오는 표현식을 실행한다. 이 예제에서는 조건문을 파싱하고 코드를 생성하기 위한 기본 틀을 보여준다.

준비

TOY 언어에 필요한 조건문(if/then/else)을 다음과 같이 정의한다.

```
if x < 2 then
    x + y
else
    x - y
```

조건을 확인하기 위해서는 비교 연산자가 필요한데, 여기서는 <(왼쪽 부등호) 연산자를 사용한다. 그리고 < 연산자를 구현하기 위해 init_precedence() 함수에서 우선순위를 정의한다.

```
static void init_precedence() {
    Operator_Precedence['<'] = 0;
    ...
    ...
}
```

그리고 이항 표현을 위한 `Codegen()` 함수 역시 <(왼쪽 부등호) 연산자를 구현한다.

```
Value* BinaryAST::Codegen() {
...
...
...
case '<' :
L = Builder.CreateICmpULT(L, R, "cmptmp");
return Builder.CreateZExt(L, Type::getInt32Ty(getGlobalContext()),
                          "booltmp");...
...
}
```

지금부터 프로그램 흐름 제어에 쓰는 비교 명령어와 결과로 만든 불리언 Boolean 연산자를 LLVM IR로 생성할 것이다. 이제 `if/then/else` 패러다임을 살펴볼 차례다.

예제 구현

다음 순서를 따라 한다.

1. **toy.cpp** 파일에서 구현된 렉서는 `if/then/else`문을 처리하기 위해 확장돼야 한다. 토큰 enum에 이를 위한 토큰을 추가한다.

   ```
   enum Token_Type{
       ...
       ...
   ```

```
        IF_TOKEN,
        THEN_TOKEN,
        ELSE_TOKEN
    }
```

2. 다음으로 get_token() 함수에 문자열을 찾아 적절한 토큰을 반환하
   도록 선언한 토큰을 추가한다.

```
static int get_token() {
    ...
    ...
    ...
    if(Identifier_string == "def") return DEF_TOKEN;
    if(Identifier_string == "if") return IF_TOKEN;
    if(Identifier_string == "then") return THEN_TOKEN;
    if(Identifier_string == "else") return ELSE_TOKEN;
    ...
    ...
}
```

3. 그리고 조건문에 대한 추상 구문 트리 노드를 정의한다.

```
class ExprIfAST : public BaseAST {
    BaseAST *Cond, *Then, *Else;

public:
    ExprIfAST(BaseAST *cond, BaseAST *then, BaseAST * else_st)
        : Cond(cond), Then(then), Else(else_st) {}

    Value *Codegen() override;
};
```

4. 다음 순서는 if/then/else문을 위한 파싱 로직을 정의하는 것이다.

```
static BaseAST *If_parser() {
    next_token();

    BaseAST *Cond = expression_parser();
    if (!Cond)
```

```
        return 0;

    if (Current_token != THEN_TOKEN)
        return 0;
    next_token();

    BaseAST *Then = expression_parser();
    if (Then == 0)
        return 0;

    if (Current_token != ELSE_TOKEN)
        return 0;

    next_token();

    BaseAST *Else = expression_parser();
    if (!Else)
        return 0;

    return new ExprIfAST(Cond, Then, Else);
}
```

파싱 로직은 간단하다. 먼저 if 토큰을 찾고 따라오는 표현식을 조건식으로 파싱한다. 그 뒤 then 토큰을 식별하고 true 조건 표현식을 파싱한다. 마지막으로 else 토큰을 찾고 false 조건 표현식을 파싱한다.

5. 그리고 앞서 정의한 함수 If_parser()를 Base_Parse()에 연결한다.

```
static BaseAST* Base_Parser() {
    switch(Current_token) {
        ...
        ...
        ...
        case IF_TOKEN : return If_parser();
        ...
}
```

6. if/then/else문의 추상 구문 트리는 파서에 의해 표현식으로 채워졌고, 이제 조건문을 위한 중간 표현을 생성할 차례다. 다음과 같이 Codegen() 함수를 정의한다.

```
Value *ExprIfAST::Codegen() {
    Value *Condtn = Cond->Codegen();
    if (Condtn == 0)
        return 0;

    Condtn = Builder.CreateICmpNE(
            Condtn, Builder.getInt32(0), "ifcond");

    Function *TheFunc = Builder.GetInsertBlock()->getParent();

    BasicBlock *ThenBB = BasicBlock::Create(getGlobalContext(),
            "then", TheFunc);
    BasicBlock *ElseBB = BasicBlock::Create(getGlobalContext(),
            "else");
    BasicBlock *MergeBB = BasicBlock::Create(getGlobalContext(),
            "ifcont");

    Builder.CreateCondBr(Condtn, ThenBB, ElseBB);

    Builder.SetInsertPoint(ThenBB);

    Value *ThenVal = Then->Codegen();
    if (ThenVal == 0)
        return 0;

    Builder.CreateBr(MergeBB);
    ThenBB = Builder.GetInsertBlock();

    TheFunc->getBasicBlockList().push_back(ElseBB);
    Builder.SetInsertPoint(ElseBB);

    Value *ElseVal = Else->Codegen();
    if (ElseVal == 0)
        return 0;
```

```
        Builder.CreateBr(MergeBB);
        ElseBB = Builder.GetInsertBlock();

        TheFunc->getBasicBlockList().push_back(MergeBB);
        Builder.SetInsertPoint(MergeBB);
        PHINode *Phi = Builder.CreatePHI(Type::getInt32Ty(getGlobalConte
                xt()), 2, "iftmp");

        Phi->addIncoming(ThenVal, ThenBB);
        Phi->addIncoming(ElseVal, ElseBB);
        return Phi;
    }
```

코드가 준비됐으므로 if/then/else문을 포함하는 예제 프로그램을 컴파일
해서 실행한다.

예제 분석

다음 순서를 따라 한다.

1. toy.cpp를 컴파일한다.

   $ g++ -g toy.cpp \`llvm-config --cxxflags --ldflags
   --system-libs --libs core\` -O3 -o toy

2. example 파일을 연다.

   $ vi example

3. example 파일에서 if/then/else 코드를 작성한다.

```
def fib(x)
if x < 3 then
    1
else
    fib(x-1)+fib(x-2);
```

4. TOY 컴파일러로 example을 컴파일한다.

```
$ ./toy example
```

if/then/else 코드로 생성한 중간 표현은 다음과 같다.

```
; ModuleID = 'my compiler'
target datalayout = "e-m:e-p:32:32-f64:32:64-f80:32-n8:16:32-S128"

define i32 @fib(i32 %x) {
entry:
    %cmptmp = icmp ult i32 %x, 3
    br i1 %cmptmp, label %ifcont, label %else

else:                             ; preds = %entry
    %subtmp = add i32 %x, -1
    %calltmp = call i32 @fib(i32 %subtmp)
    %subtmp1 = add i32 %x, -2
    %calltmp2 = call i32 @fib(i32 %subtmp1)
    %addtmp = add i32 %calltmp2, %calltmp
    br label %ifcont

ifcont:                           ; preds = %entry,
%else
    %iftmp = phi i32 [ %addtmp, %else ], [ 1, %entry ]
    ret i32 %iftmp
}
```

출력은 다음과 같다.

```
⬤⬤⬤  suyog@ubuntu: ~
suyog@ubuntu:~$ cat example5
def fib(x)
  if x < 3 then
    1
  else
    fib(x-1)+fib(x-2);
suyog@ubuntu:~$ ./toy example5
; ModuleID = 'my compiler'
target datalayout = "e-m:e-p:32:32-f64:32:64-f80:32-n8:16:32-S128"

define i32 @fib(i32 %x) {
entry:
  %cmptmp = icmp ult i32 %x, 3
  br i1 %cmptmp, label %ifcont, label %else

else:                                  ; preds = %entry
  %subtmp = add i32 %x, -1
  %calltmp = call i32 @fib(i32 %subtmp)
  %subtmp1 = add i32 %x, -2
  %calltmp2 = call i32 @fib(i32 %subtmp1)
  %addtmp = add i32 %calltmp2, %calltmp
  br label %ifcont

ifcont:                                ; preds = %entry, %else
  %iftmp = phi i32 [ %addtmp, %else ], [ 1, %entry ]
  ret i32 %iftmp
}
```

파서는 if/then/else 구조 및 참과 거짓 조건으로 실행되는 구문을 식별하고 추상 구문 트리에 저장한다. 그리고 코드 생성기는 조건 구문을 추상 구문 트리에서 LLVM IR로 변환한다. IR은 거짓과 참 조건문으로 생성되며, 조건 변수의 상태에 따라 적절한 구문이 런타임에 실행된다.

참고 사항

- Clang C++에서 어떻게 if else 구문이 처리되는지 자세히 확인하려면 http://clang.llvm.org/doxygen/classclang_1_1IfStmt.html을 참고한다.

반복문 코드 생성

반복문은 제한된 라인의 코드로 동일 작업을 여러 번 해야 하는 경우 언어를 강력하게 만들어 준다. 반복문은 거의 모든 언어에 존재한다. 다음 예제에서는 TOY 언어에서 어떻게 반복문이 처리되는지 보여준다.

전형적으로 반복문은 유도 변수^{induction variable}를 초기화하는 부분을 시작으로 유도 변수를 증가하거나 감소하는 단계와 반복문의 종료 조건으로 구성된다. TOY 언어에서 반복문은 다음과 같이 정의한다.

```
for i = 1, i < n, 1 in
    x + y;
```

시작 표현식은 i = 1 초기화문이며, 반복문의 종료 조건은 i < n이다. 코드의 첫 번째 줄은 i가 1만큼 증가하는 것을 가리킨다.

종료 조건이 참일 경우 반복문은 매 순회마다 유도 변수 i를 1씩 증가시킨다. 유도 변수 i가 어떤 값을 갖는지 결정하는 PHI 노드가 흥미롭다. IR이 정적 단일 할당^{SSA, Static Single Assignment} 형식인 것을 상기하자. 제어 흐름 그래프^{control flow graph}에서 주어진 변수의 값은 두 개의 다른 블록으로부터 올 수 있는데, 이를 IR에서 SSA로 표현하기 위해 phi 명령어가 정의돼 있다. phi의 예를 살펴보자.

```
%i = phi i32 [ 1, %entry ], [ %nextvar, %loop ]
```

위 IR은 i의 값이 두 개의 베이직 블록 %entry와 %loop 중 하나에서 올 수 있음을 나타낸다. %entry의 값은 1이고, %nextvar의 값은 %loop로부터 온다. TOY 컴파일러에 loop문을 구현한 후 자세하게 살펴본다.

다른 표현식과 같이 렉서에 반복문 상태를 포함시키고 반복문 변수를 갖는 추상 구문 트리 구조를 정의한다. 그리고 LLVM IR을 생성하기 위해 파서와 Codegen() 함수를 정의한다.

1. 먼저 toy.cpp 파일의 렉서에서 토큰을 정의한다.

```
enum Token_Type {
    ...
    ...
    FOR_TOKEN,
     IN_TOKEN
    ...
    ...
};
```

2. 그리고 렉서에 로직을 추가한다.

```
static int get_token() {
    ...
    ...
    if (Identifier_string == "else")
        return ELSE_TOKEN;
    if (Identifier_string == "for")
        return FOR_TOKEN;
    if (Identifier_string == "in")
        return IN_TOKEN;
    ...
    ...
}
```

3. 다음 단계에서 for 반복문을 위한 추상 구문 트리를 정의한다.

```
class ExprForAST : public BaseAST {
    std::string Var_Name;
    BaseAST *Start, *End, *Step, *Body;

public:
    ExprForAST (const std::string &varname, BaseAST *start,
            BaseAST *end, BaseAST *step, BaseAST *body)
```

```
                : Var_Name(varname), Start(start), End(end),
                      Step(step), Body(body) {}

      Value *Codegen() override;
};
```

4. 그리고 반복문을 위한 파서 로직을 구현한다.

```
static BaseAST *For_parser() {
   next_token();

   if (Current_token != IDENTIFIER_TOKEN)
      return 0;

   std::string IdName = Identifier_string;
   next_token();

   if (Current_token != '=')
      return 0;
   next_token();

   BaseAST *Start = expression_parser();
   if (Start == 0)
      return 0;
   if (Current_token != ',')
      return 0;
   next_token();

   BaseAST *End = expression_parser();
   if (End == 0)
      return 0;

   BaseAST *Step = 0;
   if (Current_token == ',') {
      next_token();
      Step = expression_parser();
      if (Step == 0)
         return 0;
   }
```

```
    if (Current_token != IN_TOKEN)
        return 0;
    next_token();

    BaseAST *Body = expression_parser();
    if (Body == 0)
        return 0;

    return new ExprForAST (IdName, Start, End, Step, Body);
}
```

5. 다음으로 IR을 생성하기 위해 `Codegen()` 함수를 정의한다.

```
Value *ExprForAST::Codegen() {
    Value *StartVal = Start->Codegen();
    if (StartVal == 0)
        return 0;
    Function *TheFunction = Builder.GetInsertBlock()->getParent();
    BasicBlock *PreheaderBB = Builder.GetInsertBlock();
    BasicBlock *LoopBB = BasicBlock::Create(getGlobalContext(),
            "loop", TheFunction);
    Builder.CreateBr(LoopBB);
    Builder.SetInsertPoint(LoopBB);
    PHINode *Variable = Builder.CreatePHI(Type::getInt32Ty(
            getGlobal Context()), 2, Var_Name.c_str());
    Variable->addIncoming(StartVal, PreheaderBB);
    Value *OldVal = Named_Values[Var_Name];
    Named_Values[Var_Name] = Variable;
    if (Body->Codegen() == 0)
        return 0;
    Value *StepVal;
    if (Step) {
        StepVal = Step->Codegen();
        if (StepVal == 0)
            return 0;
    } else {
```

```
        StepVal = ConstantInt::get(Type::getInt32Ty(getGlobalConte
            xt()), 1);
    }
    Value *NextVar = Builder.CreateAdd(Variable, StepVal,
        "nextvar");
    Value *EndCond = End->Codegen();
    if (EndCond == 0)
        return EndCond;
    EndCond = Builder.CreateICmpNE(
        EndCond, ConstantInt::get(Type::getInt32Ty(getGlobalConte
        xt()), 0), "loopcond");
    BasicBlock *LoopEndBB = Builder.GetInsertBlock();
    BasicBlock *AfterBB =
        BasicBlock::Create(getGlobalContext(), "afterloop",
        TheFunction);
    Builder.CreateCondBr(EndCond, LoopBB, AfterBB);
    Builder.SetInsertPoint(AfterBB);
    Variable->addIncoming(NextVar, LoopEndBB);
    if (OldVal)
        Named_Values[Var_Name] = OldVal;
    else
        Named_Values.erase(Var_Name);
    return Constant::getNullValue(
        Type::getInt32Ty(getGlobalConte xt()));
}
```

예제 분석

다음 순서를 따라 한다.

1. toy.cpp를 컴파일 연다.

```
$ g++ -g toy.cpp `llvm-config --cxxflags --ldflags --system-
libs --libs core ` -O3 -o toy
```

2. example 파일을 연다.

```
$ vi example
```

3. example 파일에서 for 반복문 코드를 작성한다.

```
def printstar(n x)
    for i = 1, i < n, 1.0 in
        x + 1
```

4. TOY 컴파일러로 example을 컴파일한다.

```
$ ./toy example
```

5. 위 반복문 코드의 IR은 다음과 같이 생성된다.

```
; ModuleID = 'my compiler'
target datalayout = "e-m:e-p:32:32-f64:32:64-f80:32-n8:16:32-S128"

define i32 @printstar(i32 %n, i32 %x) {
entry:
    br label %loop

loop:                                          ; preds = %loop,
%entry
    %i = phi i32 [ 1, %entry ], [ %nextvar, %loop ]
    %nextvar = add i32 %i, 1
    %cmptmp = icmp ult i32 %i, %n
    br i1 %cmptmp, label %loop, label %afterloop

afterloop:                                     ; preds = %loop
    ret i32
}
```

파서는 반복문, 유도 변수의 초기화, 종료 조건, 유도 변수의 단계 값, 반복문의 본체 등을 식별한다. 그리고 LLVM IR에서 각각의 블록으로 변환한다.

앞서 살펴본 바와 같이 phi 명령어는 두 개의 베이직 블록(%entry와 %loop)에서 두 변수 중 하나를 가진다. %entry 블록은 반복문의 시작점에서 유도 변수에 할당된 값을 나타낸다(1을 말한다). 변수 i의 다음 증가 값은 하나의 반복을 수행하는 %loop 블록으로부터 온다.

사용자 정의 연산자: 이항 연산자

사용자 정의 연산자는 연산자 디폴트 선언이 다양한 객체상에서 작동되게 변환될 수 있는 C++ 연산자 오버로딩과 비슷하다. 전형적으로 연산자는 단항, 이항 연산자가 있다. 지금까지 구현 구조에서는 이항 연산자 오버로딩 구현이 더 쉽고, 단항 연산자는 추가적인 코드 구현이 필요했다. 그래서 먼저 이항 연산자 오버로딩을 정의하고, 그런 다음에 단항 연산자 오버로딩을 살펴본다.

준비

첫 번째로 오버로딩을 위한 이항 연산자를 정의한다. OR 연산자(|)는 시작하기 좋은 예제다. TOY 언어에서 | 연산자는 다음과 같이 사용한다.

```
def binary | (LHS RHS)
    if LHS then
        1
    else if RHS then
        1
    else
        0;
```

이 코드는 LHS나 RHS가 0이 아니라면 1을 반환한다. LHS와 RHS가 모두 널(NULL)이라면 0을 반환한다.

예제 구현

다음 순서를 따라 한다.

1. 먼저 이항 연산자의 토큰 enum을 추가하고 binary 키워드를 만났을 때 해당 enum을 반환한다.

```
enum Token_Type {
    ...
    ...
    BINARY_TOKEN
}

static int get_token() {
    ...
    ...
    if (Identifier_string == "in") return IN_TOKEN;
    if (Identifier_string == "binary") return BINARY_TOKEN;
    ...
    ...
}
```

2. 다음 단계는 추상 구문 트리를 추가하는 것이다. 새로운 추상 구문 트리를 정의할 필요가 없고, 함수 선언 추상 구문 트리를 활용해 수정할 수 있다. 이항 연산자인지 표현하는 플래그를 추가하고, 이항 연산자면 우선순위를 확인한다.

```
class FunctionDeclAST {
    std::string Func_Name;
    std::vector<std::string> Arguments;
    bool isOperator;
    unsigned Precedence;
```

```cpp
public:
    FunctionDeclAST(const std::string &name, const
            std::vector<std::string> &args,
            bool isoperator = false, unsigned prec = 0)
            : Func_Name(name), Arguments(args),
            isOperator(isoperator), Precedence(prec) {}

    bool isUnaryOp() const {
        return isOperator && Arguments.size() == 1;
    }

    bool isBinaryOp() const {
        return isOperator && Arguments.size() == 2;
    }

    char getOperatorName() const {
        assert(isUnaryOp() || isBinaryOp());
        return Func_Name[Func_Name.size() - 1];
    }

    unsigned getBinaryPrecedence() const {
        return Precedence;
    }

    Function *Codegen();
};
```

3. 수정된 추상 구문 트리가 준비되면 다음은 함수 선언 파서를 수정한다.

```cpp
static FunctionDeclAST *func_decl_parser() {
    std::string FnName;
    unsigned Kind = 0;
    unsigned BinaryPrecedence = 30;
    switch (Current_token) {
        default:
            return 0;
        case IDENTIFIER_TOKEN:
            FnName = Identifier_string;
```

```
          Kind = 0;
          next_token();
          break;
      case UNARY_TOKEN:
          next_token();
          if (!isascii(Current_token))
              return 0;
          FnName = "unary";
          FnName += (char)Current_token;
          Kind = 1;
          next_token();
          break;
      case BINARY_TOKEN:
          next_token();
          if (!isascii(Current_token))
              return 0;
          FnName = "binary";
          FnName += (char)Current_token;
          Kind = 2;
          next_token();

          if (Current_token == NUMERIC_TOKEN) {
              if (Numeric_Val < 1 || Numeric_Val > 100)
                  return 0;
              BinaryPrecedence = (unsigned)Numeric_Val;

              next_token();
          }
          break;
  }

  if (Current_token != '(')
      return 0;

  std::vector<std::string> Function_Argument_Names;
  while (next_token() == IDENTIFIER_TOKEN)
      Function_Argument_Names.push_back(Identifier_string);
```

```
        if (Current_token != ')')
            return 0;

        next_token();

        if (Kind && Function_Argument_Names.size() != Kind)
            return 0;

        return new FunctionDeclAST(FnName,
                Function_Argument_Names, Kind != 0, BinaryPrecedence);
    }
```

4. 그리고 Codegen 함수를 수정한다.

```
Value* BinaryAST::Codegen() {
    Value* L = LHS->Codegen();
    Value* R = RHS->Codegen();
    switch(Bin_Operator) {
        case '+' : return Builder.CreateAdd(L, R, "addtmp");
        case '-' : return Builder.CreateSub(L, R, "subtmp");
        case '*': return Builder.CreateMul(L, R, "multmp");
        case '/': return Builder.CreateUDiv(L, R, "divtmp");
        case '<' :
            L = Builder.CreateICmpULT(L, R, "cmptmp");
            return Builder.CreateUIToFP(L,
                    Type::getIntTy(getGlobalContext()),"booltmp");
        default:
            break;
    }

    Function *F = TheModule->getFunction(std::string("binary")+Op);
    Value *Ops[2] = { L, R };

    return Builder.CreateCall(F, Ops, "binop");
}
```

5. 다음으로 함수 선언을 다음과 같이 수정한다.

```
Function* FunctionDefnAST::Codegen() {
    Named_Values.clear();
    Function *TheFunction = Func_Decl->Codegen();
    if (!TheFunction) return 0;
    if (Func_Decl->isBinaryOp())
        Operator_Precedence [Func_Decl->getOperatorName()] =
            Func_Decl->getBinaryPrecedence();
    BasicBlock *BB = BasicBlock::Create(getGlobalContext(),
        "entry",TheFunction);
    Builder.SetInsertPoint(BB);
    if (Value* Return_Value = Body->Codegen()) {
        Builder.CreateRet(Return_Value);
        ...
        ...
```

예제 분석

다음 순서를 따라 한다.

1. toy.cpp를 컴파일한다.

    **$ g++ -g toy.cpp `llvm-config --cxxflags --ldflags
    --system-libs --libs core ` -O3 -o toy**

2. example 파일을 연다.

    $ vi example

3. example 파일에 이항 연산자 오버로딩 코드를 작성한다.

```
def binary| 5 (LHS RHS)
    if LHS then
        1
    else if RHS then
        1
    else
        0;
```

4. TOY 컴파일러로 example을 컴파일한다.

```
$ ./toy example
```

```
output :
```

```
; ModuleID = 'my compiler'
target datalayout = "e-m:e-p:32:32-f64:32:64-f80:32-n8:16:32-S128"

define i32 @"binary|"(i32 %LHS, i32 %RHS) {
   entry:
   %ifcond = icmp eq i32 %LHS, 0
   %ifcond1 = icmp eq i32 %RHS, 0
   %. = select i1 %ifcond1, i32 0, i32 1
   %iftmp5 = select i1 %ifcond, i32 %., i32 1
   ret i32 %iftmp5
}
```

정의한 사용자 정의 이항 연산자와 선언은 파싱된다. 그리고 | 이항 연산자
가 불릴 때마다 정의에 따라 결과를 반환하기 위해 LHS와 RHS는 초기화되
고 정의한 본체는 실행된다. 이전 예에서 LHS나 RHS가 0이 아니면 결과는
1이고, 둘 다 0이면 결과는 0이다.

참고 사항

- 다른 이항 연산자를 처리하기 위한 자세한 예제는 http://llvm.org/docs/
  tutorial/LangImpl6.html을 참고한다.

사용자 정의 연산자: 단항 연산자

어떻게 이항 연산자가 처리될 수 있는지 알아봤다. 언어는 하나의 피연산자
로 동작하는 단항 연산자도 가질 수 있다. 이번 예제에서는 어떻게 단항 연
산자를 구현하는지 살펴본다.

먼저 TOY 언어에서 단항 연산자를 정의한다. 다음과 같이 간단한 NOT 단항 연산자(!)를 사용해 정의한다.

```
def unary!(v)
    if v then
        0
    else
        1;
```

v 값이 1이라면 0이 반환되고, 0이면 1이 반환된다.

다음 순서를 따라 한다.

1. 먼저 toy.cpp 파일에서 단항 연산자를 위한 enum 토큰을 정의한다.

```
enum Token_Type {
    ...
    ...
    BINARY_TOKEN,
    UNARY_TOKEN
}
```

2. 그리고 unary 문자열을 식별하고 단항 토큰(UNARY_TOKEN)을 반환한다.

```
static int get_token() {
    ...
    ...

    if (Identifier_string == "in") return IN_TOKEN;
    if (Identifier_string == "binary") return BINARY_TOKEN;
    if (Identifier_string == "unary") return UNARY_TOKEN;
    ...
```

```
        ...
    }
```

3. 다음으로 단항 연산자를 위한 추상 구문 트리를 정의한다.

```
class ExprUnaryAST : public BaseAST {
    char Opcode;
    BaseAST *Operand;
public:
    ExprUnaryAST(char opcode, BaseAST *operand)
            : Opcode(opcode), Operand(operand) {}
    virtual Value *Codegen();
};
```

4. 단항 연산자를 위한 파서를 정의한다.

```
static BaseAST *unary_parser() {

    if (!isascii(Current_token) || Current_token == '(' ||
            Current_token == ',')
        return Base_Parser();

    int Op = Current_token;

    next_token();

    if (ExprAST *Operand = unary_parser())
        return new ExprUnaryAST(Opc, Operand);

    return 0;
}
```

5. 다음으로 이항 연산자 파서에서 unary_parser() 함수를 호출한다.

```
static BaseAST *binary_op_parser(int Old_Prec, BaseAST *LHS) {

    while (1) {
        int Operator_Prec = getBinOpPrecedence();

        if (Operator_Prec < Old_Prec)
            return LHS;
```

```
        int BinOp = Current_token;
        next_token();

        BaseAST *RHS = unary_parser();
        if (!RHS)
            return 0;

        int Next_Prec = getBinOpPrecedence();
        if (Operator_Prec < Next_Prec) {
            RHS = binary_op_parser(Operator_Prec + 1, RHS);
            if (RHS == 0)
                return 0;
        }

        LHS = new BinaryAST(std::to_string(BinOp), LHS, RHS);
    }
}
```

6. expression_parser()에서 unary_parser() 함수를 호출한다.

```
static BaseAST *expression_parser() {
    BaseAST *LHS = unary_parser();
    if (!LHS)
        return 0;

    return binary_op_parser(0, LHS);
}
```

7. 그리고 func_decl_parser() 함수를 수정한다.

```
static FunctionDeclAST* func_decl_parser() {
    std::string Function_Name = Identifier_string;
    unsigned Kind = 0;
    unsigned BinaryPrecedence = 30;

    switch (Current_token) {
        default:
            return 0;
        case IDENTIFIER_TOKEN:
```

```
      Function_Name = Identifier_string;
      Kind = 0;
      next_token();
      break;
  case UNARY_TOKEN:
      next_token();
      if (!isascii(Current_token))
         return 0;
      Function_Name = "unary";
      Function_Name += (char)Current_token;
      Kind = 1;
      next_token();
      break;
  case BINARY_TOKEN:
      next_token();
      if (!isascii(Current_token))
         return 0;
      Function_Name = "binary";
      Function_Name += (char)Current_token;
      Kind = 2;
      next_token();
      if (Current_token == NUMERIC_TOKEN) {
         if (Numeric_Val < 1 || Numeric_Val > 100)
            return 0;
         BinaryPrecedence = (unsigned)Numeric_Val;
         next_token();
      }
      break;
  }
  if (Current_token ! = '(') {
     printf("error in function declaration");
     return 0;
  }

  std::vector<std::string> Function_Argument_Names;
```

```
        while(next_token() == IDENTIFIER_TOKEN)
            Function_Argument_Names.push_back(Identifier_string);
        if(Current_token != ')') {
            printf("Expected ')' ");
            return 0;
        }
        next_token();
        if (Kind && Function_Argument_Names.size() != Kind)
            return 0;

        return new FunctionDeclAST(Function_Name,
                Function_Arguments_ Names, Kind !=0,
                BinaryPrecedence);
    }
```

8. 마지막으로 단항 연산자를 위해 `Codegen()` 함수를 정의한다.

```
    Value *ExprUnaryAST::Codegen() {
        Value *OperandV = Operand->Codegen();

        if (OperandV == 0) return 0;

        Function *F = TheModule->getFunction(
                std::string("unary")+Opcode);

        if (F == 0) return 0;
        return Builder.CreateCall(F, OperandV, "unop");
    }
```

예제 분석

다음 순서를 따라 한다.

1. toy.cpp를 컴파일한다.

   $ g++ -g toy.cpp `llvm-config --cxxflags --ldflags --system-libs --libs core ` -O3 -o toy

2. example 파일을 열어본다.

```
$ vi example
```

3. example 파일에서 단항 연산자 오버로딩 코드를 작성한다.

```
def unary!(v)
    if v then
        0
    else
        1;
```

4. TOY 컴파일러로 example을 컴파일한다.

```
$ ./toy example
```

결과는 다음과 같다.

```
; ModuleID = 'my compiler'
target datalayout =
        "e-m:e-p:32:32-f64:32:64-f80:32-n8:16:32-S128"

define i32 @"unary!"(i32 %v) {
entry:
    %ifcond = icmp eq i32 %v, 0
    %. = select i1 %ifcond, i32 1, i32 0프
    ret i32 %.
}
```

사용자 정의 단항 연산자는 파싱될 것이고, 중간 표현이 생성될 것이다. 확인한 바와 같이 단항 피연산자가 1이면 결과는 0이고, 0이면 결과는 1이다.

참고 사항

- 단항 연산자의 구체적인 구현은 http://llvm.org/docs/tutorial/LangImpl6.html을 참고한다.

JIT 컴파일 추가

다양한 툴들이 IR에 적용될 수 있다. 예를 들어 1장(LLVM 설계과 사용법)에서 소개된 것처럼 IR은 비트코드나 어셈블리 코드로 덤프될 수 있고, opt 최적화 툴은 IR을 입력으로 실행할 수 있다. IR은 모든 툴의 추상화 계층 같은 공통 플랫폼의 역할을 한다.

JIT^{Just In Time} 또한 추가될 수 있는데, 런타임 시에 작성된 최상위^{top-level} 표현식을 즉시 평가할 수 있다. 예를 들어 1 + 2;이 작성되자마자 코드는 JIT에 의해 즉시 평가되고 결과 3을 출력할 것이다.

예제 구현

다음 순서를 따라 한다.

1. toy.cpp 파일에서 실행 엔진을 위한 static 전역 변수를 정의한다.

```
static ExecutionEngine *TheExecutionEngine;
```

2. toy.cpp 파일에서 JIT를 위한 코드를 main() 함수에서 작성한다.

```
int main() {
   ...
   ...
   init_precedence();
   TheExecutionEngine = EngineBuilder(TheModule).create();
   ...
   ...
}
```

3. toy.cpp 파일에서 최상위 표현식인 HandleTopExpression 파서를 수정한다.

```
static void HandleTopExpression() {

   if (FunctionDefAST *F = expression_parser())
```

```
if (Function *LF = F->Codegen()) {

    LF -> dump();

    void *FPtr = TheExecutionEngine->
            getPointerToFunction(LF);

    int (*Int)() = (int (*)())(intptr_t)FPtr;

    printf("Evaluated to %d\n", Int());

}

else

    next_token();

}
```

예제 분석

다음 순서를 따라 한다.

1. toy.cpp를 컴파일한다.

   ```
   $ g++ -g toy.cpp `llvm-config --cxxflags --ldflags
   --system-libs --libs core mcjit native` -O3 -o toy
   ```

2. example 파일을 연다.

   ```
   $ vi example
   ```

3. example 파일에서 다음 TOY 코드를 작성한다.

   ```
   ...
   4 + 5;
   ```

4. 마지막으로 example 파일에서 TOY 컴파일러를 실행한다.

   ```
   $ ./toy example
   ```

   출력은 다음과 같을 것이다.

   ```
   define i32 @0() {
   entry:
       ret i32 9
   }
   ```

LLVM JIT 컴파일러는 네이티브 플랫폼 ABI^{Application Binary Interface}와 일치하고, 결과 포인터를 함수 포인터로 형 변환해서 바로 실행한다. JIT로 컴파일된 코드와 애플리케이션에 정적으로 링킹된 네이티브 머신 코드 사이에 차이점은 없다.

4

최적화 준비

4장에서 다루는 내용은 다음과 같다.

- 최적화의 다양한 레벨
- LLVM 패스 구현
- opt 툴로 구현한 패스 실행
- 새로운 패스에서 다른 패스 사용
- 패스 매니저에 패스 등록
- 분석 패스 구현
- 에일리어스 분석 패스 구현
- 다른 분석 패스 사용

소개

소스 변환까지 완료되면 결과물은 LLVM IR이 되는데, 백엔드에 의해 어셈블리 코드로 변환되는 공통 플랫폼 역할을 한다.

그리고 어셈블리로 변환되기 전에 IR은 최적화로 더 효율적인 코드를 만들어낼 수 있다. IR은 기본적으로 정적 단일 할당SSA, Static Single Assignment 형식이고, 이는 변수의 값 할당을 항상 새로운 변수로 하는 것을 의미한다. 이것은 SSA 표현의 고유 특성이다.

LLVM 구조에서 IR을 최적화하는 것은 패스pass다. 다시 말해 패스는 입력받은 IR을 처리하고 분석해 최적화 가능성을 찾으면 최적화된 코드를 만들기 위해 IR을 수정한다. 커맨드라인 인터페이스 툴 opt로 LLVM IR에서 패스를 이용한 최적화를 할 수 있다.

앞으로 다양한 최적화 기술을 다루고, 새로운 최적화 패스를 구현하고 등록하는 것도 알아본다.

최적화의 다양한 레벨

0부터 3까지 다양한 레벨의 최적화가 존재하며(공간 최적화를 위한 s 옵션도 있다), 최적화 레벨이 올라갈수록 더 최적화된 코드를 얻을 수 있다. 다양한 최적화 레벨에 대해 알아본다.

준비

여러 최적화는 IR에서 커맨드라인 인터페이스 툴인 opt를 사용해서 확인할 수 있다. 다음과 같은 예제 C 프로그램은 Clang 프론트엔드를 사용해서 IR로 변환되는 과정을 보여준다.

1. example.c 파일을 열어 다음 코드를 작성한다.

```
$ vi example.c
int main(int argc, char **argv) {
    int i, j, k, t = 0;
    for(i = 0; i < 10; i++) {
        for(j = 0; j < 10; j++) {
```

```
            for(k = 0; k < 10; k++) {
                t++;
            }
        }
        for(j = 0; j < 10; j++) {
            t++;
        }
    }
    for(i = 0; i < 20; i++) {
        for(j = 0; j < 20; j++) {
            t++;
        }
        for(j = 0; j < 20; j++) {
            t++;
        }
    }
    return t;
}
```

2. 그리고 clang 명령어를 사용해서 IR로 다음과 같이 변환한다.

```
$ clang -S -O0 -emit-llvm example.c
```

IR으로 표현되는 example.ll이 생성되는 것을 볼 수 있다. 이 파일을
사용해서 다양한 레벨의 최적화를 시험해볼 것이다.

예제 구현

다음 순서를 따라 한다.

1. opt 툴은 IR 표현으로 생성된 example.ll 파일로 실행할 수 있다.

```
$ opt -O0 -S example.ll
```

-O0 옵션은 가장 적은 최적화 레벨을 말한다.

2. 비슷하게 다른 최적화 레벨을 실행할 수 있다.

```
$ opt -O1 -S example.ll
$ opt -O2 -S example.ll
$ opt -O3 -S example.ll
```

예제 분석

opt 툴은 입력으로 example.ll을 갖고 각 최적화 레벨에서 정의된 일련의
패스를 실행한다. 같은 최적화 레벨에서 일부 패스를 반복할 수 있다. 각
최적화 레벨에서 사용되는 패스를 보고 싶다면 방금 실행한 opt 명령어에
--debug-pass=Structure 옵션을 추가한다.

참고 사항

- opt 툴에서 사용될 수 있는 다양한 다른 옵션을 알기 위해 http://llvm.
  org/docs/CommandGuide/opt.html을 참고한다.

LLVM 패스 구현

모든 LLVM 패스는 pass 클래스의 서브클래스이고, pass 클래스에서 상속
된 가상virtual 메소드를 오버라이딩해 기능을 구현한다. LLVM은 타겟 프로
그램에 대한 일련의 분석과 변환 패스를 갖고 있고, 하나의 패스는 LLVM
패스 클래스의 인스턴스다.

준비

어떻게 패스를 구현하는지 살펴보자. function block counter 패스라고
이름을 붙인다. 구현되면 실행 시 함수명을 보여주고 함수 안의 베이직 블록

을 셀 것이다. 먼저 패스를 작성하기 위해 `Makefile`의 수정이 필요하다. 다음을 따라 한다.

1. llvm lib/Transform 폴더에서 `Makefile`을 연다.

   $ vi Makefile

2. LLVM 루트 폴더에 경로와 라이브러리 이름을 적는다. 그리고 패스를 적재 가능한 모듈로 만들기 위해 다음과 같이 `Makefile`을 수정한다.

```
LEVEL = ../../..
LIBRARYNAME = FuncBlockCount
LOADABLE_MODULE = 1
include $(LEVEL)/Makefile.common
```

`Makefile`은 현재 디렉토리에 있는 모든 .cpp 파일이 공유 오브젝트로 컴파일되고 링킹되게 기술돼 있다.

예제 구현

다음 순서를 따라 한다.

1. FuncBlockCount.cpp 파일을 생성한다.

   $ vi FuncBlockCount.cpp

2. 이 파일에 필요한 LLVM 헤더header를 포함시킨다.

```
#include "llvm/Pass.h"
#include "llvm/IR/Function.h"
#include "llvm/Support/raw_ostream.h"
```

3. LLVM 함수에 접근하기 위해 `llvm` 네임스페이스를 추가한다.

```
using namespace llvm;
```

4. 그리고 익명 네임스페이스와 함께 시작한다.

```
namespace {
```

5. 그리고 패스를 선언한다.

```
struct FuncBlockCount : public FunctionPass {
```

6. LLVM이 패스를 식별하기 위해 사용될 패스 식별자를 선언한다.

```
static char ID;
FuncBlockCount() : FunctionPass(ID) {}
```

7. 이 단계는 run 함수 구현으로, 패스 구현에서 가장 중요한 단계 중 하나다. 패스는 FunctionPass를 상속하고 함수상에서 실행되기 때문에 runOnFunction() 함수를 정의한다.

```
bool runOnFunction(Function &F) override {
    errs() << "Function " << F.getName() << '\n';
    return false;
}
```

처리되는 함수명을 출력한다.

8. 다음으로 패스 ID를 초기화한다.

```
char FuncBlockCount::ID = 0;
```

9. 마지막으로 패스를 커맨드라인 인자 및 이름과 함께 등록한다.

```
static RegisterPass<FuncBlockCount> X("funcblockcount",
"Function Block Count", false, false);
```

모든 코드를 정리해보면 다음과 같다.

```
#include "llvm/Pass.h"
#include "llvm/IR/Function.h"
#include "llvm/Support/raw_ostream.h"
using namespace llvm;

namespace {
    struct FuncBlockCount : public FunctionPass {
        static char ID;
        FuncBlockCount() : FunctionPass(ID) {}
        bool runOnFunction(Function &F) override {
```

```
            errs() << "Function " << F.getName() << '\n';
            return false;
        }
    };
}

char FuncBlockCount::ID = 0;
static RegisterPass<FuncBlockCount> X("funcblockcount",
        "Function Block Count", false, false);
```

예제 분석

cmake 명령어로 파일을 컴파일하면 FunctionBlockCount.so가 LLVM 루트 디렉토리에 생성된다. 공유 오브젝트 파일은 LLVM IR 코드에서 실행하기 위해 opt 툴로 동적으로 로드된다. 어떻게 로드하고 실행하는지 다음 절에서 살펴본다.

참고 사항

- 패스가 초기부터 어떻게 만들어지는지 알고 싶다면 http://llvm.org/docs/WritingAnLLVMPass.html을 참고한다.

opt 툴로 구현한 패스 실행

이전 예제(LLVM 패스 구현)에서 구현한 패스를 LLVM IR로 실행할 준비가 됐다. 이 패스는 opt 툴이 인식하고 실행하기 위해 동적으로 로드된다.

예제 구현

다음 순서를 따라 한다.

1. sample.c 파일을 열어 다음 단계에서 .ll 파일로 변환할 C 테스트 코드를 작성한다.

```
$ vi sample.c
int foo(int n, int m) {
    int sum = 0;
    int c0;
    for (c0 = n; c0 > 0; c0--) {
        int c1 = m;
        for (; c1 > 0; c1--) {
            sum += c0 > c1 ? 1 : 0;
        }
    }
    return sum;
}
```

2. 다음 명령어로 C 테스트 코드를 IR로 변환한다.

```
$ clang -O0 -S -emit-llvm sample.c -o sample.ll
```

   sample.ll 파일이 생성된다.

3. 다음처럼 opt 툴로 새로운 패스를 실행한다.

```
$ opt -load (path_to_.so_file)/FuncBlockCount.so
-funcblockcount sample.ll
```

   출력은 다음과 같다.

```
Function foo
```

예제 분석

앞의 코드에서 볼 수 있듯이 공유 오브젝트는 동적으로 opt 툴로 로드되고 패스를 실행한다. IR 수정 없이 함수를 실행하고 함수명을 출력한다. 다음 예제에서는 새로운 패스를 사용해서 다른 개선 사항을 알아본다.

새로운 패스에서 다른 패스 사용

패스는 다음 처리를 결정하기 위해 분석 데이터 또는 경험적 지식, 그 밖의 정보 등을 얻을 수 있는 다른 패스를 요구할 수 있다. 예를 들어 메모리 의존성 같은 분석이나 분석에 따른 변경된 IR도 요구할 수 있다. 앞에서 구현한 패스는 함수명만 출력했다. 이 절에서는 반복문에서 베이직 블록을 세려면 어떻게 구현하는지, 그리고 다른 패스 결과를 어떻게 사용하는지 살펴본다.

준비

이전 예제에서 사용된 코드를 활용해 IR에서 베이직 블록의 수를 세도록 구현한다.

예제 구현

`getAnalysis` 함수는 다른 패스를 사용하기 위해 작성된다.

1. 새로운 패스가 베이직 블록의 수를 세기 때문에 반복문 정보가 필요하다. 이는 `getAnalysis` 함수를 사용해 가져올 수 있다.

    ```
    LoopInfo *LI = &getAnalysis<LoopInfoWrapperPass>().getLoopInfo();
    ```

2. 그리고 반복문 정보를 얻기 위해 `LoopInfo` 패스를 호출한다. 그러면 이 오브젝트를 순회하면서 베이직 블록 정보를 가져온다.

```
unsigned num_Blocks = 0;
Loop::block_iterator bb;
for(bb = L->block_begin(); bb != L->block_end();++bb)
   num_Blocks++;
errs() << "Loop level " << nest << " has " << num_Blocks
     << " blocks\n";
```

3. 위 코드로 반복문 안에 있는 베이직 블록을 세기 위해 반복문을 검사할
   것이다. 그러나 가장 밖에 있는 베이직 블록만 센다. 가장 안쪽 반복문
   까지 검사하고 싶다면 getSubLoops를 사용한 재귀 호출을 통해 해결
   할 수 있다. 분리된 countBlocksInLoop 함수에 로직을 넣고 재귀 호
   출하는 것이 더 좋은 코드다.

```
void countBlocksInLoop(Loop *L, unsigned nest) {
   unsigned num_Blocks = 0;
   Loop::block_iterator bb;
   for(bb = L->block_begin(); bb != L->block_end();++bb)
      num_Blocks++;
   errs() << "Loop level " << nest << " has " << num_Blocks
        << " blocks\n";
   std::vector<Loop*> subLoops = L->getSubLoops();
   Loop::iterator j, f;
   for (j = subLoops.begin(), f = subLoops.end(); j != f;++j)
      countBlocksInLoop(*j, nest + 1);
}

virtual bool runOnFunction(Function &F) {
   LoopInfo *LI = &getAnalysis<LoopInfoWrapperPass>().
        getLoopInfo();
   errs() << "Function " << F.getName() + "\n";
   for (Loop *L : *LI)
      countBlocksInLoop(L, 0);
   return false;
}
```

새로 수정된 패스로 샘플 프로그램을 실행한다. 샘플 프로그램을 수정하고
실행하기 위해 다음 단계를 따라 한다.

1. sample.c를 열어 다음 내용으로 교체한다.

```c
int main(int argc, char **argv) {

    int i, j, k, t = 0;

    for(i = 0; i < 10; i++) {
        for(j = 0; j < 10; j++) {
            for(k = 0; k < 10; k++) {
                t++;
            }
        }
        for(j = 0; j < 10; j++) {
            t++;
        }
    }
    for(i = 0; i < 20; i++) {
        for(j = 0; j < 20; j++) {
            t++;
        }
        for(j = 0; j < 20; j++) {
            t++;
        }
    }
    return t;
}
```

2. Clang을 사용해서 .ll 파일로 변환한다.

```
$ clang -O0 -S -emit-llvm sample.c -o sample.ll
```

3. 생성된 sample.ll 파일에서 새로운 패스를 실행한다.

```
$ opt -load (path_to_.so_file)/FuncBlockCount.so
-funcblockcount sample.ll
```

출력은 다음과 같다.

```
Function main
Loop level 0 has 11 blocks
Loop level 1 has 3 blocks
Loop level 1 has 3 blocks
Loop level 0 has 15 blocks
Loop level 1 has 7 blocks
Loop level 2 has 3 blocks
Loop level 1 has 3 blocks
```

부연 설명

LLVM 패스 매니저는 다음과 같이 어떤 패스가 분석, 최적화에 상호작용하는지 알 수 있도록 디버그 패스 옵션을 제공해준다.

```
$ opt -load (path_to_.so_file)/FuncBlockCount.so -funcblockcount
sample.ll -disable-output -debug-pass=Structure
```

패스 매니저에 패스 등록

지금까지 패스는 독립적으로 실행되는 동적 오브젝트였다. opt 툴은 LLVM의 한 부분인 패스 매니저에 등록된 패스들의 파이프라인으로 구성된다. 이 절에서는 패스 매니저가 어떻게 새로운 패스를 등록하는지 알아본다.

준비

패스 매니저는 패스 리스트를 가지면서 패스의 전제 조건이 정확하게 설정되도록 보장하고, 효과적으로 실행되도록 스케줄한다. 패스 매니저는 패스 실행 시간을 줄이기 위해 다음과 같이 크게 두 가지 역할을 한다.

- 분석 결과를 재계산하는 것을 줄이기 위해 가능한 한 많이 분석 결과를 공유한다.
- 프로그램을 대상으로 실행하는 여러 패스를 파이프라이닝해 실행함으로써 직렬 실행과 비교해 더 효율적으로 캐시와 메모리를 사용한다.

예제 구현

패스 매니저에 패스를 등록하기 위해 다음 단계를 따라 한다.

1. FuncBlockCount.cpp 파일에서 디버깅 이름을 명시하는 DEBUG_TYPE 매크로를 정의한다.

   ```
   #define DEBUG_TYPE "func-block-count"
   ```

2. FuncBlockCount 구조체에서 다음과 같이 getAnalysisUsage 함수를 구현한다.

   ```
   void getAnalysisUsage(AnalysisUsage &AU) const override {
      AU.addRequired<LoopInfoWrapperPass>();
   }
   ```

3. 새로운 패스 초기화를 위한 매크로를 정의한다.

   ```
   INITIALIZE_PASS_BEGIN(FuncBlockCount, " funcblockcount ",
                         "Function Bl ock Count", false, false)

   INITIALIZE_PASS_DEPENDENCY(LoopInfoWrapperPass)

   INITIALIZE_PASS_END(FuncBlockCount, "funcblockcount",
                       "Function Block Count", false, false)

   Pass *llvm::createFuncBlockCountPass() {
      return new FuncBlockCount();
   }
   ```

4. include/llvm/에 있는 LinkAllPasses.h 파일에 `createFuncBlockCount` 패스 함수를 추가한다.

```
(void) llvm:: createFuncBlockCountPass ();
```

5. include/llvm/Transforms에 위치한 Scalar.h 파일에 다음과 같은 선언을 추가한다.

```
Pass * createFuncBlockCountPass ();
```

6. 패스 생성자를 수정한다.

```
FuncBlockCount() : FunctionPass(ID) {initializeFuncBlockCount
Pass (*PassRegistry::getPassRegistry());}
```

7. lib/Transforms/Scalar/에 위치한 Scalar.cpp 파일에 초기화 패스 엔트리를 추가한다.

```
initializeFuncBlockCountPass (Registry);
```

8. include/llvm/에 위치한 InitializePasses.h 파일에 초기화 선언을 추가한다.

```
void initializeFuncBlockCountPass (Registry);
```

9. 마지막으로 lib/Transforms/Scalar/에 위치한 CMakeLists.txt 파일에 FuncBlockCount.cpp 파일명을 추가한다.

```
FuncBlockCount.cpp
```

예제 분석

1장에서 설명한 것처럼 cmake 명령으로 LLVM을 컴파일한다. 패스 매니저는 opt 툴의 패스 파이프라인에 구현한 패스를 추가할 것이다. 또한 이 패스는 커맨드라인에서 독자적으로 실행될 수 있다.

```
$ opt -funcblockcount sample.ll
```

- 간단한 방법으로 패스 매니저에서 패스를 추가하는 방법은 http://llvm. org/viewvc/llvm-project/llvm/trunk/lib/Transforms/Scalar/LoopInstSimplify. cpp에서 LoopInstSimplify 패스를 참고한다.

분석 패스 구현

분석 패스^{analysis pass}는 IR 수정 없이 IR에 대한 고수준 정보를 제공한다. 분석 패스가 제공하는 결과는 다른 분석 패스 결과를 계산하기 위해 쓰일 수 있다. 또한 분석 패스가 결과를 계산하면 결과는 패스를 실행한 IR이 수정될 때까지 다른 패스 때문에 여러 번 쓰일 수 있다. 이번 예제에서는 함수에서 쓰이는 피연산자의 수를 세고 계산하는 분석 패스를 구현한다.

준비

먼저 패스를 실행할 테스트 코드를 구현한다.

```
$ cat testcode.c
int func(int a, int b){
    int sum = 0;
    int iter;

    for (iter = 0; iter < a; iter++) {
       int iter1;
       for (iter1 = 0; iter1 < b; iter1++) {
          sum += iter > iter1 ? 1 : 0;
       }
    }

    return sum;
}
```

이 코드를 분석 패스의 입력으로 쓰일 .bc 파일로 변환한다.

```
$ clang -c -emit-llvm testcode.c -o testcode.bc
```

llvm_root_dir/lib/Transforms/opcodeCounter에서 패스 소스코드를 포함하는 파일을 생성한다. 여기서 opcodeCounter는 생성한 디렉토리이고, 구현할 패스 소스코드가 위치할 곳이다.

패스를 컴파일하기 위해 필요한 Makefile을 수정한다.

예제 구현

분석 패스를 위한 소스코드 구현을 시작한다.

1. 필요한 헤더 파일을 포함시키고 llvm 네임스페이스를 사용한다.

```
#define DEBUG_TYPE "opcodeCounter"
#include "llvm/Pass.h"
#include "llvm/IR/Function.h"
#include "llvm/Support/raw_ostream.h"
#include <map>
using namespace llvm;
```

2. 패스를 정의하는 구조체를 만든다.

```
namespace {
    struct CountOpcode: public FunctionPass {
```

3. 피연산자 수를 세고 패스 아이디를 나타내는 데이터 타입을 각각 선언한다.

```
std::map< std::string, int> opcodeCounter;
static char ID;
CountOpcode () : FunctionPass(ID) {}
```

4. 위 구조체에서 runOnFunction 함수를 오버로딩해서 패스 코드를 구현한다.

```
virtual bool runOnFunction (Function &F) {
    llvm::outs() << "Function " << F.getName () << '\n';
    for ( Function::iterator bb = F.begin(), e = F.end(); bb != e;
        ++bb) {
        for ( BasicBlock::iterator i = bb->begin(), e = bb->end();
            i!= e; ++i) {
            if(opcodeCounter.find(i->getOpcodeName()) ==
                opcodeCounter.end()) {
                opcodeCounter[i->getOpcodeName()] = 1;
            } else {
                opcodeCounter[i->getOpcodeName()] += 1;
            }
        }
    }

    std::map< std::string, int>::iterator i =
        opcodeCounter.begin();
    std::map< std::string, int>::iterator e =
        opcodeCounter.end();
    while (i != e) {
        llvm::outs() << i->first << ": " << i->second << "\n";
        i++;
    }

    llvm::outs() << "\n";
    opcodeCounter.clear();
    return false;
}
```

5. 패스를 등록하는 코드를 구현한다.

```
char CountOpcode::ID = 0;
static RegisterPass<CountOpcode> X("opcodeCounter", "Count
    number of opcode in a functions");
```

6. cmake 또는 make 명령어를 사용해서 패스를 컴파일한다.

7. 함수에서 존재하는 피연산자 수 정보를 얻기 위해 opt 툴을 사용해서
   테스트 코드로 패스를 실행한다.

```
$ opt -load path-to-build-folder/lib/LLVMCountopcodes.so
-opcodeCounter -disable-output testcode.bc
Function func
add: 3
alloca: 5
br: 8
icmp: 3
load: 10
ret: 1
select: 1
store: 8
```

예제 분석

분석 패스는 프로그램에서 각 함수를 한 번씩 실행하는 함수 레벨에서 동작
한다. 그리고 CountOpcodes : public FunctionPass 구조체를 선언할 때
FunctionPass의 함수가 상속된다.

opcodeCounter 함수는 함수에 쓰이는 모든 연산 코드의 총 수를 갖고 있는
데, 다음 반복문에서 모든 함수로부터 연산 코드를 가져온다.

```
for (Function::iterator bb = F.begin(), e = F.end(); bb != e;++bb)
{
    for (BasicBlock::iterator i = bb->begin(), e = bb->end(); i != e;
        ++i) {
```

첫 번째 반복문은 함수에 존재하는 모든 베이직 블록을 순회하고, 두 번째
반복문은 베이직 블록에 존재하는 모든 명령어를 순회한다.

이중 반복문 코드는 연산 코드와 개수를 가져오는 구현이다. 반복문의 아래
코드는 결과를 출력하는데, 분석 결과를 저장한 맵을 순회하면서 함수에서

사용되는 연산 코드 이름과 개수의 짝을 출력한다.

테스트 코드에서 어떤 것도 수정하지 않기 때문에 `false`를 반환한다. 코드의 마지막 두 라인은 `opt` 툴이 패스를 사용할 수 있도록 주어진 이름으로 패스를 등록하는 것을 의미한다.

마지막으로 테스트 코드를 실행해서 함수에서 쓰인 연산 코드와 개수를 출력으로 얻을 수 있다.

에일리어스 분석 패스 구현

에일리어스 분석은 두 개의 포인터가 같은 위치를 가리키고 있는지 알기 위한 기술이다. 다시 말해 같은 위치로 두 번 이상 접근될 수 있는지 판단하는 것이다. 이 분석의 결과로 공통부분 표현식 제거^{common subexpression elimination} 같은 다음 최적화를 결정할 수 있다. 에일리어스 분석을 수행하는 여러 가지 방법과 알고리즘이 있다. 이번 예제에서 이러한 알고리즘을 다루지는 않을 것이다. 하지만 LLVM이 에일리어스 분석 패스를 구현하기 위해 어떻게 기반 기술을 제공하는지 알아본다. 그리고 패스를 어떻게 구현하는지 알아보기 위해 에일리어스 분석 패스를 구현한다. 어떤 특정 알고리즘을 사용하지 않으므로 분석의 모든 경우에 `MustAlias` 응답을 반환할 것이다.

준비

에일리어스 분석을 위한 테스트 코드를 작성해야 한다. 이전 예제에 사용된 testcode.c 파일을 재사용한다.

필요한 `Makefile`을 수정한다. llvm/lib/Analysis/Analysis.cpp, llvm/include/llvm/InitializePasses.h, llvm/include/llvm/LinkAllPasses.h, llvm/include/llvm/Analysis/Passes.h에 패스 진입점을 추가해서 패스를 등록한다. 그리고 llvm_source_dir/lib/Analysis/에 구현할 패스를 포함하는 EverythingMustAlias.

cpp를 생성한다.

다음 순서를 따라 한다.

1. 필요한 헤더 파일을 포함시키고 llvm 네임스페이스를 사용한다.

```
#include "llvm/Pass.h"
#include "llvm/Analysis/AliasAnalysis.h"
#include "llvm/IR/DataLayout.h"
#include "llvm/IR/LLVMContext.h"
#include "llvm/IR/Module.h"
using namespace llvm;
```

2. ImmutablePass와 AliasAnalysis 클래스를 상속해서 패스 구조체를 생성한다.

```
namespace {
    struct EverythingMustAlias : public ImmutablePass, public
        AliasAnalysis {
```

3. 데이터 구조체와 생성자를 선언한다.

```
static char ID;
EverythingMustAlias() : ImmutablePass(ID) {
    initializeEverythingMustAliasPass(*PassRegistry::
        getPassRegistry());
}
```

4. getAdjustedAnalysisPointer 함수를 구현한다.

```
void *getAdjustedAnalysisPointer(const void *ID) override {
    if (ID == &AliasAnalysis::ID)
        return (AliasAnalysis*)this;
    return this;
}
```

5. 패스를 초기화하기 위한 `initializePass` 함수를 구현한다.

```
bool doInitialization(Module &M) override {
    DL = &M.getDataLayout();
    return true;
}
```

6. `alias` 함수를 구현한다.

```
AliasResult alias(const MemoryLocation &LocA, const
        MemoryLocation &LocB) override {
    return llvm::MustAlias;
}
```

7. 패스를 등록한다.

```
char EverythingMustAlias::ID = 0;
INITIALIZE_AG_PASS(EverythingMustAlias, AliasAnalysis,
        "must-aa", "Everything Alias (always returns 'must'
        alias)", true, true, true) ImmutablePass
        *llvm::createEverythingMustAliasPass() {
    return new  EverythingMustAlias();
}
```

8. cmake 또는 make 명령어를 사용해 패스를 컴파일한다.

9. 패스를 컴파일한 후에 만들어진 so 파일을 사용해서 테스트 코드를 실행한다.

```
$ opt -must-aa -aa-eval -disable-output testcode.bc
===== Alias Analysis Evaluator Report =====
 10 Total Alias Queries Performed
 0 no alias responses (0.0%)
 0 may alias responses (0.0%)
 0 partial alias responses (0.0%)
 10 must alias responses (100.0%)
 Alias Analysis Evaluator Pointer Alias Summary:
0%/0%/0%/100%
 Alias Analysis Mod/Ref Evaluator Summary: no mod/ref!
```

`AliasAnalysis` 클래스는 다양한 에일리어스 분석 구현이 지원해야 하는 인터페이스를 제공하고, `alias`와 `modref` 쿼리 결과를 나타내는 `AliasResult`와 `ModRefResult`도 제공한다.

`getModRefInfo` 메소드는 명령어 실행이 메모리 위치를 읽거나 수정할 수 있는지에 대한 정보를 반환한다. 앞 예제 패스는 의도적으로 두 포인터의 모든 경우에 `MustAlias` 값을 반환하게 구현했다. 가장 기본 패스이고 작성하는 패스에 적합한 `ImmutablePasses` 클래스를 상속했다. 구현을 위한 인터페이스를 제공하는 `AliasAnalysis` 패스도 상속했다.

`getAdjustedAnalysisPointer` 함수는 패스를 다중 상속을 통해 분석 인터페이스를 구현할 때 사용한다. 명시된 패스 정보를 위해 요구하는 포인터를 조정하기 위해 이 함수를 오버라이드할 수 있다.

`initializePass` 함수는 `InitializeAliasAnalysis` 메소드를 갖는 패스를 초기화하는 데 에일리어스 분석 구현을 포함한다.

`getAnalysisUsage` 메소드는 `AliasAnalysis::getAnalysisUsage` 메소드를 명시적으로 호출하면서 다른 패스의 의존성을 선언한다.

`alias` 메소드는 두 메모리 오브젝트가 같은 위치를 가리키는지 확인하는 데 쓰인다. 두 개의 메모리 오브젝트를 입력으로 가져와서 `MustAlias` 또는 `PartialAlias`, `MayAlias`, `NoAlias` 중 하나를 반환해야 한다.

그리고 패스를 등록하고 테스트 코드로 구현한 패스를 실행하면 구현한 바와 같이 `10 MustAlias (100.0%)` 결과를 얻을 수 있다.

- LLVM 에일리어스 분석에 대한 자세한 이해는 http://llvm.org/docs/AliasAnalysis.html을 참고한다.

다른 분석 패스 사용

이번 예제에서는 베이직 블록, 함수, 모듈 등의 분석 정보를 얻기 위해 사용하는 다른 분석 패스를 간략하게 알아본다. LLVM에서 이미 구현된 패스를 살펴보고 목적에 맞게 사용하는 방법을 알아보는데, 모든 패스보다는 일부 패스 중심으로 살펴본다.

준비

분석을 위해 쓰일 testcode1.c 파일을 작성한다.

```
$ cat testcode1.c
void func() {
    int i;
    char C[2];
    char A[10];
    for(i = 0; i != 10; ++i) {
        ((short*)C)[0] = A[i];
        C[1] = A[9-i];
    }
}
```

다음 명령어를 이용해 C 코드를 비트코드 포맷으로 변환한다.

```
$ clang -c -emit-llvm testcode1.c -o testcode1.bc
```

예제 구현

다른 분석 패스를 사용하기 위해 다음 단계를 따라 한다.

1. opt 툴에 커맨드라인 옵션으로 -aa-eval을 전달해서 에일리어스 분석 평가기 패스를 사용한다.

   ```
   $ opt -aa-eval -disable-output testcode1.bc
   ```

```
===== Alias Analysis Evaluator Report =====
36 Total Alias Queries Performed
0 no alias responses (0.0%)
36 may alias responses (100.0%)
0 partial alias responses (0.0%)
0 must alias responses (0.0%)
Alias Analysis Evaluator Pointer Alias Summary: 0%/100%/0%/0%
Alias Analysis Mod/Ref Evaluator Summary: no mod/ref!
```

2. opt 툴에 -print-dom-info 옵션을 사용해서 지배자 트리 정보를 출력한다.

```
$ opt -print-dom-info -disable-output testcode1.bc
==============================---------------------------------
Inorder Dominator Tree:
  [1] %0 {0,9}
    [2] %1 {1,8}
      [3] %4 {2,5}
        [4] %19 {3,4}
      [3] %22 {6,7}
```

3. licm과 baiscaa 패스에 의해 만들어진 결과를 -count-aa 옵션을 사용해 출력한다.

```
$ opt -count-aa -basicaa -licm -disable-output testcode1.bc
No alias:    [4B] i32* %i, [1B] i8* %7
No alias:    [4B] i32* %i, [2B] i16* %12
No alias:    [1B] i8* %7, [2B] i16* %12
No alias:    [4B] i32* %i, [1B] i8* %16
Partial alias:    [1B] i8* %7, [1B] i8* %16
No alias:    [2B] i16* %12, [1B] i8* %16
Partial alias:    [1B] i8* %7, [1B] i8* %16
No alias:    [4B] i32* %i, [1B] i8* %18
No alias:    [1B] i8* %18, [1B] i8* %7
No alias:    [1B] i8* %18, [1B] i8* %16
Partial alias:    [2B] i16* %12, [1B] i8* %18
```

```
Partial alias:    [2B] i16* %12, [1B] i8* %18

===== Alias Analysis Counter Report =====
Analysis counted:
 12 Total Alias Queries Performed
 8 no alias responses (66%)
 0 may alias responses (0%)
 4 partial alias responses (33%)
 0 must alias responses (0%)
 Alias Analysis Counter Summary: 66%/0%/33%/0%

 0 Total Mod/Ref Queries Performed
```

4. opt 툴에 -print-alias-sets 옵션을 사용해서 프로그램에 존재하는
   에일리어스 집합을 출력한다.

```
$ opt -basicaa -print-alias-sets -disable-output testcode1.bc
Alias Set Tracker: 3 alias sets for 5 pointer values.
AliasSet[0x336b120, 1] must alias, Mod/Ref %i, 4)
AliasSet[0x336b1c0, 2] may alias, Ref Pointers: (i8*%7, 1),
(i8* %16, 1)
AliasSet[0x338b670, 2] may alias, Mod Pointers: (i16*%12, 2),
(i8* %18, 1)
```

예제 분석

-aa-eval 옵션을 사용하는 첫 번째 예제에서 opt 툴은 화면에 분석 결과를
출력하는 에일리어스 분석 평가기 패스를 실행한다. 함수의 모든 포인터 짝
을 순회하면서 서로 별칭인지 아닌지를 확인한다.

-print-dom-info 옵션을 사용하면 지배자 트리를 출력하는 패스가 실행되
면서 트리에 대한 정보를 얻을 수 있다.

그리고 opt -count-aa -basicaa -licm 명령어를 실행했다. -count-aa
명령어 옵션은 카운트 에일리어스 분석 패스를 말하는데, licm 패스로 만들

어진 에일리어스 쿼리 개수를 `basicaa` 패스를 사용해서 센다.

프로그램 안에서 모든 별칭 집합을 출력하기 위해 `print-alias-sets` 커맨드라인 옵션을 사용한다. 이 경우 `basicaa` 패스를 분석한 후 얻어지는 에일리어스 집합을 출력한다.

참고 사항

- 4장에서 언급되지 않는 다른 패스를 알아보려면 http://llvm.org/docs/Passes.html#analysis-passes를 참고한다.

5

최적화 구현

5장에서 다루는 내용은 다음과 같다.

- 죽은 코드 제거 패스 작성
- 인라인 변환^{inlining transformation} 패스 작성
- 메모리 최적화 패스 작성
- LLVM IR 병합
- 반복문 변환과 최적화
- 표현식 재배치
- IR 벡터화
- 기타 최적화 패스

소개

4장에서는 패스를 작성하는 방법을 설명했다. 에일리어스 분석^{alias analysis} 작성을 예로 들어 분석 패스를 작성하는 방법을 살펴봤다. 4장에서 작성한 패스는 단순히 소스코드를 읽고 정보만 알려줬다. 5장에서는 실제 코드가 빠

르게 실행되도록 최적화하는 패스를 작성한다. 앞의 두 예제에서는 변환 패스를 작성하는 방법과 패스가 어떻게 코드를 변경하는지 설명하고, 이후 예제에서는 코드를 수정해 패스의 동작을 바꾸는 방법을 알아본다.

죽은 코드 제거 패스 작성

이 예제에서는 프로그램의 죽은 코드를 제거하는 방법을 알아본다. 죽은 코드dead code란 삭제해도 프로그램의 출력 결과에 아무런 영향이 없는 코드다. 죽은 코드를 제거하는 가장 큰 이유는 프로그램의 크기를 줄여 코드의 품질을 높이고 디버깅하기 쉽게 하며, 불필요한 코드가 실행되지 않게 함으로써 실행 시간을 빠르게 하는 것이다. 이 예제에서는 죽은 코드 제거 방법의 하나로, 모든 코드가 죽은 코드가 아닌 것을 증명하기 전까지 모든 코드를 죽은 코드라고 가정하는 적극적인 죽은 코드 제거aggressive dead code elimination 방법을 알아본다. 패스를 구현한 뒤 내장된 패스처럼 동작하게 LLVM 저장소의 lib/Transforms/Scalar 폴더에 추가한다.

준비

적극적인 죽은 코드 제거를 구현하는 방법을 소개하기 위해 패스를 동작시킬 대상 테스트 코드를 다음과 같이 작성한다.

```
$ cat testcode.ll
declare i32 @strlen(i8*) readonly nounwind
define void @test() {
    call i32 @strlen( i8* null )
    ret void
}
```

테스트 코드 내의 test 함수는 strlen 함수를 호출하지만, 반환 값을 사용하지 않는다. 새로 작성할 패스는 이런 죽은 코드를 삭제한다.

llvm 경로 안에 있는 InitializePasses.h 파일의 llvm 네임스페이스에 다음과 같은 코드를 추가한다.

```
namespace llvm {
    ...
    ...
    void initializeMYADCEPass(PassRegistry&);   // 이 줄을 추가한다.
```

include/llvm/scalar.h/Transform/ 안에 있는 scalar.h 파일에 패스의 진입점을 추가한다.

```
void LLVMAddMyAggressiveDCEPass( LLVMPassManagerRef PM);
```

include/llvm/Transform/scalar.h 파일에 있는 llvm 네임스페이스에 패스의 진입점을 추가한다.

```
FunctionPass *createMYAggressiveDCEPass();
```

lib/Transforms/Scalar/scalar.cpp 파일 두 곳에 패스의 진입점을 추가하고 void llvm::initializeScalarOpts (PassRegistry &Registry)에 다음 코드를 추가한다.

```
initializeMergedLoadStorMotionPass(Registry); // 파일 내에 존재하는 코드
initalizeMYADCEPass(Registry);                // 이 라인을 추가한다.
initializeNaryReassociatePass(Registry);      // 파일 내에 존재하는 코드
...
...
void LLVMAddMemCpyOptPass(LLVMPassManagerRef PM){
    unwrap(PM)->add(createMemCpyOptPass());
}

// 아래 3줄을 추가한다.
void LLVMAddMYAggressiveDCEPass(LLVMPassManagerRef PM){
    unwrap(PM)->add(createMYAggressiveDCEPass());
}
```

```
void LLVMAddPartiallyInlineLibCallsPass(LLVMPassManagerRef PM){
    unwrap(PM)->add(createPartiallyInlineLibCallsPass());
}
...
```

패스를 새로 작성한다.

1. 필요한 헤더 파일을 포함한다.

```
#include "llvm/Transforms/Scalar.h"
#include "llvm/ADT/DepthFirstIterator.h"
#include "llvm/ADT/SmallPtrSet.h"
#include "llvm/ADT/SmallVector.h"
#include "llvm/ADT/Statistic.h"
#include "llvm/IR/BasicBlock.h"
#include "llvm/IR/CFG.h"
#include "llvm/IR/InstIterator.h"
#include "llvm/IR/Instructions.h"
#include "llvm/IR/IntrinsicInst.h"
#include "llvm/Pass.h"
using namespace llvm;
```

2. 패스의 구조를 선언한다.

```
namespace {
   struct MYADCE : public FunctionPass {
      static char ID;                // pass의 ID
      MYADCE() : FunctionPass(ID) {
         initializeMYADCEPass(*PassRegistry::getPassRegistry());
      }

      bool runOnFunction(Function& F) override;

      void getAnalysisUsage(AnalysisUsage& AU) const override {
```

```
        AU.setPreservesCFG();
      }
    };
  }
```

3. 패스와 ID를 초기화한다.

```
char MYADCE::ID = 0;
INITIALIZE_PASS(MYADCE, "myadce", "My Aggressive Dead Code
Elimination", false, false)
```

4. runOnFunction 함수 안에 패스를 구현한다.

```
bool MYADCE::runOnFunction(Function& F) {
  if (skipOptnoneFunction(F))
    return fase;

  SmallPtrSet<Instruction*, 128> Alive;
  SmallVector<Instruction*, 128> Worklist;

  // 살아있는 "루트" 명령어를 모은다.
  for (Instruction &I : inst_range(F)) {
    if (isa<TerminatorInst>(I) || isa<DbgInfoIntrinsic>(I) ||
        isa<LandingPadInst>(I) || I.mayHaveSideEffects()) {
      Alive.insert(&I);
      Worklist.push_back(&I);
    }
  }

  // 피연산자의 상태를 가져온다.
  while (!Worklist.empty()) {
    Instruction *Curr = Worklist.pop_back_val();
    for (Use &OI : Curr->operands()) {
      if (Instruction *Inst = dyn_cast<Instruction>(OI))
        if (Alive.insert(Inst).second)
          Worklist.push_back(Inst);
    }
  }
```

```
    // 살아있는 명령어 셋에 포함되지 않은 명령어들은 죽은 명령어로
    // 간주한다. 동작에 영향을 주지 않거나 지워도 문제가 생기지 않는 반환
    // 값은 지워진다.
    for (Instruction &I : inst_range(F)) {
      if (!Alive.count(&I)) {
        Worklist.push_back(&I);
        I.dropAllReferences();
      }
    }

    for (Instruction *&I : Worklist) {
      I->eraseFromParent();
    }

    return !Worklist.empty();
}

FunctionPass *llvm::createMYAggressiveDCEPass() {
    return new MYADCE();
}
```

5. testcode.ll 파일을 추가한 패스를 포함해 실행한다.

```
$ opt -myadce -S testcode.ll

; ModuleID = 'testcode.ll'

; Function Attrs: nounwind readonly
declare i32 @strlen(i8*) #0

define void @test() {
    ret void
}
```

예제 분석

runOnFunction 함수의 첫 번째 반복문에서 유효한 모든 루트 명령어를 수집한다.

이 정보를 활용해 반대로 이동하며, while(!Worklist.empty()) 반복문의 피연산자들의 상태를 유효한 상태로 가정한다.

다음 반복문에서 상태를 변경하지 않은 모든 죽은 명령어와 이를 참조하는 변수들도 죽은 것으로 간주해 체크하고 삭제한다.

패스를 실행시키고 나면 죽은 코드임을 확인한 strlen 함수 호출이 지워진다.

해당 코드는 LLVM trunk 234045 리비전에서 작성했다. 실제로 구현하다 보면 몇 정의가 업데이트돼 있을 수 있으니, 이 경우 상황에 맞춰 코드를 수정해야 한다.

다른 죽은 코드 제거 방법은 llvm/lib/Transforms/Scalar 폴더를 참고한다.

인라인 변환 패스 작성

더 빠른 코드를 만들기 위해 호출한 함수를 호출부에 인라인 처리하는 방법이 있다. 컴파일러는 함수를 인라인 처리할지 결정한다. 이 예제에서는 LLVM의 관련 기능을 활용해 함수를 인라인으로 바꿔주는 간단한 패스를 만들어 본다. alwaysinline 속성에 따라 패스의 동작 여부를 조정할 수 있게 할 것이다.

패스를 동작시킬 예제 코드를 작성한다. lib/Transforms/IPO/IPO.cpp 파일과 include/llvm/InitalizePasses.h, include/llvm/Transforms/IPO.h, /include/llvm-c/Transforms/IPO.h 파일을 꼭 변경해야 한다. 또한 패스를 포함시키

기 위해 makefile에서 관련 내용을 변경해야 한다.

```
$ cat testcode.c
define i32 @inner1(0 alwaysinline {
    ret i32 1
}
define i32 @outer1() {
    %r = call i32 @inner1()
    ret i32 %r
}
```

예제 구현

패스를 작성한다.

1. 필요한 헤더 파일을 포함시킨다.

```
#include "llvm/Transforms/IPO.h"
#include "llvm/ADT/SmallPtrSet.h"
#include "lvm/Analysis/AliasAnalyis.h"
#include "llvm/Analysis/AssumptionCache.h"
#include "llvm/Analysis/CallGraph.h"
#include "llvm/Analysis/InlineCost.h"
#include "llvm/IR/CallSite.h"
#include "llvm/IR/CallingConv.h"
#include "llvm/IR/DataLayout.h"
#include "llvm/IR/Instructions.h"
#include "llvm/IR/IntrinsicInst.h"
#include "llvm/IR/Module.h"
#include "llvm/IR/Type.h"
#include "llvm/Transforms/IPO/InlinerPass.h"

using namespace llvm;
```

2. 작성할 패스의 클래스를 작성한다.

```
namespace{
    class MyInliner : public Inliner {
        InlineCostAnalysis *ICA;

public:
        MyInliner() : Inliner(ID, -2000000000,
                /*InsertLifetime*/true), ICA(nullptr) {
            initializeMyInlinerPass(*PassRegistry::
                getPassRegistry());
        }

        MyInliner(bool InsertLifetime) : Inliner(ID,
                -2000000000, InsertLifetime), ICA(nullptr) {
            initializeMyInlinerPass(*PassRegistry::
                getPassRegistry());
        }

        static char ID;

        InlineCost getInlineCost(CallSite CS) override;

        void getAnalysisUsage(AnalysisUsage &AU) const override;
        bool runOnSCC(CallGraphSCC &SCC) override;

        using llvm::Pass::doFinalization;
        bool doFinalization(CallGraph &CG) override {
            return removeDeadFunctions(CG,
                /*AlwaysInlineOnly=*/true);
        }
    };
}
```

3. 패스를 초기화하고 의존성을 추가한다.

```
char MyInliner::ID = 0;
INITIALIZE_PASS_BEGIN(MyInliner, "my-inline", "Inliner for
        always_inline functions", false, false)
    INITALIZE_AG_DEPENDENCY(AliasAnalysis)
    INITIALIZE_PASS_DEPENDENCY(AssumptionTracker)
```

```
INITALIZE_PASS_DEPENDENCY(CallGraphWrapperPass)
INITALIZE_PASS_DEPENDENCY(InlineCostAnalysis)
INITALIZE_PASS_END(MyInliner, "my-inline", "Inliner for
    always_inline functions", false, false)
```

```
Pass *llvm::createMyInlinerPass() { return new MyInliner(); }
```

```
Pass *llvm::createMyInlinerPass(bool InsertLifetime) {
    return new MyInliner(InsertLifetime);
}
```

4. 인라인 처리에 필요한 비용을 계산하는 함수를 구현한다.

```
InlineCost MyInliner::getInlineCost(CallSite CS) {
    Function *Callee = CS.getCalledFunction();
    if (Callee && !Callee->isDeclaration() &&
            CS.hasFnAttr(Attribute::AlwaysInline) &&
            ICA->isInlineViable(*Callee))
        return InlineCost::getAlways();

    return InlineCost::getNever();
}
```

5. 다른 도우미 메소드를 작성한다.

```
bool MyInliner::runOnSCC(CallGraphSCC &SCC) {
    ICA = &getAnalysis<InlineCostAnalysi>();
    return Inliner::runOnSCC(SCC);
}
```

```
void MyInliner::getAnalysisUsage(AnalysisUsage &AU) const {
    AU.addRequired<InlineCostAnalysis>();
    Inliner::getAnalysisUsage(AU);
}
```

6. 패스를 컴파일한다. 컴파일이 끝나면 위의 테스트를 실행해본다.

```
$ opt -inline-threshold=0 -always-inline -S test.ll
```

```
; Module ID = 'test.ll'
```

```
; Functions Attrs: alwaysinline
define i32 @inner1() #0 {
    ret i32 1
}
define i32 @outer1() {
    ret i32 1
}
```

작성한 패스는 alwaysInline 속성을 갖는 함수를 항상 인라인으로 처리
한다.

이 패스에서 가장 중요한 함수는 InlineCost getInlineCost(CallSite
CS)다. 이 함수는 inliner.cpp 파일에 있는 함수로, 오버라이드해야 한다.
이 함수에서 계산한 인라인 비용을 바탕으로 인라인 처리 여부를 정한다.
실제 인라인 처리 동작 방식은 inliner.cpp 파일에 구현돼 있다.

예제에서는 alwaysinline 속성을 가진 함수들을 위해 InlineCost::
getAlways()를 반환하며, 그 외 함수들은 InlineCost::getNever()를
반환한다. 이 방법으로 간단한 인라인 처리를 구현할 수 있다. 다른 인라인
방식이나 인라인 여부를 어떻게 결정하는지 더 자세히 알고 싶다면
inlining.cpp 파일을 참고한다.

인라인 처리 패스가 테스트 코드를 대상으로 실행되면 inner1 함수의 호출
이 함수 구현체로 대체된 것을 확인할 수 있다.

메모리 최적화 패스 작성

이 예제에서는 메모리 최적화를 위한 변환 패스를 간략하게 다룬다.

이 예제를 위해서는 opt 툴이 설치돼 있어야 한다.

1. memcpy 최적화 패스를 실행할 테스트 코드를 작성한다.

```
$ cat memcopytest.ll
@cst = internal constant [3 x i32] [i32 -1, i32 -1, i32 -1],
    align 4

declare void @llvm.memcpy.p0i8.p0i8.i64(i8* nocapture, i8*
    nocapture, i64, i32, i1) nounwind
declare void @foo(i32*) nounwind

define void @test1() nounwind {
    %arr = alloca [3 x i32], align 4
    %arr_i8 = bitcast [3 x i32]* %arr to i8*
    call void @llvm.memcpy.p0i8.p0i8.i64(i8* %arr_i8, i8*
        bitcast ([3 x i32]* @cst to i8*), i64 12, i32 4, i1 false)
    %arraydecay = getelementptr inbounds [3 x i32], [3 x i32]*
        %arr, i64 0, i64 0
    call void @foo(i32* %arraydecay) nounwind
    ret void
}
```

2. memcpyopt 패스를 앞의 테스트 코드에 실행한다.

```
$ opt -memcpyopt -S memcopytest.ll
; ModuleID = ' memcopytest.ll'

@cst = internal constant [3 x i32] [i32 -1, i32 -1, i32 -1],
    align 4

; Function Attrs: nounwind
declare void @llvm.memcpy.p0i8.p0i8.i64(i8* nocapture, i8*
```

```
        nocapture readonly, i64, i32, i1) #0

; Function Attrs: nounwind
declare void @foo(i32*) #0

; Function Attrs: nounwind
define void @test1() #0 {
    %arr = alloca [3 x i32], align 4
    %arr_i8 = bitcast [3 x i32]* %arr to i8*
        call void @llvm.memset.p0i8.i64(i8* %arr_i8, i8 -1,
        i64 12, i32 4, i1 false)
    %arraydecay = getelementptr inbounds [3 x i32]* %arr,
        i64 0,i64 0
    call void @foo(i32* %arraydecay) #0
    ret void
}

; Function Attrs: nounwind
declare void @llvm.memset.p0i8.i64(i8* nocapture, i8, i64, i32,
        i1) #0
attributes #0 = { nounwind }
```

예제 분석

Memcpyopt 패스는 memcpy 호출을 제거할 수 있으면 제거하고, 그렇지 않은 경우 다른 함수 호출로 변환한다.

다음과 같은 memcpy 호출을 살펴본다.

```
call void @llvm.memcpy.p0i8.p0i8.i64(i8* %arr_i8, i8* bitcast ([3 x
    i32]* @cst to i8*), i64 12, i32 4, i1 false).
```

앞의 테스트에서 Memcpyopt 패스는 memset 호출을 바꾼다.

```
call void @llvm.memset.p0i8.i64(i8* %arr_i8, i8 -1, i64 12, i32 4, i1
    false)
```

패스의 소스코드를 살펴보면 llvm/lib/Transforms/Scalar 폴더 내에 있는 MemCpyOptimizer.cpp 파일의 `tryMergingIntoMemset` 함수에 의해 변환된 것을 확인할 수 있다.

`tryMergingIntoMemset` 함수는 명령어를 탐색하면서 정리할 다른 패턴을 찾는다. 이웃하거나 연이은 메모리에 저장하면 `memset`을 병합한다.

`processMemSet` 함수는 `memset` 함수와 이웃한 다른 `memset` 함수를 찾아 한 번에 큰 영역을 저장하는 함수로 교체한다.

참고 사항

다양한 메모리 최적화 패스에 더 자세히 알아보고 싶다면 http://llvm.org/docs/Passes.html#memcpyopt-memcpy-optimization을 참고한다.

LLVM IR 병합

이번 예제에서는 LLVM에서 명령어를 병합하는 방법을 알아본다. 명령어 병합으로 같은 명령어가 더 적은 횟수의 사이클로 처리될 수 있도록 더 효율적인 순서로 대체한다. 이번 예제에서는 LLVM 코드에서 확정적으로 병합할 수 있는 부분을 바꿔본다.

준비

예제를 테스트하기 위해 명령어를 병합하더라도 정상적으로 동작하는 테스트를 작성한다.

```
define i32 @test19(i32 %x, i32 %y, i32 %z) {
    %xor1 = xor i32 %y, %z
    %or = or i32 %x, %xor1
```

```
    %xor2 = xor i32 %x, %z
     %xor3 = xor i32 %xor2, %y
    %res = xor i32 %or, %xor3
    ret i32 %res
}
```

예제 구현

1. lib/Transforms/InstCombine/InstCombineAndOrXor.cpp 파일을 연다.

2. InstCombiner::visitXor(BinaryOperator &I) 함수 안의 (Op0I && Op1I) if 조건문 안에 다음과 같은 내용을 추가한다.

```
if (match(Op0I, m_Or(m_Xor(m_Value(B), m_Value(C)),
    m_Value(A))) && match(Op1I, m_Xor( m_Xor(m_Specific(A),
    m_Specific(C)), m_Specific(B)))) {
  return BinaryOperator::CreateAnd(A,
      Builder->CreateXor(B,C));
}
```

3. LLVM을 다시 빌드해서 Opt 프로그램에 추가된 새로운 함수를 다음과 같이 실행한다.

```
$ Opt -instcombine -S testcode.ll
define i32 @test19(i32 %x, i32 %y, i32 %z) {
    %1 = xor i32 %y, %z
    %res = and i32 %1, %x
    ret i32 %res
}
```

예제 분석

이 예제에서는 AND와 OR, XOR 연산자 같은 변환 명령어들을 합치는 코드를 명령어 병합 구현 파일에 추가했다.

(A | (B ^ C)) ^ ((A ^ C) ^ B) 패턴을 A & (B ^ C) 형태로 줄이는 코드를 추가했다. if (match(Op0I, m_Or(m_Xor(m_Value(B), m_Value(C)), m_Value(A))) && match(Op1I, m_Xor(m_Xor(m_ Specific(A), m_Specific(C)), m_Specific(B)))) 줄은 위 문장과 비슷한 패턴을 찾아낸다.

return BinaryOperator::CreateAnd(A, Builder->CreateXor(B,C)); 줄은 찾아낸 패턴을 제거하고 새로 만든 명령어를 반환한다.

instcombine 패스를 실행하면 테스트 코드가 줄어든다. 5개였던 연산자가 2개로 줄어들었다.

참고 사항

- 명령어 병합과 관련된 주제는 매우 넓고, 무궁무진하다. 명령어 병합 함수와 비슷한 함수로 명령어 축약 함수가 있다. 명령어 축약 함수는 복잡한 명령어를 축약하지만, 명령어 병합처럼 명령어의 숫자가 줄어드는 것을 보장하지 못한다. 자세하게 알아보려면 lib/Transforms/InstCombine 폴더에 있는 코드를 참고한다.

반복문 변환과 최적화

이 예제에서는 반복문을 최적화해 실행 시간에 더 빠르게 동작하도록 한다. **루프 불변 코드 이동**LICM, loop invariant code motion 기술 및 동작 방식을 살펴본다. 또한 상대적으로 간단하며 반환 값에 영향을 주지 않는 계산 가능한 유한 반복 범위 내의 반복문을 제거하는 **루프 제거**loop deletion에 대해서도 알아본다.

이 예제에는 opt 툴을 빌드해야 한다.

1. LICM 패스를 확인하기 위한 테스트를 작성한다.

```
$ cat testlicm.ll
define void @testfunc(i32 %i) {
   ; <label>:0
   br label %Loop

Loop:                ; preds = %Loop, %0
   %j = phi i32 [ 0, %0 ], [ %Next, %Loop ] ; <i32> [#uses=1]
   %i2 = mul i32 %i, 17                 ; <i32> [#uses=1]
   %Next = add i32 %j, %i2              ; <i32> [#uses=2]
   %cond = icmp eq i32 %Next, 0         ; <i1> [#uses=1]
   br i1 %cond, label %Out, label %Loop
Out:                 ; preds = %Loop
   ret void
}
```

2. LICM 패스를 테스트 코드에 실행시킨다.

```
$ opt licmtest.ll -licm -S
; ModuleID = 'licmtest.ll'

define void @testfunc(i32 %i) {
   %i2 = mul i32 %i, 17
   br label %Loop

Loop:                            ; preds = %Loop, %0
   %j = phi i32 [ 0, %0 ], [ %Next, %Loop ]
   %Next = add i32 %j, %i2
   %cond = icmp eq i32 %Next, 0
   br i1 %cond, label %Out, label %Loop
```

```
Out:                              ; preds = %Loop
    ret void
}
```

3. 루프 제거를 실행할 테스트 코드를 작성한다.

```
$ cat deletetest.ll
define void @foo(i64 %n, i64 %m) nounwind {
entry:
    br label %bb

bb:
    %x.0 = phi i64 [ 0, %entry ], [ %t0, %bb2 ]
    %t0 = add i64 %x.0, 1
    %t1 = icmp slt i64 %x.0, %n
    br i1 %t1, label %bb2, label %return

bb2:
    %t2 = icmp slt i64 %x.0, %m
    br i1 %t1, label %bb, label %return

return:
    ret void
}
```

4. 마지막으로 루프 제거 패스를 실행시킨다.

```
$ opt deletetest.ll -loop-deletion -S
; ModuleID = "deletetest.ll'

; Function Attrs: nounwind
define void @foo(i64 %n, i64 %m) #0 {
entry:
    br label %return
return:                           ; preds = %entry
    ret void
}

attributes #0 = { nounwind }
```

LICM 패스는 루프 불변 코드 이동을 수행한다. 패스는 반복문 안에서 변경하지 않는 코드를 루프 밖으로 꺼낸다. 밖으로 꺼낸 코드는 사전 헤더 블록이나 바깥 블록에 있는 반복문 뒤에 붙는다.

앞에서 살펴본 예제에서는 `%i2 = mul i32 %i, 17` 코드가 루프 위로 옮겨져서 루프 안에 대입되지 않는다.

루프 제거 패스는 함수의 반환 값에 영향을 주지 않는 유한 반복을 찾아 수행한다.

예제에서 반복 부분에 위치한 두개의 베이직 블록basic block `bb:`와 `bb2:`가 삭제됐고, `foo` 함수는 호출되는 즉시 반환문으로 이동한다.

LLVM에는 반복문을 최적화하는 다양한 방법이 포함돼 있다. 직접 해볼 방법으로는 `loop-rotate`나 `loop-unswitch`, `loop-unroll`이 있다. 직접 실행해보면 코드를 어떻게 바꾸는지 알 수 있다.

표현식 재배치

이번 예제에서는 표현식 재배치에 대해 배우고, 표현식 재배치가 어떻게 최적화에 도움을 주는지 알아본다.

이 예제에서는 `opt` 툴이 설치돼 있어야 한다.

1. 표현식 재배치를 위한 간단한 예제를 작성한다.

```
$ cat testreassociate.ll
define i32 @test(i32 %b, i32 %a) {
    %tmp.1 = add i32 %a, 1234
    %tmp.2 = add i32 %b, %tmp.1
    %tmp.4 = xor i32 %a, -1
    ; (b+(a+1234))+~a -> b+1233
    %tmp.5 = add i32 %tmp.2, %tmp.4
    ret i32 %tmp.5
}
```

2. 재배치 패스를 실행시키고 예제 코드가 어떻게 바뀌었는지 확인한다.

```
$ opt testreassociate.ll -reassociate -die -S
define i32 @test(i32 %b, i32 %a) {
    %tmp.5 = add i32 %b, 1233
    ret i32 %tmp.5
}
```

예제 분석

재배치란 대수적으로 결합법칙, 교환법칙, 분배법칙을 적용해 표현식을 재배치해서 상수 값 대체나 루프 불변 코드 이동 같은 최적화를 돕는다.

이전 예제에서는 "X + ~X" -> "-1" 같은 패턴을 제거하기 위해 역수의 성질을 이용해 표현식을 재배치했다.

테스트 코드의 처음 세 줄은 (b+(a+1234))+~a 형식의 표현식이다. 이 표현식에 재배치 패스를 이용하면 a+~a를 -1로 바꿀 수 있다. 이런 이유로, 결과로 얻는 값은 b+1234-1 = b+1233이 된다.

이 변환을 다루는 코드는 lib/Transforms/Scalar 안에 Reassociate.cpp 파일에 들어있다.

Reassociate.cpp 파일을 열어보면 a와 ~a가 피연산자 목록에 들어있는지 확인하는 코드를 찾을 수 있다.

```
if (!BinaryOperator::isNeg(TheOp) && !BinaryOperator::isNot(TheOp))
    continue;

    Value *X = nullptr;
    ...
    ...
    else if (BinaryOperator::isNot(TheOp))
        X = BinaryOperator::getNotArgument(TheOp);

unsigned FoundX = FindInOperandList(Ops, i, X);
```

다음 코드는 역수 관계의 표현식이 있을 때 -1 값을 삽입하는 코드다.

```
if (BinaryOperator::isNot(TheOp)) {
    Value *V = Constant::getAllOnesValue(X->getType());
    Ops.insert(Ops.end(), ValueEntry(getRank(V), V));
    e += 1;
}
```

IR 벡터화

벡터화란 벡터화해 한 번에 여러 개의 데이터 집합을 실행하게 하는 컴파일러에서 중요한 최적화다. 백엔드 아키텍처가 벡터 레지스터를 지원한다면 넓은 영역의 데이터를 벡터 레지스터에 로드하고, 전용 벡터 명령어가 레지스터에서 실행된다.

벡터화에는 LLVM 슈퍼워드 수준 병렬화Superword-Level Parallelism(이하 SLP)와 **루프 벡터화**loop vectorization라는 두 가지 방법이 있다. 루프 벡터화는 루프 안에 있는 벡터화할 수 있는 코드를 찾는 반면, SLP 벡터화는 베이직 블록 안에 있는 직선 코드를 벡터화하는 방법을 다룬다. 이 예제에서는 직선 코드가 어떻게 벡터화되는지 살펴본다.

SLP 벡터화는 IR 표현식의 상향 트리를 구축하고, 대략적으로 트리의 노드들을 비교해서 유사한 것들끼리 벡터 형식으로 합칠 수 있는지 확인한다. 변경할 파일은 lib/Transform/Vectorize/SLPVectorizer.cpp다.

직선 코드인 return a[0] + a[1] + a[2] + a[3]를 벡터화해본다.

앞과 같은 코드의 표현식 트리는 일방향 트리가 된다. 피연산자와 연산자를 깊이 우선 탐색으로 트리에 담는다.

코드를 표현식으로 표현하면 다음과 같이 변환된다.

```
define i32 @hadd(i32* %a) {
entry:
    %0 = load i32* %a, align 4
    %arrayidx1 = getelementptr inbounds i32* %a, i32 1
    %1 = load i32* %arrayidx1, align 4
    %add = add nsw i32 %0, %1
    %arrayidx2 = getelementptr inbounds i32* %a, i32 2
    %2 = load i32* %arrayidx2, align 4
    %add3 = add nsw i32 %add, %2
    %arrayidx4 = getelementptr inbounds i32* %a, i32 3
    %3 = load i32* %arrayidx4, align 4
    %add5 = add nsw i32 %add3, %3
    ret i32 %add5
}
```

벡터화 모델은 다음과 같은 세 단계를 따른다.

1. 벡터화 가능 여부를 확인한다.

2. 벡터화한 코드가 벡터화하지 않은 코드 대비 얼마나 개선되는지 계산한다.

3. 두 조건을 만족하면 코드를 벡터화한다.

1. SLPVectorizer.cpp 파일을 연다. 준비 절에서 설명한 IR의 표현식 트리를 깊이 우선 탐색으로 탐색할 새 함수를 구현한다.

```cpp
bool matchFlatReduction(PHINode *Phi, BinaryOperator *B,
        const DataLayout *DL) {

    if (!B)
        return false;

    if (B->getType()->isVectorTy() || !B->getType()->isIntegerTy())
        return false;

    ReductionOpcode = B->getOpcode();
    ReducedValueOpcode = 0;
    ReduxWidth = MinVecRegSize /
            DL->getTypeAllocSizeInBits(B-?>getType());

    ReductionRoot = B;
    ReductionPHI = Phi;

    if (ReduxWidth < 4)
        return false;
    if (ReductionOpcode != Instruction::Add)
        return false;

    SmallVector<BinaryOperator *, 32> Stack;
    ReductionOps.push_back(B);
    ReductionOpcode = B->getOpcode();
    Stack.push_back(B);

    // 트리 탐색
    while (!Stack.empty()) {
        BinaryOperator *Bin = Stack.back();
        if (Bin->getParent() != B->getParent())
            return false;
        Value *Op0 = Bin->getOperand(0);
```

```
Value *Op1 = Bin->getOperand(1);
if (!Op0->hasOneUse() || !Op1->hasOneUse())
    return false;
BinaryOperator *Op0Bin = dyn_cast<BinaryOperator>(Op0);
BinaryOperator *Op1Bin = dyn_cast<BinaryOperator>(Op1);
Stack.pop_back();

// 양쪽 피연산자가 이항 연산자인 경우 무시
if (Op0Bin && Op1Bin)
    return false;
// 양쪽 피연산자가 모두 이항 연산자가 아닐 경우
if (!Op0Bin && !Op1Bin) {
    ReducedVals.push_back(Op1);
    ReducedVals.push_back(Op0);

    ReductionOps.push_back(Bin);
    continue;
}

// 피연산자 중 하나가 이항 피연산자일 경우 스택에 푸시해 추가 처리 수행

// 이항 피연산자가 아닌 다른 피연산자를 ReducedVals로 푸시
if (Op0Bin) {
    if (Op0Bin->getOpcode() != ReductionOpcode)
        return false;
    Stack.push_back(Op0Bin);
    ReducedVals.push_back(Op1);

    ReductionOps.push_back(Op0Bin);
}

if (Op1Bin) {

    if (Op1Bin->getOpcode() != ReductionOpcode)
        return false;
    Stack.push_back(Op1Bin);
    ReducedVals.push_back(Op0);
    ReductionOps.push_back(Op1Bin);
```

```
      }
    }
    SmallVector<Value *, 16> Temp;
    // 값 로드 순서를 a[3], a[2], a[1], a[0]에서

    // a[0], a[1], a[2], a[3]로 변경해 이후 증분 연속성을 체크
    while (!ReducedVals.empty())
        Temp.push_back(ReducedVals.pop_back_val());
    ReducedVals.clear();
    for (unsigned i = 0, e = Temp.size(); i < e; ++i)
        ReducedVals.push_back(Temp[i]);
    return true;
}
```

2. 결과로 얻은 벡터화된 IR의 비용을 계산해 벡터화 여부를 정한다.
   SLPVectorizer.cpp 파일의 getReductionCost() 함수 안에 다음 코
   드를 추가한다.

```
int HAddCost = INT_MAX;
// 가로 덧셈 패턴을 식별하면 값을 계산한다.

// 가로 덧셈은 서브벡터 shuffle과 벡터 add,
// 그리고 최종 결과 벡터의 extractelement 1개를
// 조합해 모델링할 수 있다.

// 예, a[0]+a[1]+a[2]+a[3]은 다음과 같이 모델링할 수 있다.
// %1 = load <4 x> %0
// %2 = shuffle %1 <2, 3, undef, undef>
// %3 = add <4 x> %1, %2

// %4 = shuffle %3 <1, undef, undef, undef>

// %5 = add <4 x> %3, %4

// %6 = extractelement %5 <0>
if (IsHAdd) {
    unsigned VecElem = VecTy->getVectorNumElements();
    unsigned NumRedxLevel = Log2_32(VecElem);
```

```
        HAddCost = NumRedxLevel *
            (TTI->getArithmeticInstrCost(ReductionOpcode, VecTy) +
            TTI->getShuffleCost(TargetTransformInfo::
            SK_ExtractSubvector, VecTy, VecElem / 2, VecTy)) +
            TTI->getVectorInstrCost(Instruction::ExtractElement,
            VecTy, 0);
    }
```

3. 같은 함수에 `PairwiseRdxCost`와 `SplittingRdxCost`의 계산이 끝나면 `HAddCost`와 비교한다.

```
    VecReduxCost = HAddCost < VecReduxCost ? HaddCost :
        VecReduxCost;
```

4. `vectorizeChainsInBlock()` 함수에서 새로 만든 `matchFlatReduction()` 함수를 호출한다.

```
    // 수평 축소(horizontal reductions)의 벡터화를
    // 시도해 반환 값으로 전달
    if (ReturnInst *RI = dyn_cast<ReturnInst>(it))
        if (RI->getNumOperands() != 0)
            if (BinaryOperator *BinOp =
                    dyn_cast<BinaryOperator>(RI->getOperand(0))) {
                DEBUG(dbgs() << "SLP: Found a return to vectorize.\n");
                HorizontalReduction HorRdx;
                IsReturn = true;
                if ((HorRdx.matchFlatReduction(nullptr, BinOp, DL) &&
                        HorRdx.tryToReduce(R, TTI)) ||
                        tryToVectorizePair(BinOp->
                        getOperand(0), BinOp->getOperand(1), R)) {
                    Changed = true;
                    it = BB->begin();
                    e = BB->end();
                    continue;
                }
            }
```

5. 반환 값에 반영될 두 개의 전역 플래그를 정의해서 수평 축소 여부를 확인한다.

```
static bool IsReturn = false;
static bool IsHAdd = false;
```

6. 두 변수가 반환 값에 반영이 되면 작은 트리의 벡터화를 허용한다. isFullyVectorizableTinyTree() 함수에 코드를 추가한다.

```
if (VectorizableTree.size() == 1 && IsReturn && IsHAdd)
    return true;
```

예제 분석

진행한 코드를 LLVM 프로젝트에 저장하고 컴파일한다. 예제 IR을 opt 툴로 실행시켜본다.

1. example.ll 파일에 IR을 붙여 넣는다.

```
define i32 @hadd(i32* %a) {
entry:
    %0 = load i32* %a, align 4
    %arrayidx1 = getelementptr inbounds i32* %a, i32 1
    %1 = load i32* %arrayidx1, align 4
    %add = add nsw i32 %0, %1
    %arrayidx2 = getelementptr inbounds i32* %a, i32 2
    %2 = load i32* %arrayidx2, align 4
    %add3 = add nsw i32 %add, %2
    %arrayidx4 = getelementptr inbounds i32* %a, i32 3
    %3 = load i32* %arrayidx4, align 4
    %add5 = add nsw i32 %add3, %3
    ret i32 %add5
}
```

2. example.ll를 opt 툴로 실행시켜본다.

```
$ opt -basicaa -slp-vectorizer -mtriple=aarch64-unknown-
linux-gnu -mcpu=cortex-a57
```

결과로 벡터화된 코드를 얻을 수 있다.

```
define i32 @hadd(i32* %a) {

entry:

    %0 = bitcast i32* %a to <4 x i32>*
    %1 = load <4 x i32>* %0, align 4 %rdx.shuf = shufflevector <4x
            i32> %1, <4 x i32> undef, <4 x i32> <i32 2, i32 3, i32
            undef, i32 undef>

    %bin.rdx = add <4 x i32> %1,

    %rdx.shuf %rdx.shuf1 = shufflevector <4 x i32>

    %bin.rdx, <4 x i32> undef, <4 x i32> <i32 1, i32 undef, i32
    undef, i32 undef> %bin.rdx2 = add <4 x i32> %bin.rdx,
    %rdx.shuf1

    %2 = extractelement <4 x i32> %bin.rdx2, i32 0

    ret i32 %2
}
```

코드가 벡터화돼 있는 것을 확인할 수 있다. matchFlatReduction() 함수는 표현식을 깊이 우선 탐색으로 탐색해 모든 load 명령어를 ReducedVals에 모두 저장하고, add 명령어를 ReductionOps에 저장한다. 저장하고 난후 HAddCost 함수에서 벡터화하고 나서의 비용과 벡터화 전의 처리 속도를 계산한다. 벡터화하는 것이 처리 속도를 개선할 수 있으면 표현식을 벡터화한다. 이 기능은 tryToReduce() 함수에 이미 구현돼 있다.

- 벡터화에 대한 개념이 필요하면「Loop-Aware SLP in GCC Ira Resen, Dorit Nuzman and Ayal Zaks」논문을 참고한다.

기타 최적화 패스

이 예제에서는 유틸리티 패스에 가까운 변환 패스를 살펴본다. strip-debug-symbols 패스와 prune-eh 패스를 다룬다.

준비

opt 툴이 설치돼 있어야 한다.

예제 구현

1. strip-debug 패스를 실행시켜 디버그 심볼을 제거할 테스트 코드를 작성한다.

```
$ cat teststripdebug.ll
@x = common global i32 0                              ; <i32*>
[#uses=0]

define void @foo() nounwind readnone optsize ssp {
entry:
    tail call void @llvm.dbg.value(metadata i32 0, i64 0,
        metadata !5, metadata !{}), !dbg !10
    ret void, !dbg !11
}

declare void @llvm.dbg.value(metadata, i64, metadata,
    metadata) nounwind readnone
```

```
!llvm.dbg.cu = !{!2}
!llvm.module.flags = !{!13}
!llvm.dbg.sp = !{!0}
!llvm.dbg.lv.foo = !{!5}
!llvm.dbg.gv = !{!8}

!0 = !MDSubprogram(name: "foo", linkageName: "foo", line: 2,
    isLocal: false, isDefinition: true, virtualIndex: 6,
    isOptimized: true, file: !12, scope: !1, type: !3,
    function: void ()* @foo)
!1 = !MDFile(filename: "b.c", directory: "/tmp")
!2 = !MDCompileUnit(language: DW_LANG_C89, producer: "4.2.1
    (Based on Apple Inc. build 5658) (LLVM build)",
    isOptimized: true, emissionKind: 0, file: !12, enums: !4,
    retainedTypes: !4)
!3 = !MDSubroutineType(types: !4)
!4 = !{null}
!5 = !MDLocalVariable(tag: DW_TAG_auto_variable, name: "y",
    line: 3, scope: !6, file: !1, type: !7)
!6 = distinct !MDLexicalBlock(line: 2, column: 0, file: !12,
    scope: !0)
!7 = !MDBasicType(tag: DW_TAG_base_type, name: "int", size: 32,
    align: 32, encoding: DW_ATE_signed)
!8 = !MDGlobalVariable(name: "x", line: 1, isLocal: false,
    isDefinition: true, scope: !1, file: !1, type: !7,
    variable: i32* @x)
!9 = !{i32 0}
!10 = !MDLocation(line: 3, scope: !6)
!11 = !MDLocation(line: 4, scope: !6)
!12 = !MDFile(filename: "b.c", directory: "/tmp")
!13 = !{i32 1, !"Debug Info Version", i32 3}
```

2. opt 툴에 -strip-debug 커맨드라인 옵션을 추가해 strip-debug-symbols 패스를 실행시킨다.

```
$ opt -strip-debug teststripdebug.ll -S
```

```
; ModuleID = ' teststripdebug.ll'

@x = common global i32 0

; Function Attrs: nounwind optsize readnone ssp
define void @foo() #0 {
entry:
    ret void
}

attributes #0 = { nounwind optsize readnone ssp }

!llvm.module.flags = !{!0}

!0 = metadata !{i32 1, metadata !"Debug Info Version", i32 2}
```

3. prune-eh 패스를 확인할 테스트 코드를 작성한다.

```
$ cat simpletest.ll
declare void @nounwind() nounwind

define internal void @foo() {
    call void @nounwind()
    ret void
}

define i32 @caller() {
    invoke void @foo( )
        to label %Normal unwind label %Except

Normal:              ; preds = %0
    ret i32 0

Except:              ; preds = %0
    landingpad { i8*, i32 } personality i32 (...)*
        @__gxx_personality_v0
    catch i8* null
    ret i32 1
}
declare i32 @__gxx_personality_v0(...)
```

4. opt 툴에 -prune-eh 커맨드라인 옵션을 추가해서 사용하지 않은 예외 정보를 지우는 패스를 실행시킨다.

```
$ opt -prune-eh -S simpletest.ll
; ModuleID = 'simpletest.ll'

; Function Attrs: nounwind
declare void @nounwind() #0

; Function Attrs: nounwind
define internal void @foo() #0 {
    call void @nounwind()
    ret void
}

; Function Attrs: nounwind
define i32 @caller() #0 {
    call void @foo()
    br label %Normal

Normal:                                   ; preds = %0
    ret i32 0
}

declare i32 @__gxx_personality_v0(...)

attributes #0 = { nounwind }
```

예제 분석

첫 번째 예제에서는 디버그 정보를 코드에서 삭제해 압축된 코드를 결과로 주는 strip-debug 패스를 실행시켰다. 이 패스는 가상 레지스터의 이름을 삭제하거나, 전역 변수와 함수의 심볼을 제거해 소스코드의 가독성을 떨어뜨리고 코드를 역공학하기 어렵게 하므로, 압축된 코드가 필요할 때만 실행해야 한다.

llvm/lib/Transforms/IPO/StripSymbols.cpp 안에 변환하는 코드가 들어있고, `StripDeadDebugInfo::runOnModule` 함수가 디버그 정보를 삭제하고 있다.

두 번째 예제는 프로시저 간 분석 패스에 구현된 `prune-eh` 패스를 이용해서 사용되지 않은 예외 정보를 삭제한다. 호출 그래프를 순회해 불러들이는 명령어를 호출 명령어로 변환한 후 함수가 예외를 발생시키지 않으면 `nounwind`를 함수에 표기한다.

참고 사항

- 다른 변환 패스를 알아보려면 http://llvm.org/docs/Passes.html#transform-passes를 참고한다.

6

타겟 독립적 코드 생성기

6장에서 다루는 내용은 다음과 같다.

- LLVM IR 명령어의 생명주기
- GraphViz를 이용한 LLVM IR CFG의 시각화
- TableGen을 이용한 타겟 지정
- 명령어 집합 정의
- 머신 코드 디스크립터 추가
- MachineInstrBuilder 클래스 구현
- MachineBasicBlock 클래스 구현
- MachineFunction 클래스 구현
- 명령어 선택자 작성
- SelectionDAG 교정
- SelectionDAG 최적화
- DAG에서 명령어 선택
- SelectionDAG에서 명령어 스케줄링

소개

LLVM IR을 최적화하고 난 이후에는 실행시키기 위해 기계 명령어로 변환해야 한다. 타겟 독립적 코드 생성기가 제공하는 추상 계층을 통해 SelectionDAG(DAG는 Directed Acyclic Graph의 약자로 방향성 비순환 그래프를 의미한다)의 노드 단위로 IR을 기계 명령어로 변환할 수 있다. 6장에서는 타겟 독립적 코드를 생성하는 핵심적인 단계를 다룬다.

LLVM IR 명령어의 생명주기

5장에서는 고급 언어의 명령어, 구문, 논리 블록, 함수 호출, 반복문 등이 LLVM IR로 변환되는 과정을 다뤘다. LLVM은 여러 최적화 단계를 거치면서 점점 더 효율적인 코드가 생성된다. IR은 추상적인 SSA 형태로 고급 언어나 저급 언어의 제약에서 독립적으로 최적화 패스를 실행할 수 있다. IR을 타겟 기계 명령어로 변환할 때는 때에 따라 해당 타겟에 맞는 최적화를 할 수도 있다.

최적화된 LLVM IR을 얻고 나면 타겟 머신에 종속된 명령어로 변환해야 한다. LLVM은 SelectionDAG를 이용해 IR을 기계 명령어로 변환한다. 선형 IR에서 노드로 명령어를 표현하는 SelectionDAG로 변환한다. SelectionDAG는 다음과 같은 절차를 거친다.

- LLVM IR을 바탕으로 SelectionDAG 생성
- SelectionDAG 노드의 규칙화
- DAG 결합 최적화
- 타겟 명령어로부터 명령어 선택
- 기계 명령어 스케줄링과 생성
- 레지스터 할당하기: SSA 소멸, 레지스터 할당, 레지스터 스필링

- 코드 생성

LLVM에선 각 과정이 모두 모듈화돼 있다.

C 코드에서 LLVM IR 생성

먼저 프론트엔드 언어를 LLVM IR로 변환해본다. 예제는 다음과 같다.

```
int test(int a, int b, int c) {
    return c/(a+b);
}
```

LLVM IR로 변환하면 다음과 같다.

```
define i32 @test(i32 %a, i32 %b, i32 %c) {
    %add = add new i32 %a, %b
    %div = sdiv i32 %add, %c
    return i32 %div
}
```

IR 최적화

5장에서 설명한 대로 IR은 여러 최적화 단계를 거친다. IR은 변환 단계에서 `InstCombine` 패스에 있는 `InstCombiner::visitSDiv()` 함수를 거친다. 이 함수에서 `SimplifySDivInst()` 함수를 거치면서 명령어를 더 간단하게 할 수 있는지 확인한다.

IR에서 SelectionDAG로 변환

IR 변형과 최적화가 끝나면 LLVM IR을 Selection DAG 노드로 구현한다. Selection DAG 노드는 `SelectionDAGBuilder` 클래스에서 생성된다. `SelectionDAGISel` 클래스에서 모든 IR 명령어를 순회하면서 `SDAGNode` 노드를 생성하기 위해 `SelectionDAGBuilder::visit()` 함수를 호출한

다. SDiv 명령어를 다루는 메소드는 `SelectionDAGBuilder::visitSDiv`
다. 이 메소드는 `ISD::SDIV` 연산 부호를 포함하는 새로운 `SDNode` 노드를
DAG에서 요청해 DAG에 포함한다.

SelectionDAG 교정

생성된 `SelectionDAG` 노드가 변환하고자 하는 해당 타겟 아키텍처에서 지
원하지 않을 수 있다. Selection DAG 생성 단계에서 지원하지 않는 노드를
틀린[illegal] 노드라고 부른다. `SelectionDAG` 명령어 집합이 DAG 노드로부터
실제 기계 명령어를 생성하기 전에 몇 가지 다른 중요한 변환 과정을 거친다.

`SDNode`를 교정하는 과정은 타입 교정과 명령어 교정을 포함한다. 특정 타겟
에 종속되는 정보는 타겟 저수준화(`TargetLowering`) 인터페이스를 통해 타겟
독립적인 알고리즘으로 전달된다. 이 인터페이스는 타겟 아키텍처로 구현
돼서 LLVM IR이 교정된 `SelectionDAG` 연산으로 어떻게 저수준화돼야
하는지를 설명한다. 예를 들어 x86 저수준화는 `X86TargetLowering` 인
터페이스에 구현돼 있다. `setOperationAction()` 함수는 `ISD` 노드가
확장돼야 하는지 혹은 연산 교정으로 커스터마이징돼야 하는지 정의한다.
`SelectionDAGLegalize::LegalizeOp`에서 확장하는 플래그를 확인하면
`SDNode` 노드를 `setOperationAction()` 함수에서 정의한 매개변수로 대체
한다.

타겟 독립적 DAG에서 머신 DAG로 변환

명령어를 교정하고 나면 `SDNode`를 `MachineSDNode`로 변환한다. .td 파일에
제네릭 테이블 형태로 기계 명령어를 표현한다. .td 파일을 레지스터와 명령
어를 C++ 상수로 연결한 .inc 파일로 변환한다. 명령어는 `SelectCode`라고
하는 자동화된 선택자로 선택하거나, `SelectionDAGISel` 클래스에 새로 정
의한 `Select` 함수로 다룰 수 있다. 이 단계에서 생성된 DAG 노드는

`SDNode`의 서브클래스로, 기계 명령어를 실제로 만들 때 필요한 정보를 갖고 있는 DAG 노드다.

명령어 스케줄링

실제 기계는 명령어의 나열을 실행한다. 하지만 우리는 기계 명령어를 DAG 형태로 갖고 있다. DAG를 위상 정렬해 선형적으로 나열된 명령어를 생성할 수 있다. 생성된 선형적으로 나열된 명령어는 완벽히 최적화된 코드가 아니어서 명령어의 종속 관계 때문에 실행 중 지연이 발생하거나 레지스터를 더 많이 사용하고, 파이프라인 지연 현상이 발생할 수 있다. 이때 명령어 스케줄링 개념이 필요하다. 각 타겟 아키텍처별로 레지스터 집합과 파이프라이닝을 위한 최적화된 명령어가 달라서 각 타겟은 각각의 스케줄링 훅[hook]과 최적화하는 휴리스틱이 다르다. 명령어를 배열하는 최적의 방법을 찾고 나면 스케줄러는 머신 베이직 블록에 기계 명령어를 출력하고 DAG를 제거한다.

레지스터 할당

레지스터는 기계 명령어로 출력된 다음에 가상 레지스터에 할당된다. 가상 레지스터에는 무한하게 레지스터를 할당할 수 있지만, 실제 타겟 아키텍처에는 제한된 개수의 레지스터밖에 할당할 수 없다. 크기가 제한된 레지스터에는 효율적으로 레지스터를 할당해야 한다. 효율적으로 레지스터를 할당하지 않으면 일부 레지스터가 메모리에 낭비된 상태로 할당돼 로드하고 저장하는 연산 속도에 영향을 준다. CPU 사이클 낭비도 초래하고 메모리 사용량도 따라 증가한다.

레지스터 할당 알고리즘은 다양하게 존재한다. 가장 중요한 분석은 변수의 유효성과 생명주기 분석으로 레지스터 할당 시에 완료된다. 두 개의 변수가 같은 기간 동안 유효하면(이 말은 두 변수 간에 간섭이 존재하면) 두 변수는 같은 레지스터에 할당할 수 없다. 유효성 검사를 통해 간섭 그래프를 생성하고, 그래프 색칠 알고리즘이 레지스터를 할당하는 데 쓰인다. 하지만 이 알고리즘은 실행하는 데 제곱의 시간이 들어서, 적용하게 되면 컴파일하는 데 걸리는 시간이 늘어나게 된다.

LLVM은 레지스터 할당을 위해 탐욕스런^{greedy} 접근 방법을 사용하고 있는데, 먼저 생명주기가 긴 레지스터를 먼저 할당한다. 짧은 생명주기를 가진 레지스터는 사이사이에 추가해 낭비를 줄인다. 로드 및 저장 연산을 하는 과정에서 발생하는 낭비는 레지스터를 더 할당할 수 없는 경우에 발생한다. 낭비되는 비용은 낭비되는 연산을 처리하는 데 사용되는 비용을 말한다. 때때로 생명주기를 나누면 레지스터를 할당할 공간을 차지하기도 한다.

레지스터 할당 전에 명령어는 SSA 형태로 존재한다. 하지만 지금 단계에서는 레지스터의 수에 제한이 있어서 현실 세계에서는 SSA 형태로 존재할 수 없다. 일부 아키텍처에서는 명령어가 정해진 레지스터를 요구한다.

코드 출력

이제 고수준의 원본 코드가 기계 명령어로 변환됐고, 이 코드를 출력해야 한다. LLVM은 출력을 두 방법으로 제한할 수 있다. 첫 번째 방법은 JIT를 이용하는 것으로, 코드를 메모리에 즉시 출력하는 방법이다. 두 번째 방법은 MC 프레임워크를 이용해 모든 백엔드 타겟에서 어셈블리와 오브젝트 파일을 출력한다. `LLVMTargetMachine::addPassesToEmitFile` 함수에 오브젝트 파일을 출력하는 동작을 정의해야 한다. 실제 MI에서 MC 명령어 변환은 `AsmPrinter` 인터페이스에 있는 `EmitInstruction` 함수에서 끝난다. 정적 컴파일러 툴인 `llc`는 타겟에 맞는 어셈블리 명령어를 생성한다. 오브젝트 파일(혹은 어셈블리 코드) 출력은 `MCStreamer` 인터페이스를 구현하면 끝난다.

GraphViz를 이용한 LLVM IR 제어 흐름 그래프의 시각화

LLVM IR 제어 흐름 그래프는 GraphViz 툴을 이용해 시각화할 수 있다. 생성된 IR 코드가 어떤 흐름으로 흘러가는지 정점의 형태로, 시각적으로 묘사해준다. LLVM에서 중요한 자료형이 그래프인 관계로, 시각적으로 묘사하면 사용자 정의 패스를 작성하거나 IR 패턴의 동작을 쉽게 이해하게 해주는 유용한 방법이다.

준비

1. graphviz를 우분투^{Ubuntu}에 설치하기 위헤 ppa 저장소를 더한다.

   ```
   $ sudo apt-add-repository ppa:dperry/ppa-graphviz-test
   ```

2. 패키지 저장소를 업데이트한다.

   ```
   $ sudo apt-get update
   ```

3. graphviz를 설치한다.

   ```
   $ sudo apt-get install graphviz
   ```

Depends: libgraphviz4 (>= 2.18) but it is not going to be installed

graphviz 설치 중 위 에러를 만난다면 다음과 같은 명령어를 실행한다.

```
$ sudo apt-get remove libcdt4
```

```
$ sudo apt-get remove libpathplan4
```

그 후 다음 명령어로 graphviz를 다시 설치한다.

```
$ sudo apt-get install graphviz
```

1. IR을 제어 흐름 그래프로 변환하고 나면 다른 방법으로 볼 수 있다.
test.ll 파일을 다음과 같이 생성한다.

```
$ cat test.ll
define i32 @test(i32 %a, i32 %b, i32 %c) {
    %add = add nsw i32 %a, %b
    %div = sdiv i32 %add, %c
    ret i32 %div
}
```

2. 최초 최적화 패스를 실행시키기 전에 생성한 제어 흐름 그래프를 보여
주려면 다음 명령어를 입력한다.

```
$ llc -view-dag-combine1-dags test.ll
```

다음 다이어그램은 최초 최적화 패스를 실행시키기 전의 제어 흐름 그
래프를 보여준다.

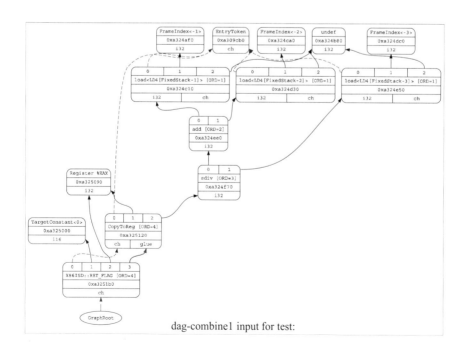

dag-combine1 input for test:

3. 교정을 거치기 전의 제어 흐름 그래프를 보여주려면 다음 명령어를 실행한다.

```
$ llc -view-legalize-dags test.ll
```

다음은 교정 단계를 거치기 전의 제어 흐름 그래프다.

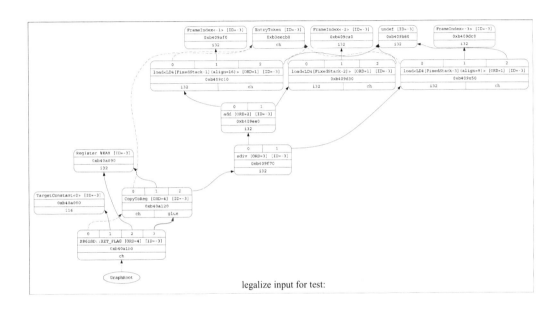

legalize input for test:

4. 두 번째 최적화 패스를 실행시키기 전의 제어 흐름 그래프 모습을 보여주려면 다음 명령어를 실행한다.

```
$ llc -view-dag-combine2-dags test.ll
```

다음은 두 번째 최적화 패스를 실행시키기 전의 제어 흐름 그래프를 보여준다.

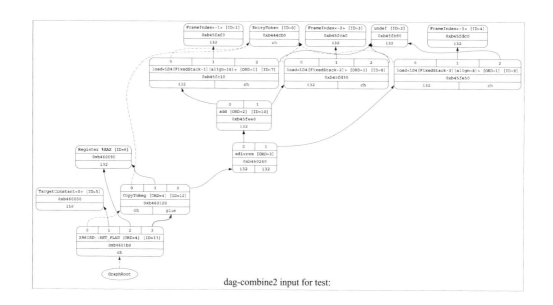

dag-combine2 input for test:

5. 선택 단계 이전의 제어 흐름 그래프를 보여주려면 다음 명령어를 실행 시킨다.

```
$ llc -view-isel-dags test.ll
```

다음 다이어그램은 선택 단계 이전의 제어 흐름 그래프를 보여준다.

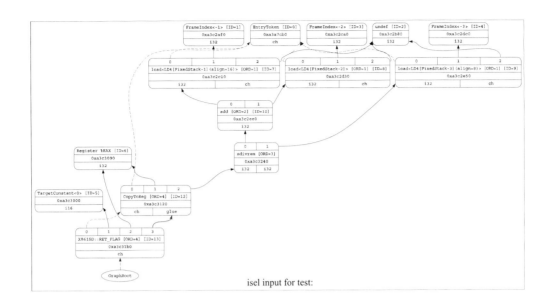

isel input for test:

6. 스케줄링 이전의 제어 흐름 그래프를 보여주려면 다음 명령어를 실행
한다.

```
$ llc -view-sched-dags test.ll
```

다음 다이어그램은 선택 단계 이전의 제어 흐름 그래프를 보여준다.

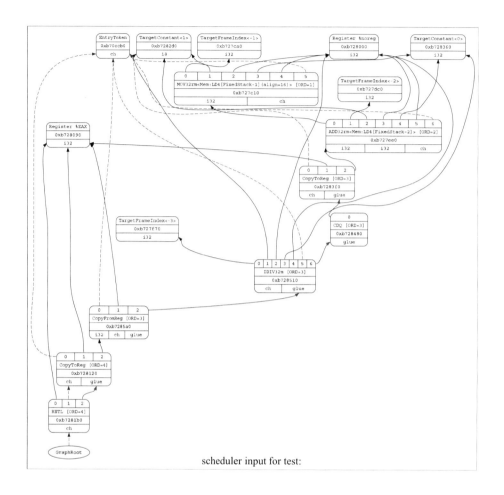

scheduler input for test:

7. 스케줄러의 의존성 그래프를 보여주려면 다음 명령어를 실행한다.

```
$ llc -view-sunit-dags test.ll
```

다음 다이어그램은 스케줄러 의존성 그래프를 보여준다. 교정 단계를
거치기 전의 제어 흐름 그래프와 거치고 난 제어 흐름 그래프의 차이를
살펴보자. sdiv 노드가 sdivrem 노드로 변환됐다. x86 타겟은 sdiv
노드를 지원하지 않지만, sdivrem 노드는 지원한다. 이 상황에서 sdiv
명령어는 x86 타겟에서 틀린 명령어다. 교정 단계에서 sdiv 명령어를
x86 타겟에서 지원하는 sdivrem 명령어로 변환한다.

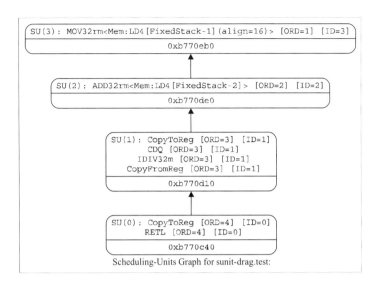

```
SU(3) : MOV32rm<Mem:LD4[FixedStack-1](align=16)> [ORD=1] [ID=3]
                          0xb770eb0
```

```
SU(2) : ADD32rm<Mem:LD4[FixedStack-2]> [ORD=2] [ID=2]
                          0xb770de0
```

```
SU(1) : CopyToReg [ORD=3] [ID=1]
              CDQ [ORD=3] [ID=1]
          IDIV32m [ORD=3] [ID=1]
     CopyFromReg [ORD=3] [ID=1]
                 0xb770d10
```

```
SU(0) : CopyToReg [ORD=4] [ID=0]
             RETL [ORD=4] [ID=0]
                0xb770c40
```

Scheduling-Units Graph for sunit-drag.test:

명령어 선택 단계 전후의 제어 흐름 그래프를 살펴보자. Load처럼 타겟 머신에 독립된 명령어가 MOV32rm 머신 코드로 변환된다(32비트 데이터를 메모리에서 레지스터로 이동하는 코드). 명령어 선택 단계는 중요한 단계며, 이후 예제에서 다룬다.

DAG로 구성되는 스케줄링 단위 묶음을 살펴보자. 각 단위는 다른 단위와 연결돼 있는데, 각 단위 간의 의존성을 표현한다. 이 의존성 정보는 스케줄링 알고리즘에서 결정하는 데 상당히 중요하다. 이전 그래프에서 스케줄링 단위 0(SU0)은 단위 1(SU1)에 의존성이 있다. 따라서 단위 0에 있는 명령어는 단위 1 이전으로 스케줄링할 수 없다. 그리고 단위 1은 단위 2에 의존성이 있고, 단위 2는 단위 3에 의존성이 있다.

참고 사항

- 디버그 모드에서 그래프를 보는 더 자세한 방법은 http://llvm.org/docs/ProgrammersManual.html#viewing-graphs-while-debugging-code를 참고한다.

TableGen을 이용한 타겟 지정

타겟 아키텍처는 존재하는 레지스터와 명령어 집합으로 설명할 수 있다. 각 각의 타겟 아키텍처를 직접 설명하기는 어렵다. TableGen은 백엔드 개발자가 서술형의 언어로 작성된 *.td로 타겟 머신을 설명할 때 쓰는 툴이다. 이 *.td 파일은 열거형, DAG 패턴 매칭 함수, 명령어 인코딩/디코딩 함수 등 C++ 파일에서 코딩에서 쓰일 수 있는 형태로 변환된다.

타겟 해설서인 .td 파일에 레지스터와 레지스터 집합을 정의하고 tablegen은 .td 파일에서 정의한 레지스터를 참조하는 .cpp 파일에서 #include문으로 쓰일 .inc 파일로 변환한다.

준비

간단한 예제 타겟 머신에 r0부터 r3까지 4개의 레지스터와 스택 레지스터인 sp와 링크 레지스터인 lr이 있다고 가정하자. TableGen에 있는 Register 클래스를 확장해서 SAMPLERegisterInfo.td 파일에 레지스터를 정의할 수 있다.

예제 구현

1. lib/Target에 SAMPLE 폴더를 만든다.

   ```
   $ mkdir llvm_root_directory/lib/Target/SAMPLE
   ```

2. SAMPLE 폴더에 SAMPLERegisterInfo.td 파일을 새로 생성한다.

   ```
   $ cd llvm_root_directory/lib/Target/SAMPLE
   $ vi SAMPLERegisterInfo.td
   ```

3. 하드웨어 인코딩과 네임스페이스 및 레지스터, 레지스터 클래스를 정의한다.

```
class SAMPLEReg<bits<16> Enc, string n> : Register<n> {
    let HWEncoding = Enc;
    let Namespace = "SAMPLE";
}

foreach i = 0-3 in {
    def R#i : R<i, "r"#i >;
}

def SP : SAMPLEReg<13, "sp">;
def LR : SAMPLEReg<14, "lr">;

def GRRegs : RegisterClass<"SAMPLE", [i32], 32,
        (add R0, R1, R2, R3, SP)>;
```

예제 분석

`TableGen`은 .td 파일을 처리해 .inc 파일을 생성하는데, inc 파일은 .cpp 파일에서 사용할 수 있게 열거형으로 표현된 레지스터를 가진다. LLVM 프로젝트를 빌드할때 `TableGen`은 실행된다.

참고 사항

* x86과 같은 심화된 아키텍처에서 어떻게 실제로 정의하고 있는지 보려면 llvm_source_code/lib/Target/x86에 있는 X86RegisterInfo.td 파일을 찾아본다.

명령어 집합 정의

아키텍처의 명령어 집합은 아키텍처에서 제공하는 다양한 기능에 따라 변화한다. 이 절에서는 타겟 아키텍처에서 명령어 집합이 어떻게 정의되는지 설명한다.

명령어 타겟 서술 파일에는 피연산자와 어셈블리 문자열, 명령어 패턴 이 세 가지가 정의돼 있다. 사양에는 정의나 결과의 목록, 용례나 입력의 목록 이 포함된다. 피연산자 클래스에는 레지스터 클래스와 직접 피연산자 또는 더 복잡한 형태의 register + imm 피연산자 클래스가 있다.

간단한 더하기 명령어 정의를 알아본다. 명령어 정의에서 두 개의 레지스터 를 입력으로 받아 하나의 레지스터에 출력한다.

1. lib/Target/SAMPLE 폴더 안에 SAMPLEInstrInfo.td 파일을 생성한다.

   ```
   $ vi SAMPLEInstrInfo.td
   ```

2. 덧셈 연산자와 양옆에 있는 두 개의 레지스터 피연산자를 설명하기 위해 연산자와 어셈블리 문자열과 명령어 패턴을 정의한다.

   ```
   def ADDrr : InstSAMPLE<(outs GRRegs:$dst),
           (ins GRRegs:$src1, GRRegs:$src2),
           "add $dst, $src1, $src2".
           [(set i32:$dst, (add i32$src1, i32:$src2)]>;
   ```

add 레지스터 명령어는 $dst를 일반 레지스터 타입 클래스인 결과 피연산 자로, 마찬가지로 일반 레지스터 타입 클래스인 $src1과 $src2를 입력 피 연산자로 정의한다. add $dst, $src1, $src2처럼 명령어 어셈블리 문자열 을 정의한다.

따라서 두 개의 레지스터를 더하는 어셈블리는 다음과 같이 생성된다.

```
add r0, r1, r1
```

결과는 r0과 r1 레지스터에 있는 내용을 합해서 r0 레지스터에 저장한다.

- x86처럼 더 복잡한 아키텍처의 다양한 명령어 집합을 찾아보려면 lib/Target/X86에 있는 X86InstrInfo.td 파일을 참고한다.
- 더 자세한 타겟 종속적인 정보에 대한 내용은 8장에서 다룬다. 앞선 예제에서 타겟 아키텍처 설명에 대해 살짝 다뤘고, 앞으로의 예제에서 맛보기가 있어 일부 개념이 반복된다.

머신 코드 디스크립터 추가

LLVM IR에는 베이직 블록을 포함하는 함수가 있고, 베이직 블록은 명령어를 포함한다. 그런 다음 IR 추상적인 블록을 머신 종속적인 블록으로 변환한다. LLVM 코드는 MachineFunction과 MachineBasicBlock, MachineInstr 인스턴스에 의해 변형돼 머신 종속적인 형태로 표현된다. 이 표현 방법은 연산 코드와 일련의 피연산자를 갖고 있는 추상화된 명령어를 포함한다.

LLVM IR을 MachineInstr 클래스의 인스턴스인 기계 명령어로 표현할 것이다. 이 클래스는 기계 명령어를 매우 추상적으로 표현한다. 특히 이 클래스는 연산 코드와 피연산자 집합에 대한 정보만 담는다. 연산 코드 번호는 간단한 음이 아닌 정수형으로 특정한 백엔드에서만 식별되는 번호다.

MachineInstr.cpp 파일에 포함돼 있는 중요한 함수를 살펴본다.

MachineInstr 생성자는 다음과 같다.

```
MachineInstr::MachineInstr(MachineFunction &MF, const MCInstrDesc
    &tid, const DebugLoc dl, bool NoImp)
    : MCID(&tid), Parent(nullptr), Operands(nullptr),
    NumOperands(0), Flags(0), AsmPrinterFlags(0),
    NumMemRefs(0), MemRefs(nullptr), debugLoc(dl) {
  // 예상되는 피연산자의 숫자만큼 공간을 남겨둔다.
  if (unsigned NumOps = MCID->getNumOperands() +
      MCID->getNumImplicitDefs() + MCID->getNumImplicitUses()) {
    CapOperands = OperandCapacity::get(NumOps);
    Operands = MF.allocateOperandArray(CapOperands);
  }

  if (!NoImp)
    addImplicitDefUseOperands(MF);
}
```

이 생성자는 MachineInstr 클래스의 객체를 생성하고 암시된 피연산자를
추가한다. MCInstrDesc 클래스에 정의된 만큼 공간을 할당한다.

addOperand 함수는 중요한 함수 중 하나다. 함수에서 명령어에 정의된 피
연산자를 추가한다. 추가하려는 피연산자가 암시된 피연산자이면 피연산자
리스트의 끝에 추가된다. 명시적 피연산자의 경우 명시적 피연산자 리스트
의 끝에 추가한다.

```
void MachineInstr::addOperand(MachineFunction &MF, const
    MachineOperand &Op) {
  assert(MCID && "Cannot add operands before providing an
      instrdescriptor");
  if (&Op >= Operands && &Op < Operands + NumOperands) {
    MachineOperand CopyOp(Op);
    return addOperand(MF, CopyOp);
  }
  unsigned OpNo = getNumOperands();
  bool isImpReg = Op.isReg() && Op.isImplicit();
  if (!isImpReg && !isInlineAsm()) {
```

```cpp
    while (OpNo && Operands[OpNo-1].isReg() &&
           Operands[OpNo-1].isImplicit()) {
      --OpNo;
      assert(!Operands[OpNo].isTied() && "Cannot move tied
             operands");
    }
  }

#ifndef NDEBUG
  bool isMetaDataOp = Op.getType() == MachineOperand::MO_Metadata;
  assert((isImpReg || Op.isRegMask() || MCID->isVariadic() || OpNo
          < MCID->getNumOperands() || isMetaDataOp) &&
         "Trying to add an operand to a machine instr that is already
         done!");
#endif

  MachineRegisterInfo *MRI = getRegInfo();
  OperandCapacity OldCap = CapOperands;
  MachineOperand *OldOperands = Operands;
  if (!OldOperands || OldCap.getSize() == getNumOperands()) {
    CapOperands = OldOperands ? OldCap.getNext() : OldCap.get(1);
    Operands = MF.allocateOperandArray(CapOperands);
    if (OpNo)
      moveOperands(Operands, OldOperands, OpNo, MRI);
  }
  if (OpNo != NumOperands)
    moveOperands(Operands + OpNo + 1, OldOperands + OpNo,
          NumOperands - OpNo, MRI);
  ++NumOperands;
  if (OldOperands != Operands && OldOperands)
    MF.deallocateOperandArray(OldCap, OldOperands);
  MachineOperand *NewMO = new (Operands + OpNo)
      MachineOperand(Op);
  NewMO->ParentMI = this;
  if (NewMO->isReg()) {
    NewMO->Contents.Reg.Prev = nullptr;
```

```
        NewMO->TiedTo = 0;
        if (MRI)
            MRI->addRegOperandToUseList(NewMO);
        if (!isImpReg) {
            if (NewMO->isUse()) {
                int DefIdx = MCID->getOperandConstraint(OpNo,
                    MCOI::TIED_TO);
                if (DefIdx != -1)
                    tieOperands(DefIdx, OpNo);
            }
            if (MCID->getOperandConstraint(OpNo,
                MCOI::EARLY_CLOBBER) != -1)
                NewMO->setIsEarlyClobber(true);
        }
    }
}
```

타겟 아키텍처는 메모리에 로딩된 피연산자를 갖고 있다. 이 피연산자를 더하기 위해 addMemOperands()로 정의된 함수를 호출한다.

```
void MachineInstr::addMemOperand(MachineFunction &MF,
                                 MachineMemOperand *MO) {
    mmo_iterator OldMemRefs = MemRefs;
    unsigned OldNumMemRefs = NumMemRefs;
    unsigned NewNum = NumMemRefs + 1;
    mmo_iterator NewMemRefs = MF.allocateMemRefsArray(NewNum);
    std::copy(OldMemRefs, OldMemRefs + OldNumMemRefs, NewMemRefs);
    NewMemRefs[NewNum - 1] = MO;
    setMemRefs(NewMemRefs, NewMemRefs + NewNum);
}
```

setMemRefs() 함수는 MachineInstrMemRefs 리스트에 값을 설정하는 최초 함수다.

MachineInstr 클래스는 uint8_t 플래그 변수 멤버와 메모리 참조 멤버 (mmo_iteratorMemRefs)와 연산자의 벡터 멤버인 std::vector<MachineOperand> 를 표현하는 MCInstrDesc 타입의 멤버를 갖고 있다. 메소드에 관해 MachineInstr 클래스는 다음 내용을 제공한다.

- getOpcode(), getNumOperands() 같은 기본적인 정보를 위한 get** 함수와 set** 함수(getter, setter - 옮긴이).
- isInsideBundle() 같은 번들과 관련된 함수
- isVariadic(), isReturn(), isCall()과 같은 명령어가 해당 속성을 갖고 있는지 확인해주는 함수
- eraseFromParent() 같은 기계 명령어 조작 함수
- ubstituteRegister(), addRegisterKilled() 같은 레지스터 관련 함수
- addOperand(), setDesc() 같은 기계 명령어 생성 메소드

참고로 MachineInstr 클래스가 기계 명령어 생성 메소드로 BuildMI() 를 갖고 있지만, MachineInstrBuilder 클래스를 이용하는 것이 더 편리 하다.

MachineInstrBuilder 클래스 구현

MachineInstrBuilder 클래스는 BuildMI() 함수를 노출시킨다. 이 함수 는 기계 명령어를 만드는 데 쓰인다.

기계 명령어는 include/llvm/CodeGen/MachineInstrBuilder.h 파일에 있는 BuildMI 함수가 생성한다. BuildMI 함수는 임의의 기계 명령어를 쉽게 만들어준다.

BuildMI는 다음과 같은 목적으로 쓰일 수 있다.

1. DestReg = move 42(x86 어셈블리에서는 mov DestReg, 42로 표현되는) 명령어를 생성할 수 있다.

   ```
   MachineInstr *MI = BuildMI(X86::MOV32ri, 1, DestReg).addImm(42);
   ```

2. 같은 명령어를 베이직 블록의 끝에 생성할 수 있다.

   ```
   MachineBasicBlock &MBB =
           BuildMI(MBB, X86::MOV32ri, 1, DestReg).addImm(42);
   ```

3. 특정 시점에 같은 명령어를 삽입할 수 있다.

   ```
   MachineBasicBlock::iterator MBBI =
           BuildMI(MBB, MBBI, X86::MOV32ri, 1, DestReg).addImm(42);
   ```

4. 스스로 반복하는 명령어를 생성할 수 있다.

   ```
   BuildMI(MBB, X86::JNE, 1).addMBB(&MBB);
   ```

효율적인 메모리 할당을 위해 BuildMI() 함수는 기계 명령어가 필요로 하는 피연산자 개수를 정의하는 데 필요하다. 또한 피연산자가 값 또는 정의를 사용할지 결정하는 데 필요하다.

MachineBasicBlock 클래스 구현

LLVM IR의 베이직 블록과 비슷하게 MachineBasicBlock 클래스는 기계 명령어가 순서대로 나열된 집합을 갖고 있다. 대부분 MachineBasicBlock 클래스는 하나의 LLVM IR 베이직 블록에 대응된다. 그러나 여러 개의 MachineBasicBlock 클래스가 하나의 LLVM IR 베이직 블록에 대응되는 경우도 있다. MachineBasicBlock 클래스는 대응되는 IR 베이직 블록을 반환하는 getBasicBlock()이라고 하는 메소드를 갖고 있다.

예제 구현

다음은 머신 베이직 블록이 추가되는 과정이다.

1. getBasicBlock 메소드가 현재 베이직 블록을 반환한다.

```
const BasicBlock *getBasicBlock() const { return BB; }
```

2. 베이직 블록은 이후 블록과 이전 블록들을 갖고 있다. 해당 정보를 갖기 위해 다음과 같이 벡터가 정의돼 있다.

```
std::vector<MachineBasicBlock *> Predecessors;
std::vector<MachineBasicBlock *> Successors;
```

3. insert 함수는 기계 명령어를 베이직 블록에 넣기 위해 추가해야 한다.

```
Machine BasicBlock::insert (instr_iterator I,
    MachineInstr *MI){
  assert(!MI->isBundledWithPred() && !MI->isBundledWithSucc()
      && "Cannot insert instruction with bundle flags");
  if (I != instr_end() && I->isBundledWithPred()) {
    MI->setFlag(MachineInstr::BundledPred);
    MI->setFlag(MachineInstr::BundledSucc);
  }
  return Insts.insert(I, MI);
}
```

4. SplitCriticalEdge() 함수는 현재 블록에서 주어진 다음 블록까지 중요 간선^{Critical Edge}을 잘라내고 새롭게 생성된 블록을 반환하거나 잘라내는 게 불가능한 경우 NULL을 반환한다. 그리고 LiveVariables와 MachineDominatorTree, MachineLoopInfo 클래스의 정보를 갱신한다.

```
MachineBasicBlock *
    MachineBasicBlock::SplitCriticalEdge(MachineBasicBlock
    *Succ, Pass *P) {
...
...
...
}
```

 위의 전체 구현은 lib/CodeGen/ 안에 있는 MachineBasicBlock.cpp 파일에 들어 있다.

예제 분석

앞에서 나열한 대로 몇 개의 다른 범주에 속해있는 대표적인 함수가 MachineBasicBlock 클래스의 인터페이스를 정의한다. MachineBasicBlock 클래스는 기계 명령어의 목록으로 typedef ilist<MachineInstr>로 선언한 Insts 명령어와 원래 형태의 LLVM 베이직 블록을 갖고 있다. 이 클래스는 다음과 같은 목적으로 메소드를 제공한다.

- 베이직 블록 정보 요청(예를 들어 getBasicBlock()나 setHasAddressTaken())
- 베이직 블록 수준의 조작(예를 들어 moveBefore() 및 moveAfter()와 addSuccessor())
- 명령어 수준의 조작(예를 들어 push_back()과 insertAfter() 등)

- 더 자세한 MachineBasicBlock 클래스의 구현을 살펴보려면 lib/
  CodeGen/에 있는 MachineBasicBlock.cpp를 확인해본다.

MachineFunction 클래스 구현

MachineFunction 클래스는 LLVM IR의 FunctionBlock 클래스와 비슷하게 일련의 MachineBasicBlock 클래스를 포함하고 있다. MachineFunction 클래스는 명령어 선택자의 입력으로 만들어지는 LLVM IR 함수에 대응된다. 베이직 블록의 목록이기 때문에 MachineFunction 클래스는 MachineConstantPool과 MachineFrameInfo, MachineFunctionInfo, MachineRegisterInfo 클래스를 포함한다.

MachineFunction 클래스에는 특정한 동작을 맡는 함수가 많이 정의돼 있다. 정보를 저장하기 위해 다음과 같은 클래스 내부 멤버 객체를 많이 갖고 있다.

- RegInfo는 함수에서 각각 사용되는 레지스터에 대한 정보를 갖고 있다.

    ```
    MachineRegisterInfo RegInfo;
    ```

- MachineFrameInfo는 스택stack에 할당된 객체를 갖고 있다.

    ```
    MachineFrameInfo *FrameInfo;
    ```

- ConstantPool은 메모리에 할당된 상수를 갖고 있다.

    ```
    MachineConstantPool *ConstantPool;
    ```

- JumpTableInfo는 switch 명령어를 위한 점프 테이블을 갖고 있다.

```
MachineJumpTableInfo *JumpTableInfo;
```

- 함수 안에 있는 머신 베이직 블록 목록

```
typedef ilist<MachineBasicBlock> BasicBlockListType;
BasicBlockListType BasicBlocks;
```

- getFunction 함수는 현재 머신 코드가 표현하는 LLVM 함수를 반환
한다.

```
const Function *getFunction() const { return Fn; }
```

- CreateMachineInstr은 새로운 MachineInstr 클래스를 할당한다.

```
MachineInstr CreateMachineInstr(const MCInstrDesc &MCID,
        DebugLoc DL, bool NoImp = false);
```

예제 분석

MachineFunction 클래스는 주로 MachineBasicBlock 객체의 목록
(typedef ilist<MachineBasicBlock> BasicBlockListType; BasicBlockListType BasicBlocks;)
을 포함하고, 머신 함수에 대한 정보를 검색하고 베이직 블록 멤버 객체를
조작하는 메소드를 정의한다. MachineFunction 클래스의 알아둬야 할 중
요한 점은 함수에 있는 모든 베이직 블록의 제어 흐름 그래프를 관리한다는
점이다. MachineFunction 객체와 해당하는 제어 흐름 그래프가 어떻게 생
성되는지를 아는 것이 중요하다.

참고 사항

- MachineFunction 클래스에 대한 더 자세한 구현을 살펴보려면 lib/
Codegen에 있는 MachineFunction.cpp 파일을 찾아보면 된다.

명령어 선택자 작성

LLVM은 명령어 선택에서 LLVM IR을 저수준 데이터에 의존적인 DAG로 나타내기 위해 SelectionDAG 표현을 사용한다. 다양한 간소화 방법과 타겟 종속적인 최적화가 SelectionDAG 표현에 적용될 수 있다. 이 표현법은 타겟 독립적이며, 타겟 명령어로 IR 저수준화를 구현하는 데 중요하고 간단하고 유용한 표현법이다.

예제 구현

다음 코드는 SelectionDAG 클래스의 유용한 정보를 설정하고 가져오는 데이터 멤버와 다양한 메소드를 간단한 모형으로 보여준다. SelectionDAG 클래스는 다음과 같이 정의돼 있다.

```
class SelectionDAG {
    const TargetMachine &TM;
    const TargetLowering &TLI;
    const TargetSelectionDAGInfo &TSI;
    MachineFunction *MF;
    LLVMContext *Context;
    CodeGenOpt::Level OptLevel;

    SDNode EntryNode;
    // Root - 전체 DAG의 루트
    SDValue Root;

    // AllNodes - 현재 DAG의 노드들의 링크드 리스트
    ilist<SDNode> AllNodes;

    // NodeAllocatorType - SDNodes를 할당하기 위한 AllocatorType
    typedef RecyclingAllocator<BumpPtrAllocator, SDNode,
        sizeof(LargestSDNode),
        AlignOf<MostAlignedSDNode::Alignment>
        NodeAllocatorType;
```

```cpp
    BumpPtrAllocator OperandAllocator;

    BumpPtrAllocator Allocator;

    SDNodeOrdering *Ordering;
public:

    struct DAGUpdateListener {

      DAGUpdateListener *const Next;

      SelectionDAG &DAG;

      explicit DAGUpdateListener(SelectionDAG &D) :
          Next(D.UpdateListeners), DAG(D) {
        DAG.UpdateListeners = this;
      }

private:

    friend struct DAGUpdateListener;

    DAGUpdateListener *UpdateListeners;

    void init(MachineFunction &mf);

    // SelectionDAG의 루트 노드를 설정하기 위한 함수
    const SDValue &setRoot(SDValue N) {
      assert((!N.getNode() || N.getValueType() == MVT::Other) &&
          "DAG root value is not a chain!");
      if (N.getNode())
        checkForCycles(N.getNode());
      Root = N;
      if (N.getNode())
        checkForCycles(this);
      return Root;
    }

    void Combine(CombineLevel Level, AliasAnalysis &AA,
        CodeGenOpt::Level OptLevel);
```

```
SDValue getConstant(uint64_t Val, EVT VT, bool isTarget = false);

SDValue getConstantFP(double Val, EVT VT, bool isTarget = false);

SDValue getGlobalAddress(const GlobalValue *GV, DebugLoc DL,
      EVT VT, int64_t offset = 0, bool isTargetGA = false,
      unsigned char TargetFlags = 0);

SDValue getFrameIndex(int FI, EVT VT, bool isTarget = false);

SDValue getTargetIndex(int Index, EVT VT, int64_t Offset = 0,
      unsigned char TargetFlags = 0);
```

// MachineBasicBlock에 해당하는 베이직 블록을 반환하는 함수
```
SDValue getBasicBlock(MachineBasicBlock *MBB);

SDValue getBasicBlock(MachineBasicBlock *MBB, DebugLoc dl);

SDValue getExternalSymbol(const char *Sym, EVT VT);

SDValue getExternalSymbol(const char *Sym, DebugLoc dl, EVT VT);

SDValue getTargetExternalSymbol(const char *Sym, EVT VT,
      unsigned char TargetFlags = 0);
```

// SelectionDAG 노드에 해당하는 타입의 값을 반환하는 함수
```
SDValue getValueType(EVT);

SDValue getRegister(unsigned Reg, EVT VT);

SDValue getRegisterMask(const uint32_t *RegMask);

SDValue getEHLabel(DebugLoc dl, SDValue Root, MCSymbol *Label);

SDValue getBlockAddress(const BlockAddress *BA, EVT VT, int64_t
      Offset = 0, bool isTarget = false, unsigned char
      TargetFlags = 0);

SDValue getSExtOrTrunc(SDValue Op, DebugLoc DL, EVT VT);

SDValue getZExtOrTrunc(SDValue Op, DebugLoc DL, EVT VT);

SDValue getZeroExtendInReg(SDValue Op, DebugLoc DL, EVT SrcTy);
```

```
SDValue getNOT(DebugLoc DL, SDValue Val, EVT VT);

// SelectionDAG 노드를 가져오는 함수
SDValue getNode(unsigned Opcode, DebugLoc DL, EVT VT);

SDValue getNode(unsigned Opcode, DebugLoc DL, EVT VT, SDValue N);

SDValue getNode(unsigned Opcode, DebugLoc DL, EVT VT, SDValue
    N1, SDValue N2);

SDValue getNode(unsigned Opcode, DebugLoc DL, EVT VT, SDValue
    N1, SDValue N2, SDValue N3);

SDValue getMemcpy(SDValue Chain, DebugLoc dl, SDValue Dst,
    SDValue Src,SDValue Size, unsigned Align, bool isVol, bool
    AlwaysInline, MachinePointerInfo
    DstPtrInfo,MachinePointerInfo SrcPtrInfo);

SDValue getAtomic(unsigned Opcode, DebugLoc dl, EVT MemVT,
    SDValue Chain, SDValue Ptr, SDValue Cmp, SDValue Swp,
    MachinePointerInfo PtrInfo, unsigned Alignment,
    AtomicOrdering Ordering, SynchronizationScope
    SynchScope);

SDNode *UpdateNodeOperands(SDNode *N, SDValue Op);

SDNode *UpdateNodeOperands(SDNode *N, SDValue Op1, SDValue Op2);

SDNode *UpdateNodeOperands(SDNode *N, SDValue Op1, SDValue Op2,
    SDValue Op3);

SDNode *SelectNodeTo(SDNode *N, unsigned TargetOpc, EVT VT);

SDNode *SelectNodeTo(SDNode *N, unsigned TargetOpc, EVT VT,
    SDValue Op1);

SDNode *SelectNodeTo(SDNode *N, unsigned TargetOpc, EVT VT,
    SDValue Op1, SDValue Op2);

MachineSDNode *getMachineNode(unsigned Opcode, DebugLoc dl,
    EVT VT);
```

```
MachineSDNode *getMachineNode(unsigned Opcode, DebugLoc dl,
        EVT VT, SDValue Op1);

MachineSDNode *getMachineNode(unsigned Opcode, DebugLoc dl,
        EVT VT, SDValue Op1, SDValue Op2);

void ReplaceAllUsesWith(SDValue From, SDValue Op);

void ReplaceAllUsesWith(SDNode *From, SDNode *To);

void ReplaceAllUsesWith(SDNode *From, const SDValue *To);

bool isBaseWithConstantOffset(SDValue Op) const;

bool isKnownNeverNaN(SDValue Op) const;

bool isKnownNeverZero(SDValue Op) const;

bool isEqualTo(SDValue A, SDValue B) const;

SDValue UnrollVectorOp(SDNode *N, unsigned ResNE = 0);

bool isConsecutiveLoad(LoadSDNode *LD, LoadSDNode *Base,
        unsigned Bytes, int Dist) const;

unsigned InferPtrAlignment(SDValue Ptr) const;

private:
    bool RemoveNodeFromCSEMaps(SDNode *N);

    void AddModifiedNodeToCSEMaps(SDNode *N);

    SDNode *FindModifiedNodeSlot(SDNode *N, SDValue Op, void
            *&InsertPos);

    SDNode *FindModifiedNodeSlot(SDNode *N, SDValue Op1, SDValue
            Op2, void *&InsertPos);

    SDNode *FindModifiedNodeSlot(SDNode *N, const SDValue *Ops,
            unsigned NumOps,void *&InsertPos);

    SDNode *UpdadeDebugLocOnMergedSDNode(SDNode *N, DebugLoc loc);
```

```
void DeleteNodeNotInCSEMaps(SDNode *N);

void DeallocateNode(SDNode *N);

unsigned getEVTAlignment(EVT MemoryVT) const;

void allnodes_clear();

std::vector<SDVTList> VTList;

std::vector<CondCodeSDNode*> CondCodeNodes;

std::vector<SDNode*> ValueTypeNodes;

std::map<EVT, SDNode*, EVT::compareRawBits>
        ExtendedValueTypeNodes;

StringMap<SDNode*> ExternalSymbols;

std::map<std::pair<std::string, unsigned char>,SDNode*>
        TargetExternalSymbols;
};
```

예제 분석

위의 코드에서 SelectionDAG 클래스는 SDNode를 다양한 형태로 생성하고, SelectionDAG 그래프에서 노드의 유용한 정보를 검색하고 계산하는 타겟 독립적인 메소드를 많이 제공한다. 또한 SelectionDAG 그래프에 수정하고 삭제하는 메소드도 제공된다. 이러한 메소드들은 **SelectionDAG.cpp** 파일에 정의돼 있다. SelectionDAG 그래프와 노드들의 타입은 타겟 독립적인 정보와 타겟 의존적인 정보를 담을 수 있게 디자인된 SDNode라는 것을 기억해야 한다. 예를 들어 SDNode 클래스 안에 있는 isTargetOpCode()와 isMachineOpCode() 메소드는 연산 코드가 타겟 연산 코드인지 머신 연산 코드(타겟 독립적인)인지 찾아낼 수 있다. 둘 다 서로 분리된 영역에 있지만 실제 타겟에 들어가는 연산 코드와 기계 명령어의 연산 코드를 표현할 수 있는 같은 NodeType 클래스이기 때문이다.

SelectionDAG 교정

SelectionDAG 표현법은 명령어와 명령 코드의 타겟 독립적인 표현법이다. 그러나 타겟이 항상 SelectionDAG에 표현된 명령어를 지원하지는 않는다. 그러한 점에서 최초에 생성된 SelectionDAG 그래프는 아직 교정되지 않았다고 볼 수 있다. DAG 교정 단계로 교정되지 않은 DAG를 타겟 아키텍처에서 지원하는 교정된 DAG로 변환한다.

DAG 교정 단계는 지원하지 않는 데이터 타입을 지원하는 데이터 타입으로 변환하기 위해 두 가지 방법을 사용할 수 있다. 작은 데이터 타입을 큰 데이터 타입으로 바꾸거나, 큰 데이터 타입을 잘라내서 작은 데이터 타입으로 변환하는 방법이 있다. 예를 들어 타겟 아키텍처가 i32 데이터 타입만을 지원한다고 가정해보자. 이 경우 i8이나 i16 같은 작은 데이터 타입은 i32 타입으로 크게 바꿔야 한다. 더 큰 데이터 타입인 i64의 경우 두 개의 i32 데이터 타입으로 확장할 수 있다. 데이터 타입의 확장은 실제 Sign이나 Zero 명령어가 추가돼 결과를 유지할 수 있다.

비슷하게 벡터 타입은 더 작은 벡터로 나누거나 작은 벡터 타입을 큰 벡터 타입으로 변환해 지원하는 벡터 타입으로 교정할 수 있다. 타겟 아키텍처에서 벡터를 지원하지 않는다면 모든 IR에 있는 벡터 원소들을 스칼라 형태로 변환해야 한다.

교정 단계는 주어진 데이터를 지원하는 레지스터 클래스 타입 또한 지시할 수 있다.

예제 구현

SelectionDAGLegalize 클래스는 교정된 노드를 추적하는 자료 구조로 된 다양한 데이터 멤버를 갖고 있고, 교정하기 위한 다양한 메소드를 갖고 있다. 다음과 같은 LLVM 최근의 코드에서 간단한 교정 단계의 스냅샷은 교정 단계 구현의 기본 골격을 보여준다.

```
namespace {
   class SelectionDAGLegalize : public
   SelectionDAG::DAGUpdateListener {

      const TargetMachine &TM;

      const TargetLowering &TLI;

      SelectionDAG &DAG;

      SelectionDAG::allnodes_iterator LegalizePosition;

      // LegalizedNodes - 이미 교정된 노드들의 모음
      SmallPtrSet<SDNode *, 16> LegalizedNodes;

public:
      explicit SelectionDAGLegalize(SelectionDAG &DAG);
      void LegalizeDAG();

private:
      void LegalizeOp(SDNode *Node);

      SDValue OptimizeFloatStore(StoreSDNode *ST);

      // Load 연산 교정
      void LegalizeLoadOps(SDNode *Node);

      // Store 연산 교정
      void LegalizeStoreOps(SDNode *Node);

      // SelectionDAG 노드를 교정하는 메인 함수
      void SelectionDAGLegalize::LegalizeOp(SDNode *Node) {

      // 타겟 노드가 더 교정할 필요가 없는 상수인 경우
      if (Node->getOpcode() == ISD::TargetConstant)
         return;

      for (unsigned i = 0, e = Node->getNumValues(); i != e; ++i)
         assert(TLI.getTypeAction(*DAG.getContext(),
```

```
                   Node->getValueType(i)) == TargetLowering::TypeLegal
                   && "Unexpected illegal type!");

     for (unsigned i = 0, e = Node->getNumOperands(); i != e; ++i)
        assert((TLI.getTypeAction(*DAG.getContext(),
                   Node->getOperand(i).getValueType()) ==
                   TargetLowering::TypeLegal ||
                   Node->getOperand(i).getOpcode() ==
                   ISD::TargetConstant) && "Unexpected illegal type!");

     TargetLowering::LegalizeAction Action = TargetLowering::Legal;
     bool SimpleFinishLegalizing = true;

     // 명령어 연산 코드에 따른 교정
     switch (Node->getOpcode()) {
        case ISD::INTRINSIC_W_CHAIN:
        case ISD::INTRINSIC_WO_CHAIN:
        case ISD::INTRINSIC_VOID:
        case ISD::STACKSAVE:
                Action = TLI.getOperationAction(Node->getOpcode(),
        MVT::Other);
           break;
        ...
        ...
}
```

예제 분석

`SelectionDAGLegalize` 클래스 안의 `LegalizeOp`와 같은 멤버 함수는 `SelctionDAGLegalize` 클래스 안에 있는 const `TargetLowering &TLI` 멤버에서 제공하는 타겟 의존적인 정보에 의지한다(다른 멤버 함수는 const `TargetMachine &TM` 멤버에 의지한다). 예를 들어 어떻게 교정되는지를 확인해본다.

교정에는 타입 교정과 명령어 교정이라는 두 가지 종류가 있다. 먼저 타입 교정이 어떻게 이뤄지는지 살펴본다. 다음과 같은 test.ll 파일을 생성한다.

```
$ cat test.ll
define i64 @test(i64 %a, i64%b, i64%c) {
    %add = add nsw i64 %a, &b
    %div = sdiv i64 %add, %c
    ret i64 %div
}
```

이 경우 데이터 타입은 i64다. 32비트 데이터만 지원하는 x86 타겟에서는
잘못된 표현법이다. 위의 코드를 실행시키기 위해서는 데이터 타입을 i32로
변환해야 한다. 이 과정이 DAG 교정 단계에서 끝난다.

타입 교정 전의 DAG를 보려면 다음과 같은 명령어를 명령 창에 실행한다.

```
$ llc -view-dag-combine1-dags test.ll
```

다음 그림은 타겟 교정 전의 DAG를 보여준다.

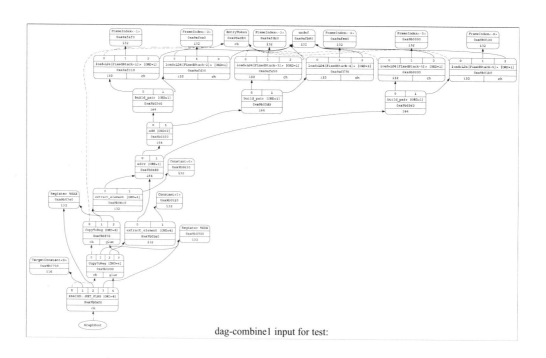

dag-combine1 input for test:

타겟 교정 후의 DAG를 보려면 다음과 같은 명령어를 실행한다.

```
$ llc -view-dag-combine2-dags test.ll
```

다음 그림은 타겟 교정 후의 DAG를 보여준다.

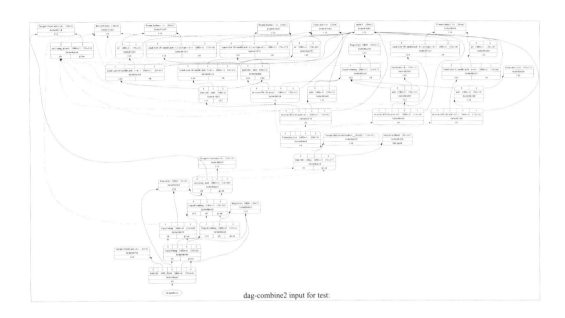

dag-combine2 input for test:

DAG 노드를 자세히 살펴보면 교정 전의 모든 처리는 i64 타입을 갖고 있는 것을 볼 수 있다. IR이 IR 명령어를 DAG 노드로 일대일 함수로 매핑하는 형태를 갖고 있었기 때문이다. 그러나 x86 타겟 머신은 i32 타입(32비트 정수 타입)만을 지원한다. DAG 교정 단계에서 지원하지 않는 i64 타입을 지원하는 i32 타입으로 변환한다. 이 처리를 큰 타입을 작은 타입으로 바꾸는 확대 -나누기 처리라고 한다. 교정이 끝나고 나면 모든 연산이 i32 데이터 타입을 갖고 있는 것을 볼 수 있다.

명령어가 어떻게 교정됐는지 살펴보자. 다음과 같이 되도록 test.ll 파일을 생성한다.

```
$ cat test.ll
define i32 @test(i32 %a, i32 %b, i32 %c) {
    %add = add nsw i32 %a, %b
```

```
    %div = sdiv i32 %add, %c
    ret i32 %div
}
```

DAG를 교정하기 전에 보려면 다음과 같이 명령어를 입력한다.

`$ llc -view-dag-combine1-dags test.ll`

다음 그림은 교정 전의 DAG를 보여준다.

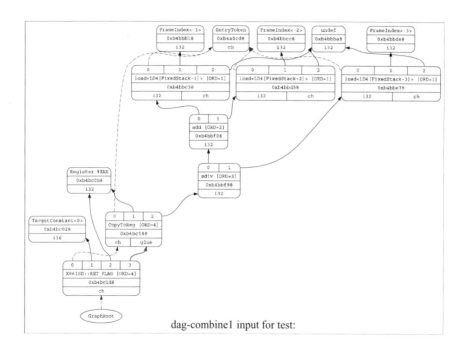

dag-combine1 input for test:

교정하고 나서의 DAG를 보려면 다음과 같은 명령어를 입력한다.

`$ llc -view-dag-combine2-dags test.ll`

다음 그림은 교정 단계를 거친 DAG를 보여준다.

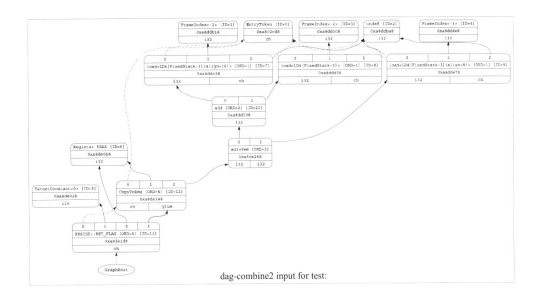

dag-combine2 input for test:

명령어 교정 전의 DAG는 sdiv 명령어를 포함하고 있었다. x86 타겟에서는 sdiv 명령어를 지원하지 않기 때문에 타겟에 적용하려면 교정해야 한다. x86 타겟이 sdivrem 명령어를 지원하기 때문에 두 개의 DAG에서 보인 것처럼 교정 단계는 sdiv 명령어를 sdivrem 명령어로 변환을 포함한다.

SelectionDAG 최적화

SelectionDAG 표현법은 데이터와 명령어를 노드의 형태로 보여준다. LLVM IR의 InstCombine 패스와 비슷하게 이 노드를 합쳐 SelectionDAG 를 최적화하고 최소화한다. DAGCombine 처리만이 SelctionDAG를 최적화 하는 것은 아니다. DAGLegalize 단계에서는 그다음 DAG 최적화 단계에서 삭제될 불필요한 DAG 노드가 생성될 수 있다. 이 단계에서 SelectionDAG 가 더 간단하고 명료하게 된다.

DAGCombiner 클래스에는 SDNode 노드를 대체하거나 재배치하거나 합치거
나 변경해 최적화를 수행하는 함수 멤버가 정말 많다(대부분의 경우 visit**()과
같은 이름이다). DAGCombiner 생성자에서 별칭 정보를 요구하는 최적화를 예
측할 수 있는 점을 주의하자.

```
class DAGCombiner {
    SelectionDAG &DAG;
    const TargetLowering &TLI;
    CombineLevel Level;
    CodeGenOpt::Level OptLevel;
    bool LegalOperations;
    bool LegalTypes;

    SmallPtrSet<SDNode*, 64> WorkListContents;
    SmallVector<SDNode*, 64> WorkListOrder;

    AliasAnalysis &AA;

    // 작업 목록에 SDNode를 추가한다.
    void AddUsersToWorkList(SDNode *N) {
        for (SDNode::use_iterator UI = N->use_begin(),
                UE = N->use_end(); UI != UE; ++UI)
            AddToWorkList(*UI);
    }

    SDValue visit(SDNode *N);

public:

    void AddToWorkList(SDNode *N) {
        WorkListContents.insert(N);
        WorkListOrder.push_back(N);
    }

    void removeFromWorkList(SDNode *N) {
```

```
      WorkListContents.erase(N);
  }

  // SDNode 병합 처리
  SDValue CombineTo(SDNode *N, const SDValue *To, unsigned NumTo,
        bool AddTo = true);

  SDValue CombineTo(SDNode *N, SDValue Res, bool AddTo = true) {
    return CombineTo(N, &Res, 1, AddTo);
  }

  SDValue CombineTo(SDNode *N, SDValue Res0, SDValue Res1, bool
        AddTo = true) {
    SDValue To[] = { Res0, Res1 };
    return CombineTo(N, To, 2, AddTo);
  }

  void CommitTargetLoweringOpt(const
        TargetLowering::TargetLoweringOpt &TLO);

private:

  bool SimplifyDemandedBits(SDValue Op) {
    unsigned BitWidth =
          Op.getValueType().getScalarType().getSizeInBits();
    APInt Demanded = APInt::getAllOnesValue(BitWidth);
    return SimplifyDemandedBits(Op, Demanded);
  }
  bool SimplifyDemandedBits(SDValue Op, const APInt &Demanded);

  bool CombineToPreIndexedLoadStore(SDNode *N);

  bool CombineToPostIndexedLoadStore(SDNode *N);

  void ReplaceLoadWithPromotedLoad(SDNode *Load, SDNode *ExtLoad);

  SDValue PromoteOperand(SDValue Op, EVT PVT, bool &Replace);

  SDValue SExtPromoteOperand(SDValue Op, EVT PVT);
```

```
SDValue ZExtPromoteOperand(SDValue Op, EVT PVT);

SDValue PromoteIntBinOp(SDValue Op);

SDValue PromoteIntShiftOp(SDValue Op);

SDValue PromoteExtend(SDValue Op);

bool PromoteLoad(SDValue Op);

void ExtendSetCCUses(SmallVector<SDNode*, 4> SetCCs,
    SDValue Trunc, SDValue ExtLoad, DebugLoc DL,
    ISD::NodeType ExtType);

SDValue combine(SDNode *N);

// SDNode를 명령어별로 방문하는 다양한 함수. IR 수준의 명령어 병합과
// 유사하다.
SDValue visitTokenFactor(SDNode *N);

SDValue visitMERGE_VALUES(SDNode *N);
SDValue visitADD(SDNode *N);
SDValue visitSUB(SDNode *N);
SDValue visitADDC(SDNode *N);
SDValue visitSUBC(SDNode *N);
SDValue visitADDE(SDNode *N);
SDValue visitSUBE(SDNode *N);
SDValue visitMUL(SDNode *N);

public:

DAGCombiner(SelectionDAG &D, AliasAnalysis &A, CodeGenOpt::Level
    OL) : DAG(D), TLI(D.getTargetLoweringInfo()),
    Level(BeforeLegalizeTypes), OptLevel(OL),
    LegalOperations(false), LegalTypes(false), AA(A) {}

// SelectionDAG가 다음 연산으로 변환된다.
SDValue DAGCombiner::visitMUL(SDNode *N) {
  SDValue N0 = N->getOperand(0);
  SDValue N1 = N->getOperand(1);
```

```
ConstantSDNode *N0C = dyn_cast<ConstantSDNode>(N0);
ConstantSDNode *N1C = dyn_cast<ConstantSDNode>(N1);
EVT VT = N0.getValueType();
if (VT.isVector()) {
   SDValue FoldedVOp = SimplifyVBinOp(N);
   if (FoldedVOp.getNode()) return FoldedVOp;
}

if (N0.getOpcode() == ISD::UNDEF || N1.getOpcode() ==
      ISD::UNDEF)
   return DAG.getConstant(0, VT);

if (N0C && N1C)
   return DAG.FoldConstantArithmetic(ISD::MUL, VT, N0C, N1C);

if (N0C && !N1C)
   return DAG.getNode(ISD::MUL, N->getDebugLoc(), VT, N1, N0);

if (N1C && N1C->isNullValue())
   return N1;

if (N1C && N1C->isAllOnesValue())
   return DAG.getNode(ISD::SUB, N->getDebugLoc(), VT,
         DAG.getConstant(0, VT), N0);

if (N1C && N1C->getAPIntValue().isPowerOf2())
   return DAG.getNode(ISD::SHL, N->getDebugLoc(), VT, N0,
         DAG.getConstant(N1C->getAPIntValue().logBase2(),
         getShiftAmountTy(N0.getValueType())));

if (N1C && (-N1C->getAPIntValue()).isPowerOf2()) {
   unsigned Log2Val = (-N1C->getAPIntValue()).logBase2();
   return DAG.getNode(ISD::SUB, N->getDebugLoc(), VT,
         DAG.getConstant(0, VT), DAG.getNode(ISD::SHL,
         N->getDebugLoc(), VT, N0, DAG.getConstant(Log2Val,
         getShiftAmountTy(N0.getValueType()))));
}

if (N1C && N0.getOpcode() == ISD::SHL &&
```

```
        isa<ConstantSDNode>(N0.getOperand(1))) {
      SDValue C3 = DAG.getNode(ISD::SHL, N->getDebugLoc(), VT, N1,
          N0.getOperand(1));
      AddToWorkList(C3.getNode());
      return DAG.getNode(ISD::MUL, N->getDebugLoc(), VT,
          N0.getOperand(0), C3);
    }

    if (N0.getOpcode() == ISD::SHL &&
        isa<ConstantSDNode>(N0.getOperand(1)) &&
        N0.getNode()->hasOneUse()) {
      Sh = N0; Y = N1;
    } else if (N1.getOpcode() == ISD::SHL &&
        isa<ConstantSDNode>(N1.getOperand(1)) &&
        N1.getNode()->hasOneUse()) {
      Sh = N1; Y = N0;
    }
    if (Sh.getNode()) {
      SDValue Mul = DAG.getNode(ISD::MUL, N->getDebugLoc(), VT,
          Sh.getOperand(0), Y);
      return DAG.getNode(ISD::SHL, N->getDebugLoc(), VT, Mul,
          Sh.getOperand(1));
    }
  }
  if (N1C && N0.getOpcode() == ISD::ADD && N0.getNode()->hasOneUse()
      && isa<ConstantSDNode>(N0.getOperand(1)))
    return DAG.getNode(ISD::ADD, N->getDebugLoc(), VT,
        DAG.getNode(ISD::MUL, N0.getDebugLoc(), VT,
        N0.getOperand(0), N1), DAG.getNode(ISD::MUL,
        N1.getDebugLoc(), VT, N0.getOperand(1), N1));

  SDValue RMUL = ReassociateOps(ISD::MUL, N->getDebugLoc(), N0, N1);

  if (RMUL.getNode() != 0) return RMUL;
    return SDValue();
}
```

앞의 코드에서 본 것처럼 어떤 DAGCombine 패스는 패턴을 찾아 하나의
DAG로 대체한다. DAG를 저수준화하면서 DAG의 개수를 줄인다. 결과로
최적화된 SelectionDAG 클래스를 얻는다.

- SelectionDAG 클래스의 더 자세한 구현을 살펴보려면 lib/CodeGen/
  SelectionDAG/ 안에 있는 DAGCombiner.cpp 파일을 참고하라.

DAG에서 명령어 선택

DAG를 병합하는 과정과 교정하는 과정을 거치고 나면 SelectionDAG 최적
화 단계를 지난 표현이 된다. 그러나 표현된 명령어는 아직 타겟 독립적이어
서 타겟 종속적인 명령어로 매핑해야 한다. 명령어 선택 단계에서는 타겟
독립적인 DAG 노드를 입력으로 받아 패턴 매칭으로 타겟 종속적인 DAG
노드를 출력한다.

TableGen DAG 명령어 선택 생성기는 .td 파일에서 명령어 패턴을 읽어
패턴 매칭 코드를 자동으로 생성해준다.

SelectionDAGISel은 SelectionDAG를 기반으로 한 패턴 매칭 명령어 선
택자의 공통 기본 클래스다. 이 클래스는 대체 표현과 같은 교정 여부와 최
적화 여부를 결정할 수 있는 여러 함수를 갖고 있는 MachineFunctionPass
클래스를 상속한다. 클래스의 기본 구조는 다음과 같다.

```
class SelectionDAGISel : public MachineFunctionPass {
public:
    const TargetMachine &TM;
    const TargetLowering &TLI;
    const TargetLibraryInfo *LibInfo;
    FunctionLoweringInfo *FuncInfo;
    MachineFunction *MF;
    MachineRegisterInfo *RegInfo;
    SelectionDAG *CurDAG;
    SelectionDAGBuilder *SDB;
    AliasAnalysis *AA;
    GCFunctionInfo *GFI;
    CodeGenOpt::Level OptLevel;
    static char ID;

    explicit SelectionDAGISel(const TargetMachine &tm,
        CodeGenOpt::Level OL = CodeGenOpt::Default);

    virtual ~SelectionDAGISel();

    const TargetLowering &getTargetLowering() { return TLI; }

    virtual void getAnalysisUsage(AnalysisUsage &AU) const;

    virtual bool runOnMachineFunction(MachineFunction &MF);

    virtual void EmitFunctionEntryCode() {}

    virtual void PreprocessISelDAG() {}

    virtual void PostprocessISelDAG() {}

    virtual SDNode *Select(SDNode *N) = 0;

    virtual bool SelectInlineAsmMemoryOperand(const SDValue &Op,
        char ConstraintCode, std::vector<SDValue> &OutOps) {
      return true;
    }
```

```cpp
    virtual bool IsProfitableToFold(SDValue N, SDNode *U, SDNode
        *Root) const;

    static bool IsLegalToFold(SDValue N, SDNode *U, SDNode *Root,
        CodeGenOpt::Level OptLevel, bool IgnoreChains = false);

    enum BuiltinOpcodes {
      OPC_Scope,
      OPC_RecordNode,
      OPC_CheckOpcode,
      OPC_SwitchOpcode,
      OPC_CheckFoldableChainNode,
      OPC_EmitInteger,
      OPC_EmitRegister,
      OPC_EmitRegister2,
      OPC_EmitConvertToTarget,
      OPC_EmitMergeInputChains,
    };

    static inline int getNumFixedFromVariadicInfo(unsigned Flags) {
      return ((Flags&OPFL_VariadicInfo) >> 4)-1;
    }

protected:
    // DAGSize - 명령어 선택을 위한 DAG의 크기
    unsigned DAGSize;

    void ReplaceUses(SDValue F, SDValue T) {
      CurDAG->ReplaceAllUsesOfValueWith(F, T);
    }

    void ReplaceUses(const SDValue *F, const SDValue *T, unsigned Num)
    {
      CurDAG->ReplaceAllUsesOfValuesWith(F, T, Num);
    }

    void ReplaceUses(SDNode *F, SDNode *T) {
      CurDAG->ReplaceAllUsesWith(F, T);
```

```cpp
    }

    void SelectInlineAsmMemoryOperands(std::vector<SDValue> &Ops);

public:
    bool CheckAndMask(SDValue LHS, ConstantSDNode *RHS, int64_t
        DesiredMaskS) const;

    bool CheckOrMask(SDValue LHS, ConstantSDNode *RHS, int64_t
        DesiredMaskS) const;

    virtual bool CheckPatternPredicate(unsigned PredNo) const {
        llvm_unreachable("Tblgen should generate the implementation of
            this!");
    }

    virtual bool CheckNodePredicate(SDNode *N, unsigned PredNo) const
    {
        llvm_unreachable("Tblgen should generate the implementation of
            this!");
    }

private:
    SDNode *Select_INLINEASM(SDNode *N);

    SDNode *Select_UNDEF(SDNode *N);

    void CannotYetSelect(SDNode *N);

    void DoInstructionSelection();

    SDNode *MorphNode(SDNode *Node, unsigned TargetOpc, SDVTList VTs,
        const SDValue *Ops, unsigned NumOps, unsigned EmitNodeInfo);

    void PrepareEHLandingPad();

    void SelectAllBasicBlocks(const Function &Fn);

    bool TryToFoldFastISelLoad(const LoadInst *LI, const Instruction
        *FoldInst, FastISel *FastIS);
```

```
    void FinishBasicBlock();

    void SelectBasicBlock(BasicBlock::const_iterator Begin,
        BasicBlock::const_iterator End, bool &HadTailCall);

    void CodeGenAndEmitDAG();

    void LowerArguments(const BasicBlock *BB);

    void ComputeLiveOutVRegInfo();

    ScheduleDAGSDNodes *CreateScheduler();
};
```

예제 분석

명령어 선택 단계는 타겟 독립적인 명령어를 타겟 종속적인 명령어로 변환하는 과정을 포함한다. TableGen 클래스는 타겟 종속적인 명령어를 선택하는 데 도움을 준다. 기본적으로 이 단계는 타겟 독립적인 입력 노드에서 패턴을 찾아 타겟에서 지원하는 노드를 결과로 준다.

CodeGenAndEmitDAG() 함수는 DAG 노드를 방문해 Select() 함수를 매번 호출하는 DoInstructionSelection() 함수를 호출한다.

```
SDNode *ResNode = Select(Node);
```

Select() 함수는 추상 메소드로 타겟에 따라 구현돼 있다. x86 타겟은 X86DAGToDAGISel::Select() 함수를 구현했다. X86DAGToDAGISel::Select() 함수는 일부 노드를 처리하고 X86DAGToDAGISel::SelectCode() 함수에 일을 위임한다.

X64DAGToDAGISel::SelectCode 함수는 TableGen에 의해 자동으로 생성된 함수다. 이 함수는 SelectionDAGISel::SelectCodeCommon() 함수를 제네릭하게 호출하는 매칭 테이블을 갖고 있다.

예를 들면 다음과 같다.

```
$ cat test.ll
define i32 @test(i32 %a, i32 %b, i32 %c) {
    %add = add nsw i32 %a, %b
    %div = sdiv i32 %add, %c
    ret i32 %div
}
```

명령어 선택 전의 DAG를 보려면 다음과 같이 명령 창에 입력한다.

$ llc -view-sel-dags test.ll

다음 그림은 명령어 선택 전의 DAG를 보여준다.

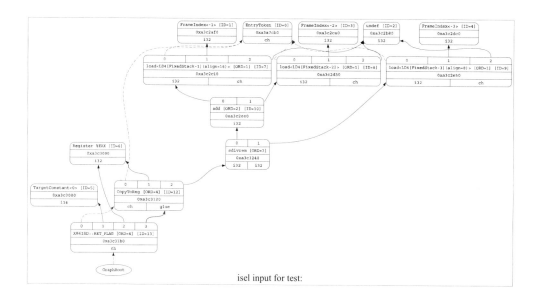

isel input for test:

명령어 선택 후의 DAG를 보려면 다음과 같이 명령 창에 입력한다.

$ llc -view-sched-dags test.ll

다음 그림은 명령어 선택 후의 DAG를 보여준다.

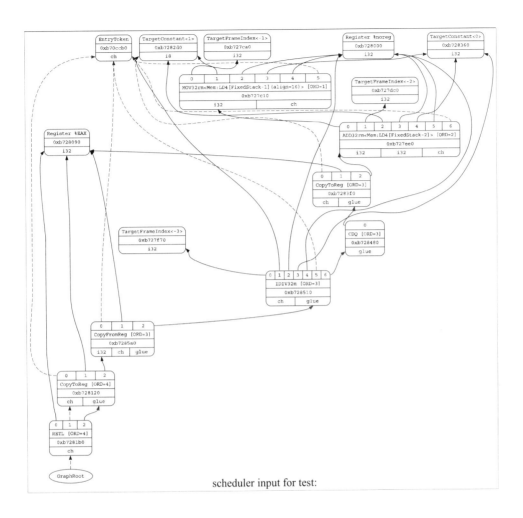

scheduler input for test:

그림처럼 Load 처리가 명령어 선택 단계를 거치고 MOV32rm 머신 코드로 변환됐다.

참고 사항

- 명령어 선택의 더 자세한 구현을 살펴보려면 lib/CodeGen/SelectionDAG/ 안에 있는 SelectionDAGISel.cpp 파일을 참고한다.

SelectionDAG에서 명령어 스케줄링

이제 타겟이 지원하는 명령어와 피연산자로 구성된 `SelectionDAG` 노드를 갖고 있다. 타겟 아키텍처는 명령어를 순차적인 형태로 실행한다. 따라서 다음 단계는 `SelectionDAG` 노드를 스케줄링하는 것이다.

스케줄러는 DAG에서 온 명령어의 실행 순서를 정한다. 이 과정에서 레지스터 할당과 같은 다양한 휴리스틱을 적용해서 명령어의 순서를 최적화하고 명령어 실행에 필요한 대기시간을 최소화한다. DAG 노드의 실행 순서를 정하고 나면 노드들은 `MachineInstr` 목록으로 변환되고, `SelectionDAG` 노드들은 해제한다.

예제 구현

`ScheduleDAG.h` 파일과 `ScheduleDAG.cpp` 파일에 여러 기본 구조가 정의 돼 있다. `ScheduleDAG` 클래스는 다른 스케줄러가 상속해서 쓰는 기본 클래스로 반복자[iterator], 깊이 우선 탐색, 위상 정렬 노드 주변을 순회하는 함수를 제공한다.

```
class ScheduleDAG {
public:
    const TargetMachine &TM;            // 타겟 프로세서
    const TargetInstrInfo *TII;         // 타겟 명령어
    const TargetRegisterInfo *TRI;      // 타겟 프로세서에 대한 정보
    MachineFunction &MF;                // 머신 함수
    MachineRegisterInfo &MRI;           // 가상/실제 레지스터 정보
    std::vector<SUnit> SUnits;          // 단위 스케줄러
    SUnit EntrySU;                      // 진입점을 위한 노드
    SUnit ExitSU;                       // 탈출점을 위한 노드

    explicit ScheduleDAG(MachineFunction &mf);

    virtual ~ScheduleDAG();
```

```
   void clearDAG();

   const MCInstrDesc *getInstrDesc(const SUnit *SU) const {
      if (SU->isInstr()) return &SU->getInstr()->getDesc();
      return getNodeDesc(SU->getNode());
   }

   virtual void dumpNode(const SUnit *SU) const = 0;

private:

   const MCInstrDesc *getNodeDesc(const SDNode *Node) const;
};

class SUnitIterator : public
      std::iterator<std::forward_iterator_tag, SUnit, ptrdiff_t> {
};

template <> struct GraphTraits<SUnit*> {
   typedef SUnit NodeType;
   typedef SUnitIterator ChildIteratorType;
   static inline NodeType *getEntryNode(SUnit *N) {
      return N;
   }
   static inline ChildIteratorType child_begin(NodeType *N) {
      return SUnitIterator::begin(N);
   }

   static inline ChildIteratorType child_end(NodeType *N) {
      return SUnitIterator::end(N);
   }
};

template <> struct GraphTraits<ScheduleDAG*> : public
      GraphTraits<SUnit*> {
...};

// DAG의 위상 정렬을 선형 명령어 집합으로 변환
class ScheduleDAGTopologicalSort {
```

```
        std::vector<SUnit> &SUnits;

        SUnit *ExitSU;

        std::vector<int> Index2Node;

        std::vector<int> Node2Index;

        BitVector Visited;
```

// 위상 정렬을 위해 깊이 우선 탐색이 필요하다.

```
        void DFS(const SUnit *SU, int UpperBound, bool& HasLoop);

        void Shift(BitVector& Visited, int LowerBound, int UpperBound);

        void Allocate(int n, int index);

    public:

        ScheduleDAGTopologicalSort(std::vector<SUnit> &SUnits, SUnit
            *ExitSU);

        void InitDAGTopologicalSorting();

        bool IsReachable(const SUnit *SU, const SUnit *TargetSU);

        bool WillCreateCycle(SUnit *SU, SUnit *TargetSU);

        void AddPred(SUnit *Y, SUnit *X);

        void RemovePred(SUnit *M, SUnit *N);

        typedef std::vector<int>::iterator iterator;

        typedef std::vector<int>::const_iterator const_iterator;

        iterator begin() { return Index2Node.begin(); }

        const_iterator begin() const { return Index2Node.begin(); }

        iterator end() { return Index2Node.end(); }

    }
```

스케줄링 알고리즘은 SelectionDAG 클래스에서 명령어를 스케줄링하기 위해 위상 정렬, 깊이 우선 탐색, 함수 수정, 노드 이동, 명령어 반복 등을 포함해 구현돼 있다. 명령어 스케줄링을 가능한 한 최선의 방향으로 결정하기위해 다양한 휴리스틱이 포함되는데, 예를 들어 레지스터 할당 제어나 비용분할 생명주기 분석 등이 포함된다.

- 명령어 스케줄링에 대한 더 자세한 구현을 살펴보려면 lib/CodeGen/SelectionDAG 폴더 안에 있는 ScheduleDAGSDNodes.cpp, Schedule-DAGSDNodes.h, ScheduleDAGRRList.cpp, ScheduleDAGFast.cpp, ScheduleDAGVLIW.cpp 파일을 참고한다.

7

머신 코드 최적화

7장에서 다루는 내용은 다음과 같다.

- 머신 코드의 공통부분 표현식 제거
- 유효 구간 분석
- 레지스터 할당
- 프롤로그prologue–에필로그epilogue 코드 삽입
- 코드 생성
- 꼬리 호출Tail call 최적화
- 형제 호출Sibling call 최적화

소개

지금까지 생성한 머신 코드는 아직 실제 타겟 아키텍처 레지스터로 할당하지 않았다. 지금까지 살펴본 레지스터는 무한히 생성할 수 있는 가상 레지스터고, 정적 단일 할당 형태로 생성되는 머신 코드다. 그러나 실제 타겟에는 레지스터를 무한히 생성할 수 없으므로 레지스터 할당 알고리즘은 최적화된

레지스터 할당을 위해 많은 휴리스틱 계산이 필요하다.

레지스터 할당 전에 코드 영역 최적화를 할 수 있다. 정적 단일 할당 형태인 머신 코드에는 쉽게 최적화 알고리즘을 적용할 수 있다. 일부 최적화 기법에 대한 알고리즘, 예를 들어 머신 죽은 코드 제거와 머신 공통부분 표현식 제거는 LLVM IR과 대부분 동일하다. 다른 점은 제약조건이 있다는 점이다.

7장에서는 머신 코드를 다루는 알고리즘을 이해할 수 있도록 LLVM 코드 저장소에서 구현된 머신 코드 최적화 기법 중 하나인 머신 공통부분 표현식 제거 기법의 구현을 설명한다.

머신 코드의 공통부분 표현식 제거

공통부분 표현식 제거 알고리즘의 목적은 머신 코드를 간결하게 하고 불필요한 중복 코드를 제거하기 위해 공통부분 표현식을 제거한다. LLVM 코드에서 구현 방법을 이해하기 위해 lib/CodeGen/MachineCSE.cpp 파일을 확인한다.

예제 구현

1. MachineCSE 클래스는 머신 함수로 동작하기 때문에 MachineFunctionPass 클래스를 상속받는다. 이 클래스는 다양한 멤버를 갖는데, 타겟 명령어 정보를 얻는 TargetInstructionInfo(공통부분 표현식 제거 실행 시 사용), 그리고 타겟 레지스터 정보를 얻기 위한 TargetRegisterInfo(예약된 레지스터 클래스에 속하는지 여부 또는 그 이상의 이와 유사한 클래스), 머신 블록의 지배자 트리에 대한 정보를 얻기 위해 사용되는 MachineDominatorTree 등이다.

   ```
   class MachineCSE : public MachineFunctionPass
   {
      const TargetInstrInfo TII;
   ```

```
const TargetRegisterInfo *TRI;
AliasAnalysis *AA;
MachineDominatorTree *DT;
MachineRegisterInfo *MRI;
```

2. 다음과 같이 패스 초기화를 위한 클래스 생성자를 정의한다.

```
public:
    static char ID; // 패스 ID
    MachineCSE() : MachineFunctionPass(ID),
            LookAheadLimit(5), CurrVN(0) {
    initializeMachineCSEPass(PassRegistry::getPassRegistry());
    }
```

3. getAnalysisUsage() 함수는 이 패스가 사용할 수 있는 통계 데이터를 얻기 전에 어떤 패스를 실행할지 결정한다.

```
void getAnalysisUsage(AnalysisUsage &AU) const override {
    AU.setPreservesCFG();
    MachineFunctionPass::getAnalysisUsage(AU);
    AU.addRequired<AliasAnalysis>();
    AU.addPreservedID(MachineLoopInfoID);
    AU.addRequired<getAnalysisUsage>();
    AU.addPreserved<MachineDominatorTree>();
}
```

4. 간단한 복사 전파copy propagation, 사소한 죽은 선언dead definitions, 물리 레지스터의 유효화 체크 및 정의 사용 등을 확인하기 위한 패스의 도우미 함수를 선언한다.

```
private:
    ...
    ...

    bool PerformTrivialCopyPropagation(MachineInstr *MI,
            MachineBasicBlock *MBB);

    bool isPhysDefTriviallyDead(unsigned Reg,
```

```
        MachineBasicBlock::const_iterator I,
        MachineBasicBlock::const_iterator E) const;

bool hasLivePhysRegDefUses(const MachineInstr *MI, const
        MachineBasicBlock *MBB, SmallSet<unsigned,8>
        &PhysRefs, SmallVectorImpl<unsigned> &PhysDefs, bool
        &PhysUseDef) const;

bool PhysRegDefsReach(MachineInstr *CSMI, MachineInstr *MI,
        SmallSet<unsigned,8> &PhysRefs,
        SmallVectorImpl<unsigned> &PhysDefs, bool &NonLocal)
        const;
```

5. 도우미 함수는 공통부분 표현식 제거 후보군 표현의 적법성과 유익성을 결정하는 데 많은 도움을 준다.

```
bool isCSECandidate(MachineInstr *MI);
bool isProfitableToCSE(unsigned CSReg, unsigned Reg,
        MachineInstr *CSMI, MachineInstr *MI);
```

실제 CSE 수행 함수는 다음과 같다.

```
bool PerformCSE(MachineDomTreeNode *Node);
```

공통부분 표현식 제거 함수의 실제 구현을 살펴보자.

1. 패스 동작의 첫 번째 호출 함수는 runOnMachineFunction() 함수다.

```
bool MachineCSE::runOnMachineFunction(MachineFunction &MF){
    if (skipOptnoneFunction(*MF.getFunction()))
        return false;

    TII = MF.getSubtarget().getInstrInfo();
    TRI = MF.getSubtarget().getRegisterInfo();
    MRI = &MF.getRegInfo();
    AA = &getAnalysis<AliasAnalysis>();
    DT = &getAnalysis<MachineDominatorTree>();
    return PerformCSE(DT->getRootNode());
}
```

2. 다음으로 호출되는 함수는 `PerformCSE()`다. `PerformCSE()` 함수는 DomTree의 루트 노드를 가지며, DomTree에서 깊이 우선 탐색을 수행하고(루트에서 시작), DomTree의 노드로 구성된 작업 목록을 구성한다. DomTree 깊이 우선 탐색을 마치면 작업 목록에 있는 각각의 노드에 대해 MachineBasicBlock 클래스를 수행한다.

```cpp
bool MachineCSE::PerformCSE(MachineDomTreeNode *Node) {
   SmallVector<MachineDomTreeNode*, 32> Scopes;
   SmallVector<MachineDomTreeNode*, 8> WorkList;
   DenseMap<MachineDomTreeNode*, unsigned> OpenChildren;

   CurrVN = 0;
   // 작업 목록 생성을 위한 깊이 우선 탐색
   WorkList.push_back(Node);
   do {
      Node = WorkList.pop_back_val();
      Scopes.push_back(Node);
      const std::vector<MachineDomTreeNode*> &Children =
            Node->getChildren();
      unsigned NumChildren = Children.size();
      OpenChildren[Node] = NumChildren;
      for (unsigned i = 0; i != NumChildren; ++i) {
         MachineDomTreeNode *Child = Children[i];
         WorkList.push_back(Child);
      }
   } while (!WorkList.empty());

   // 공통부분 표현식 제거 수행
   bool Changed = false;
   for (unsigned i = 0, e = Scopes.size(); i != e; ++i) {
      MachineDomTreeNode *Node = Scopes[i];
      MachineBasicBlock *MBB = Node->getBlock();
      EnterScope(MBB);
      Changed |= ProcessBlock(MBB);
      ExitScopeIfDone(Node, OpenChildren);
```

```
      }

      return Changed;
   }
```

3. 다음 중요한 함수는 머신 베이직 블록에서 동작하는 ProcessBlock() 함수다. 공통부분 표현식 제거 후보군이 될 수 있다면 MachineBasic Block 클래스 안에 있는 명령어를 적법성과 유익성을 반복하며 확인한다.

```
bool MachineCSE::ProcessBlock(MachineBasicBlock *MBB) {
   bool Changed = false;

   SmallVector<std::pair<unsigned, unsigned>, 8> CSEPairs;
   SmallVector<unsigned, 2> ImplicitDefsToUpdate;

   // 머신 베이직 블록 내에 각각의 기계 명령어를 반복
   for (MachineBasicBlock::iterator I = MBB->begin(), E =
        MBB->end(); I != E; ) {
      MachineInstr *MI = &*I;
      ++I;

      // 공통부분 표현식 제거 후보군인지 확인
      if (!isCSECandidate(MI))
         continue;

      bool FoundCSE = VNT.count(MI);
      if (!FoundCSE) {
         // 공통부분 표현식 제거 기회를 찾기 위한 사소한 복사 전파 사용
         if (PerformTrivialCopyPropagation(MI, MBB)) {
            Changed = true;

            // MI를 병합한 후 그 자체는 복사 가능하다.
            if (MI->isCopyLike())
               continue;

            // 공통부분 표현식 제거 가능한지 다시 한 번 확인
            FoundCSE = VNT.count(MI);
```

```
      }
  }

  bool Commuted = false;
  if (!FoundCSE && MI->isCommutable()) {
      MachineInstr *NewMI = TII->commuteInstruction(MI);
      if (NewMI) {
          Commuted = true;
          FoundCSE = VNT.count(NewMI);
          if (NewMI != MI) {
              // 새로운 명령어. 이것은 유지할 필요가 없다.
              NewMI->eraseFromParent();
              Changed = true;
          } else if (!FoundCSE)
              // MI를 변경했으나 도움이 되지 않음, 다시 교환하라!
              (void)TII->commuteInstruction(MI);
          }
      }

      // 명령어를 물리 레지스터와 사용될 변수로 정의하면
      // 공통부분 표현식으로 재배치하는 것을 보장하지 못한다.
      // 명령어가 물리 레지스터를 사용한다면 이것 또한 보장하지 못한다.
      bool CrossMBBPhysDef = false;
      SmallSet<unsigned, 8> PhysRefs;
      SmallVector<unsigned, 2> PhysDefs;
      bool PhysUseDef = false;

      // 이 명령어가 공통부분 표현식 제거로 마크돼 있는지 확인한다.
      // 이 명령어가 물리 레지스터를 사용하면 공통부분 표현식 제거
      // 후보군이 아님으로 마크한다.
      if (FoundCSE && hasLivePhysRegDefUses(MI, MBB, PhysRefs,
              PhysDefs, PhysUseDef)) {
          FoundCSE = false;
          ...
          ...
      }
```

```
if (!FoundCSE) {
  VNT.insert(MI, CurrVN++);
  Exps.push_back(MI);
  continue;
}

//공통부분 표현식인 경우 완료된 일로 결정한다.
//공통부분 표현식 찾으면 이를 제거한다.
unsigned CSVN = VNT.lookup(MI);
MachineInstr *CSMI = Exps[CSVN];
DEBUG(dbgs() << "Examining: " << *MI);
DEBUG(dbgs() << "*** Found a common subexpression: " <<
      *CSMI);

// 이 공통부분 표현식 제거를 수행하면 이득이 있는지를 확인한다.
bool DoCSE = true;
unsigned NumDefs = MI->getDesc().getNumDefs() +
      MI->getDesc().getNumImplicitDefs();

for (unsigned i = 0, e = MI->getNumOperands(); NumDefs &&
      i != e; ++i) {
  MachineOperand &MO = MI->getOperand(i);
  if (!MO.isReg() || !MO.isDef())
    continue;
  unsigned OldReg = MO.getReg();
  unsigned NewReg = CSMI->getOperand(i).getReg();

  // def가 MI에서 죽은 것이 아니면 CSMI와 MI의 암묵적인 defs를
  // 살펴본다.
  // CSMI에서 죽은 것이 아닌지 확인해야 한다.
  if (MO.isImplicit() && !MO.isDead() &&
        CSMI->getOperand(i).isDead())
    ImplicitDefsToUpdate.push_back(i);
  if (OldReg == NewReg) {
    --NumDefs;
    continue;
  }
```

```
        assert(TargetRegisterInfo::isVirtualRegister(OldReg)
            && TargetRegisterInfo::isVirtualRegister(NewReg)
            && "Do not CSE physical register defs!");

    if (!isProfitableToCSE(NewReg, OldReg, CSMI, MI)) {
        DEBUG(dbgs() << "*** Not profitable, avoid CSE!\n");
        DoCSE = false;
        break;
    }
```

// 새로운 명령어 레지스터 클래스에서 이전 명령어가 존재할 수 없는
// 결과라면 공통부분 표현식 제거를 수행하지 않는다.

```
    const TargetRegisterClass *OldRC =
            MRI->getRegClass(OldReg);
    if (!MRI->constrainRegClass(NewReg, OldRC)) {
        DEBUG(dbgs() << "*** Not the same register class,
                avoid CSE!\n");
        DoCSE = false;
        break;
    }

    CSEPairs.push_back(std::make_pair(OldReg, NewReg));
    --NumDefs;
}
```

// 실제로 제거를 수행한다.

```
if (DoCSE) {

    for (unsigned i = 0, e = CSEPairs.size(); i != e; ++i) {
        MRI->replaceRegWith(CSEPairs[i].first,
                CSEPairs[i].second);
        MRI->clearKillFlags(CSEPairs[i].second);
    }
```

// def가 MI에서 죽은 것이 아니면 CSMI와 MI의 암묵적인 def는
// 그대로 통과된다.
// CSMI에서 죽은 것이 아닌지 확인해야 한다.

```
            for (unsigned i = 0, e = ImplicitDefsToUpdate.size();
                 i != e; ++i)
              CSMI->getOperand(ImplicitDefsToUpdate[i]).
                    setIsDead(false);

          if (CrossMBBPhysDef) {
            // 물리 레지스터 defs를 추가한 후 전임자로부터 머신 베이직
            // 블록(MBB) 생존 리스트로 관리된다.
            while (!PhysDefs.empty()) {
              unsigned LiveIn = PhysDefs.pop_back_val();
              if (!MBB->isLiveIn(LiveIn))
                MBB->addLiveIn(LiveIn);
            }
            ++NumCrossBBCSEs;
          }

          MI->eraseFromParent();
          ++NumCSEs;
          if (!PhysRefs.empty())
            ++NumPhysCSEs;
          if (Commuted)
            ++NumCommutes;
          Changed = true;
        } else {
          VNT.insert(MI, CurrVN++);
          Exps.push_back(MI);
        }
        CSEPairs.clear();
        ImplicitDefsToUpdate.clear();
    }

    return Changed;
  }
```

4. 공통부분 표현식 제거 후보군을 결정하기 위해 적법성과 유익성을 확
   인하는 함수를 다시 한 번 확인한다.

```cpp
bool MachineCSE::isCSECandidate(MachineInstr *MI) {
    // 기계 명령어가 PHI이거나 인라인 어셈블리 또는 암묵적인 defs면
    // 공통부분 표현식 제거 후보군이 아니다.
    if (MI->isPosition() || MI->isPHI() || MI->isImplicitDef()
          || MI->isKill() || MI->isInlineAsm() ||
        MI->isDebugValue())
      return false;

    // 복사 명령어 무시
    if (MI->isCopyLike())
      return false;

    // 움직일 수 없는 명령어이기 때문에 무시한다.
    if (MI->mayStore() || MI->isCall() || MI->isTerminator() ||
          MI->hasUnmodeledSideEffects())
      return false;

    if (MI->mayLoad()) {
        // 로드할 수 있는 명령어다. 개선 작업으로, 로드한 값이 실제
        // 상수인지 여부를 결정하게 타겟을 허용한다. 상수라면 실제로 로드
        // 명령어로 사용할 수 있다.
        if (!MI->isInvariantLoad(AA))
            return false;
    }
    return true;
}
```

5. 유익성 확인 함수는 다음과 같다.

```cpp
bool MachineCSE::isProfitableToCSE(unsigned CSReg, unsigned
        Reg, MachineInstr *CSMI, MachineInstr *MI) {

    // CSReg 변수가 Reg 변수의 모든 용도에 사용되는 경우 공통부분 표현식
    // 제거는 CSReg에 레지스터를 할당하지 않아야 한다.
    bool MayIncreasePressure = true;
    if (TargetRegisterInfo::isVirtualRegister(CSReg) &&
            TargetRegisterInfo::isVirtualRegister(Reg)) {
      MayIncreasePressure = false;
```

```
        SmallPtrSet<MachineInstr*, 8> CSUses;
        for (MachineInstr &MI :
            MRI->use_nodbg_instructions(CSReg)) {
          CSUses.insert(&MI);
        }
        for (MachineInstr &MI :
            MRI->use_nodbg_instructions(Reg)) {
          if (!CSUses.count(&MI)) {
            MayIncreasePressure = true;
            break;
          }
        }
    }
    if (!MayIncreasePressure) return true;

    // 휴리스틱 #1 : def가 로컬 또는 바로 직전 프로세서가 아니라면
    // "cheap" 계산은 공통부분 표현식 제거에서는 하지 않아야 한다. 이것은
    // 레지스터 개수를 증가시키거나 잘못된 계산의 원인이 되는 것을 방지한다.
    if (TII->isAsCheapAsAMove(MI)) {
      MachineBasicBlock *CSBB = CSMI->getParent();
      MachineBasicBlock *BB = MI->getParent();
      if (CSBB != BB && !CSBB->isSuccessor(BB))
        return false;
    }

    // 휴리스틱 #2 : 표현식이 가상 레지스터를 사용하지 않고 불필요한 계산만
    // 중복돼 있으면 공통부분 표현식 제거를 하지 않는다.
    bool HasVRegUse = false;
    for (unsigned i = 0, e = MI->getNumOperands(); i != e; ++i) {
      const MachineOperand &MO = MI->getOperand(i);
      if (MO.isReg() && MO.isUse() &&
          TargetRegisterInfo::isVirtualRegister(MO.getReg())) {
        HasVRegUse = true;
        break;
      }
    }
```

```
if (!HasVRegUse) {
    bool HasNonCopyUse = false;
    for (MachineInstr &MI :
            MRI->use_nodbg_instructions(Reg)) {
        // 복사 무시
        if (!MI.isCopyLike()) {
            HasNonCopyUse = true;
            break;
        }
    }
    if (!HasNonCopyUse)
        return false;
}

// 휴리스틱 #3 : PHIs에서 공통부분 표현식을 사용하는 경우 정의한
// 값이 베이직 블록에서 사용하지 않으면 재사용하지 않는다.
bool HasPHI = false;
SmallPtrSet<MachineBasicBlock*, 4> CSBBs;
for (MachineInstr &MI :
        MRI->use_nodbg_instructions(CSReg)) {
    HasPHI |= MI.isPHI();
    CSBBs.insert(MI.getParent());
}

if (!HasPHI)
    return true;
return CSBBs.count(MI->getParent());
}
```

예제 분석

MachineCSE 패스는 머신 함수에서 동작한다. MachinCSE 패스 머신 함수
는 지배자 트리(DomTree) 정보를 가져와 깊이 우선 탐색 방법으로 지배자 트
리를 순회해 MachineBasicBlocks의 핵심이 되는 노드로 된 작업 목록을

생성한다. 함수에서 각각의 블록에 공통부분 표현식 제거를 적용한다. 각각의 블록에서 모든 명령어를 순회하면서 명령어가 공통부분 표현식을 제거할 수 있는지 확인한다. 각 블록에서 공통부분 표현식을 제거하면 유익성이 있는지 확인되면 MachineBasicBlock 클래스에서 MachineInstruction 클래스를 제거한다. 기계 명령어의 간단한 복사 전파도 수행한다. 일부 경우는 MachineInstruction이 초기 실행 시 공통부분 표현식 제거 후보군이 아니지만, 복사 전파 후 공통부분 표현식 제거 후보가 되는 경우가 있다.

> **참고 사항**
>
> 정적 단일 할당 타입의 머신 코드 최적화를 더 보려면 lib/CodeGen/DeadMachineInstructionElim.cpp 파일에서 머신 죽은 코드 제거 패스의 구현을 살펴본다.

유효 구간 분석

7장에서는 레지스터 할당에 대해 더 자세히 살펴본다. 먼저 유효 변수와 유효 구간의 개념을 이해해야 한다. 유효 구간은 변수가 살아 있는 범위를 의미하는데, 변수가 마지막 사용된 지점으로 정의한다. 이를 위해 명령어 실행 후에 즉시 죽는 레지스터 집합(변수의 마지막 사용)과 명령어 사용 후가 아닌 명령어에 의해 사용된 레지스터의 집합을 계산해야 한다. 함수 안에 있는 각각의 가상 레지스터와 물리 레지스터의 유효 변수 정보를 계산한다. 블록 안의 물리 레지스터만을 추적할 수 있도록 정적 단일 할당 형태를 이용해 가상 레지스터의 지속시간lifetime을 간헐적으로 계산한다. 레지스터 할당 전에 LLVM은 물리 레지스터가 단일 베이직 블록 안에만 존재한다고 가정한다. 이는 단일 지역 분석으로 각 베이직 블록 안의 물리 레지스터를 분석할 수 있게 한다. 유효 변수 분석 후에는 유효 구간 분석과 유효 구간 정보 설계를 위한 정보를 얻는다. 이를 위해 베이직 블록과 기계 명령어에 번호를 매긴다. 유효한[live-in] 번호를 매기고 나면 일반적으로 레지스터에서 인자로 표현되는 내부 값을 관리한다. 가상 레지스터를 위한 유효 구간은 기계 명령어의 나열로 계산된다(1,N). 유효 구간은 변수가 살아있는 구간(i, j)으로 그 범위는 1>=i>=j>N이다.

이 예제에서는 샘플 프로그램의 유효 구간을 나열할 수 있는 방법을 알아본다. LLVM에서 이 구간을 계산하기 위해 어떻게 동작하는지 살펴본다.

준비

이 예제를 시작하기 위해서는 유효 구간 분석을 수행할 테스트 코드가 필요하다. 간단하게 보기 위해 C 코드를 사용한 후 LLVM IR로 변환한다.

1. `if-else` 블록의 테스트 프로그램 작성을 작성한다.

```
$ cat interval.c
void donothing(int a) {
    return;
}

int func(int i) {
    int a = 5;
    donothing(a);
    int m = a;
    donothing(m);
    a = 9;
    if (i < 5) {
        int b = 3;
        donothing(b);
        int z = b;
        donothing(z);
    }
    else {
```

```
        int k = a;

        donothing(k);

    }

    return m;

}
```

2. Clang은 C 코드를 IR로 변환하기 위해 사용하고, cat 명령어를 사용해 IR 생성을 확인한다.

```
$ clang -cc1 -emit-llvm interval.c

$ cat interval.ll
; ModuleID = 'interval.c'
target datalayout = "e-m:e-i64:64-f80:128-n8:16:32:64-S128"
target triple = "x86_64-unknown-linux-gnu"

; Function Attrs: nounwind
define void @donothing(i32 %a) #0 {
    %1 = alloca i32, align 4
    store i32 %a, i32* %1, align 4
    ret void
}

; Function Attrs: nounwind
define i32 @func(i32 %i) #0 {
    %1 = alloca i32, align 4
    %a = alloca i32, align 4
    %m = alloca i32, align 4
    %b = alloca i32, align 4
    %z = alloca i32, align 4
    %k = alloca i32, align 4
    store i32 %i, i32* %1, align 4
    store i32 5, i32* %a, align 4
    %2 = load i32, i32* %a, align 4
    call void @donothing(i32 %2)
    %3 = load i32, i32* %a, align 4
```

```
      store i32 %3, i32* %m, align 4
      %4 = load i32, i32* %m, align 4
      call void @donothing(i32 %4)
      store i32 9, i32* %a, align 4
      %5 = load i32, i32* %1, align 4
      %6 = icmp slt i32 %5, 5
      br i1 %6, label %7, label %11

; <label>:7                         ; preds = %0
      store i32 3, i32* %b, align 4
      %8 = load i32, i32* %b, align 4
      call void @donothing(i32 %8)
      %9 = load i32, i32* %b, align 4
      store i32 %9, i32* %z, align 4
      %10 = load i32, i32* %z, align 4
      call void @donothing(i32 %10)
      br label %14

; <label>:11                        ; preds = %0
      %12 = load i32, i32* %a, align 4
      store i32 %12, i32* %k, align 4
      %13 = load i32, i32* %k, align 4
      call void @donothing(i32 %13)
      br label %14

; <label>:14                        ; preds = %11, %7
      %15 = load i32, i32* %m, align 4
      ret i32 %15
}

attributes #0 = { nounwind "less-precise-fpmad"="false"
      "no-frame-pointerelim"="false"
      "no-infs-fp-math"="false" "no-nans-fp-math"="false"
      "no-realignstack""stack-protector-buffer-size"="8"
      "unsafe-fp-math"="false" "use-softfloat"="false" }

!llvm.ident = !{!0}
```

```
!0 = !{!"clang version 3.7.0 (trunk 234045)"}
```

예제 구현

1. 유효 구간 목록 확인을 위해 LiveIntervalAnalysis.cpp 파일에 유효 구
   간을 출력하는 코드를 추가 삽입한다. 다음과 같은 줄을 추가한다(각각
   의 줄 앞에 + 글자를 함께 표시).

```cpp
void LiveIntervals::computeVirtRegInterval(LiveInterval &LI) {
    assert(LRCalc && "LRCalc not initialized.");
    assert(LI.empty() && "Should only compute empty
            intervals.");
    LRCalc->reset(MF, getSlotIndexes(), DomTree,
            &getVNInfoAllocator());
    LRCalc->calculate(LI,
            MRI->shouldTrackSubRegLiveness(LI.reg));
    computeDeadValues(LI, nullptr);

    /**** 아래 코드를 추가한다 ****/
+   llvm::outs() << "********** INTERVALS **********\n";

    // 레지스터를 출력한다.
+   for (unsigned i = 0, e = RegUnitRanges.size(); i != e; ++i)
+     if (LiveRange *LR = RegUnitRanges[i])
+       llvm::outs() << PrintRegUnit(i, TRI) << ' ' << *LR
+               << '\n';

    // 가상 레지스터를 출력한다.
+   llvm::outs() << "virtregs:";
+   for (unsigned i = 0, e = MRI->getNumVirtRegs(); i != e; ++i) {
+     unsigned Reg = TargetRegisterInfo::index2VirtReg(i);
+     if (hasInterval(Reg))
+       llvm::outs() << getInterval(Reg) << '\n';
+   }
```

2. 소스 파일을 수정하고 LLVM 빌드를 한 후에 해당 경로에 설치한다.

3. llc 명령어를 사용해 IR 형태의 테스트 코드를 컴파일해 유효 구간 결과를 출력한다.

```
$ llc interval.ll
********** INTERVALS **********
virtregs:%vreg0 [16r,32r:0) 0@16r
********** INTERVALS **********
virtregs:%vreg0 [16r,32r:0) 0@16r
********** INTERVALS **********
virtregs:%vreg0 [16r,32r:0) 0@16r
%vreg1 [80r,96r:0) 0@80r
********** INTERVALS **********
virtregs:%vreg0 [16r,32r:0) 0@16r
%vreg1 [80r,96r:0) 0@80r
%vreg2 [144r,192r:0) 0@144r
********** INTERVALS **********
virtregs:%vreg0 [16r,32r:0) 0@16r
%vreg1 [80r,96r:0) 0@80r
%vreg2 [144r,192r:0) 0@144r
%vreg5 [544r,592r:0) 0@544r
********** INTERVALS **********
virtregs:%vreg0 [16r,32r:0) 0@16r
%vreg1 [80r,96r:0) 0@80r
%vreg2 [144r,192r:0) 0@144r
%vreg5 [544r,592r:0) 0@544r
%vreg6 [352r,368r:0) 0@352r
********** INTERVALS **********
virtregs:%vreg0 [16r,32r:0) 0@16r
%vreg1 [80r,96r:0) 0@80r
%vreg2 [144r,192r:0) 0@144r
%vreg5 [544r,592r:0) 0@544r
%vreg6 [352r,368r:0) 0@352r
%vreg7 [416r,464r:0) 0@416r
********** INTERVALS **********
virtregs:%vreg0 [16r,32r:0) 0@16r
```

```
%vreg1 [80r,96r:0) 0@80r
%vreg2 [144r,192r:0) 0@144r
%vreg5 [544r,592r:0) 0@544r
%vreg6 [352r,368r:0) 0@352r
%vreg7 [416r,464r:0) 0@416r
%vreg8 [656r,672r:0) 0@656r
```

예제 분석

위 예제에서는 유효 구간이 각 가상 레지스터와 어떻게 결합돼 있는지 살펴
봤다. 작성한 프로그램은 유효 구간의 시작과 끝에 각괄호로 표시해 나타냈
다. 유효 구간 생성 프로세스는 lib/CodeGen/LiveVariables.cpp 파일의
LiveVariables::runOnMachineFunction(MachineFunction &mf) 함
수로부터 시작하고 HandleVirtRegUse과 HandleVirtRegDef 함수를 사용
해 레지스터의 사용과 정의를 할당한다. getVarInfo 함수를 사용해 주어진
가상 레지스터의 VarInfo 객체를 구한다.

LiveInterval과 LiveRange 클래스는 LiveInterval.cpp에 정의돼 있다. 이
파일에 있는 함수는 각 변수의 유효성 정보를 가져와 중복 여부를 확인한다.

LiveIntervalAnalysis.cpp 파일에는 깊이 우선으로 베이직 블록을 차례로 스
캔하는 유효 구간 분석 패스가 있고, 각 가상 및 물리 레지스터의 유효 구간
을 생성한다. 이 분석은 레지스터 할당에 사용되며, 다음 예제에서 다룬다.

참고 사항

• 서로 다른 베이직 블록의 가상 레지스터가 생성되는 좀 더 자세한 방법
  이나 이 가상 레지스터의 지속시간을 보기 원한다면 테스트 케이스를
  컴파일할 때 llc 툴의 -debug-only=regalloc 커맨드라인 옵션을 사
  용한다. 이를 위해서는 LLVM 디버그 빌드가 필요하다.

- 유효 구간에 관한 더 자세한 내용을 얻으려면 아래의 코드 파일을 통해 확인한다.
  - Lib/CodeGen/ LiveInterval.cpp
  - Lib/CodeGen/ LiveIntervalAnalysis.cpp
  - Lib/CodeGen/ LiveVariables.cpp

레지스터 할당

레지스터 할당은 가상 레지스터에 물리 레지스터를 할당하는 작업이다. 가상 레지스터는 무한히 생성 가능하지만, 머신에 대한 물리 레지스터는 제한적이다. 따라서 레지스터 할당은 최대한 많은 물리 레지스터가 가상 레지스터에 할당되는 것을 목표로 한다. 이 예제에서는 LLVM에서 레지스터가 표현되는 방법, 레지스터 정보를 간단하게 고칠 수 있는 방법, 레지스터가 대체되는 과정, 내장 레지스터 할당자 등을 볼 수 있다.

준비

LLVM을 빌드하고 설치한다.

예제 구현

1. LLVM이 레지스터를 표현하는 방법을 보기 위해 /lib/Target/X86/ X86GenRegisterInfo.inc 파일을 열고 정수 형태로 레지스터가 표현되는 것을 보여주는 처음 몇 라인을 확인한다.

```
namespace X86 {
  enum {
    NoRegister,
    AH = 1,
```

```
                AL = 2,
                AX = 3,
                BH = 4,
                BL = 5,
                BP = 6,
                BPL = 7,
                BX = 8,
                CH = 9,
                ...
```

2. 같은 물리 주소를 공유하는 레지스터를 갖는 아키텍처를 위해 별칭 정
   보를 갖는 아키텍처 파일인 RegisterInfo.td 파일을 확인한다. lib/
   Target/X86/X86RegisterInfo.td 파일을 확인한다. 아래 코드 뭉치를 보
   고 EAX, AX, AL 레지스터가 별칭된 방법을 살펴본다(가장 작은 레지스터
   별칭으로 한정한다).

```
def AL : X86Reg<"al", 0>;
def DL : X86Reg<"dl", 2>;
def CL : X86Reg<"cl", 1>;
def BL : X86Reg<"bl", 3>;

def AH : X86Reg<"ah", 4>;
def DH : X86Reg<"dh", 6>;
def CH : X86Reg<"ch", 5>;
def BH : X86Reg<"bh", 7>;

def AX : X86Reg<"ax", 0, [AL,AH]>;
def DX : X86Reg<"dx", 2, [DL,DH]>;
def CX : X86Reg<"cx", 1, [CL,CH]>;
def BX : X86Reg<"bx", 3, [BL,BH]>;

// 32비트 레지스터
let SubRegIndices = [sub_16bit] in {
    def EAX : X86Reg<"eax", 0, [AX]>, DwarfRegNum<[-2, 0, 0]>;
    def EDX : X86Reg<"edx", 2, [DX]>, DwarfRegNum<[-2, 2, 2]>;
    def ECX : X86Reg<"ecx", 1, [CX]>, DwarfRegNum<[-2, 1, 1]>;
```

```
def EBX : X86Reg<"ebx", 3, [BX]>, DwarfRegNum<[-2, 3, 3]>;
def ESI : X86Reg<"esi", 6, [SI]>, DwarfRegNum<[-2, 6, 6]>;
def EDI : X86Reg<"edi", 7, [DI]>, DwarfRegNum<[-2, 7, 7]>;
def EBP : X86Reg<"ebp", 5, [BP]>, DwarfRegNum<[-2, 4, 5]>;
def ESP : X86Reg<"esp", 4, [SP]>, DwarfRegNum<[-2, 5, 4]>;
def EIP : X86Reg<"eip", 0, [IP]>, DwarfRegNum<[-2, 8, 8]>;
...
```

3. TargetRegisterInfo.td 파일에서 사용 가능한 물리 레지스터의 개수를 변경하기 위해 직접 RegisterClass의 마지막 매개변수인 일부 레지스터를 주석 처리한다. X86RegisterInfo.cpp 파일을 열고 AH, CH, DH의 레지스터를 지운다.

```
def GR8 : RegisterClass<"X86", [i8], 8, (add AL, CL, DL, AH, CH,
       DH, BL, BH, SIL, DIL, BPL, SPL, R8B, R9B, R10B, R11B,
       R14B, R15B, R12B, R13B)> {
```

4. LLVM을 빌드할 때 첫 번째 단계에서 .inc 파일이 변경되고, AH, CH, DH 레지스터는 포함되지 않는다.

5. 유효 구간 분석을 수행했던 유효 구간 분석 예제의 테스트 케이스를 사용해 LLVM이 제공하는 fast, basic, greedy, pbqp 레지스터 할당 기법을 실행한다. 이 중에서 두 가지 레지스터 할당 기법을 실행해 보고 결과를 비교한다(pbqp는 Partitioned Boolean Quadratic Problem으로 자원을 할당하는 방법을 말한다 - 옮긴이).

```
$ llc -regalloc=basic interval.ll -o intervalregbasic.s
```

다음 단계로 아래와 같이 intervalregbasic.s 파일을 만든다.

```
$ cat intervalregbasic.s
  .text
  .file "interval.ll"
  .globl donothing
  .align 16, 0x90
  .type donothing,@function
```

```
donothing:                              # @donothing
# BB#0:
   movl %edi, -4(%rsp)
   retq
.Lfunc_end0:
   .size donothing, .Lfunc_end0-donothing

   .globl func
   .align 16, 0x90
   .type func,@function
func:                                   # @func
# BB#0:
   subq $24, %rsp
   movl %edi, 20(%rsp)
   movl $5, 16(%rsp)
   movl $5, %edi
   callq donothing
   movl 16(%rsp), %edi
   movl %edi, 12(%rsp)
   callq donothing
   movl $9, 16(%rsp)
   cmpl $4, 20(%rsp)
   jg .LBB1_2
# BB#1:
   movl $3, 8(%rsp)
   movl $3, %edi
   callq donothing
   movl 8(%rsp), %edi
   movl %edi, 4(%rsp)
   jmp .LBB1_3
.LBB1_2:
   movl 16(%rsp), %edi
   movl %edi, (%rsp)
.LBB1_3:
   callq donothing
```

```
    movl 12(%rsp), %eax
    addq $24, %rsp
    retq
.Lfunc_end1:
    .size func, .Lfunc_end1-func
```

다음 단계로 두 개의 파일을 비교하기 위해 아래 명령어를 따라 실행한다.

```
$ llc -regalloc=pbqp interval.ll -o intervalregpbqp.s
```

intervalregbqp.s 파일을 만든다.

```
$cat intervalregpbqp.s
    .text
    .file "interval.ll"
    .globl donothing
    .align 16, 0x90
    .type donothing,@function
donothing:                              # @donothing
# BB#0:
    movl %edi, %eax
    movl %eax, -4(%rsp)
    retq
.Lfunc_end0:
    .size donothing, .Lfunc_end0-donothing

    .globl func
    .align 16, 0x90
    .type func,@function
func:                                   # @func
# BB#0:
    subq $24, %rsp
    movl %edi, %eax
    movl %eax, 20(%rsp)
    movl $5, 16(%rsp)
    movl $5, %edi
```

```
    callq donothing
     movl 16(%rsp), %eax
    movl %eax, 12(%rsp)
    movl %eax, %edi
    callq donothing
    movl $9, 16(%rsp)
    cmpl $4, 20(%rsp)
    jg .LBB1_2
# BB#1:
    movl $3, 8(%rsp)
    movl $3, %edi
    callq donothing
    movl 8(%rsp), %eax
    movl %eax, 4(%rsp)
    jmp .LBB1_3
.LBB1_2:
     movl 16(%rsp), %eax
    movl %eax, (%rsp)
.LBB1_3:
    movl %eax, %edi
    callq donothing
    movl 12(%rsp), %eax
    addq $24, %rsp
    retq
.Lfunc_end1:
    .size func, .Lfunc_end1-func
```

6. diff 툴을 사용해 두 어셈블리 코드를 각각 비교한다.

예제 분석

물리 레지스터의 가상 레지스터로의 매핑은 다음과 같은 두 가지 방법으로 수행된다.

- **직접 매핑** `TargetRegisterInfo`와 `MachineOperand` 클래스를 이용해 매핑한다. 개발자가 유연하게 레지스터 할당을 할 수 있게 제공되는 매핑 방식으로, 메모리에 있는 값을 가져와 저장하기 위해 로드 및 저장 명령어가 삽입되는 위치를 제공해야 한다.
- **간접 매핑** 로드와 저장을 삽입하기 위해 `VirtRegMap` 클래스에 따라 메모리로부터 값을 얻고 설정한다. `VirtRegMap::assignVirt2Phys(vreg, preg)` 함수를 사용해 하나의 물리 레지스터에 가상 레지스터를 매핑한다.

레지스터 할당 동작의 다른 중요한 역할은 정적 단일 할당 형태의 해체다. 전통적인 명령어 집합은 `phi` 명령어를 지원하지 않기 때문에 머신 코드를 생성하기 위해 다른 명령어로 대체해야만 한다. `phi` 명령어를 대체하는 전통적인 방법으로 `copy` 명령어가 있다.

이 단계 후에 물리 레지스터상에 실제로 매핑시킨다. LLVM은 레지스터 할당의 네 가지 구현을 갖고 있는데, 물리 레지스터를 가상 레지스터에 매핑시키기 위한 알고리즘이다. 여기서는 이 알고리즘을 자세하게 설명할 수 없다. 이 알고리즘에 더 이해하고 싶다면 다음 절을 참고한다.

참고 사항

- LLVM에서 사용되는 물리 레지스터를 가상 레지스터에 매핑시키기 위한 알고리즘에 대해 더 배우고자 한다면 lib/CodeGen/ 경로의 소스코드를 통해 확인한다.
  - □ lib/CodeGen/RegAllocBasic.cpp
  - □ lib/CodeGen/RegAllocFast.cpp
  - □ lib/CodeGen/RegAllocGreedy.cpp
  - □ lib/CodeGen/RegAllocPBQP.cpp

프롤로그-에필로그 코드 삽입

프롤로그prologue-에필로그epilogue 코드 삽입은 스택 풀기, 함수 배치 마무리, 피호출 저장 레지스터callee-saved registers의 저장, 프롤로그와 에필로그 코드 생성을 포함한다. 또한 추상 프레임 인덱스를 적절한 참조로 대체한다. 이 패스는 레지스터 할당 단계 이후에 동작한다.

예제 구현

PrologueEpilogueInserter 클래스의 구조와 주요 함수의 정의는 다음과 같다.

- 프롤로그-에필로그 삽입자 패스는 MachineFunctionPass 클래스를 상속한다. 패스 초기화 생성자는 다음과 같다.

```
class PEI : public MachineFunctionPass {
public:
    static char ID;
    PEI() : MachineFunctionPass(ID) {
        initializePEIPass(*PassRegistry::getPassRegistry());
    }
```

- PrologueEpilogueInserter 클래스에는 프롤로그와 에필로그 코드 삽입을 도와주는 다양한 도우미 함수들이 정의돼 있다.

```
void calculateSets(MachineFunction &Fn);
void calculateCallsInformation(MachineFunction &Fn);
void calculateCalleeSavedRegisters(MachineFunction &Fn);
void insertCSRSpillsAndRestores(MachineFunction &Fn);
void calculateFrameObjectOffsets(MachineFunction &Fn);
void replaceFrameIndices(MachineFunction &Fn);
void replaceFrameIndices(MachineBasicBlock *BB,
        MachineFunction &Fn, int &SPAdj);
void scavengeFrameVirtualRegs(MachineFunction &Fn);
```

- 주요 함수는 insertPrologEpilogCode() 며, 프롤로그와 에필로그 코드 삽입 작업을 수행한다.

```
void insertPrologEpilogCode(MachineFunction &Fn);
```

- 이 패스에서 실행을 위한 첫 번째 함수는 runOnFunction() 함수다. 코드에 있는 주석은, 예를 들어 호출 프레임 크기 계산, 스택 변수 변경, 변경된 피호출 저장 레지스터를 위한 스필 코드[spill code] 삽입, 실제 프레임 오프셋 계산, 함수에 프롤로그와 에필로그 코드 삽입, 실제 오프셋으로 추상 프레임 인덱스 교체 등 다양한 작업 수행을 보여준다.

```
bool PEI::runOnMachineFunction(MachineFunction &Fn) {
    const Function* F = Fn.getFunction();
    const TargetRegisterInfo *TRI =
            Fn.getSubtarget().getRegisterInfo();
    const TargetFrameLowering *TFI =
            Fn.getSubtarget().getFrameLowering();

    assert(!Fn.getRegInfo().getNumVirtRegs() && "Regalloc must
            assign all vregs");
    RS = TRI->requiresRegisterScavenging(Fn) ? new
            RegScavenger() : nullptr;
    FrameIndexVirtualScavenging =
            TRI->requiresFrameIndexScavenging(Fn);

    // 함수 프레임 정보를 위한 MaxCallFrameSize와 AdjustsStack 변수를
    // 계산한다. 또한 호출 프레임 의사(pseudo) 명령어를 제거한다.
    calculateCallsInformation(Fn);

    // 타겟 머신이 함수에 수정을 가할 수 있게 한다.
    // 예, calculateCalleeSavedRegisters 이전 UsedPhysRegs
    TFI->processFunctionBeforeCalleeSavedScan(Fn, RS);

    // 수정된 피호출 저장 레지스터를 갖는 함수를 스캔하고 스필 코드를
    // 삽입한다.
    calculateCalleeSavedRegisters(Fn);
```

```
// CSR 수정/복구 코드의 배치를 확정: 엔트리 블록에 모든 수정을
// 위치시키고, 리턴 블록에서 모두 복구한다.
calculateSets(Fn);

// 피호출 저장 레지스터를 저장하고 복구하기 위한 코드 추가
if (!F->hasFnAttribute(Attribute::Naked))
    insertCSRSpillsAndRestores(Fn);

// 프레임 레이아웃을 마무리되기 전에 타겟 머신이 함수의 최종 수정을
// 할 수 있게 한다.
TFI->processFunctionBeforeFrameFinalized(Fn, RS);

// 모든 추상 스택 객체를 위해 실제 프레임 오프셋 계산
calculateFrameObjectOffsets(Fn);

// 프롤로그와 에필로그 코드를 함수에 추가한다. 이 함수는 스택 변수나
// 호출된 함수로 인해 필요에 따라 스택 프레임 정렬을 위해서 필요하다.
// 이 때문에 calculateCalleeSavedRegisters()는 AdjustsStack
// 변수와 MaxCallFrameSize 변수를 설정하기 위해 이 함수 전에
// 호출해야 한다.
if (!F->hasFnAttribute(Attribute::Naked))
    insertPrologEpilogCode(Fn);

// 모든 MO_FrameIndex 피연산자를 물리 레지스터 레퍼런스와 실제
// 오프셋으로 교체한다.
replaceFrameIndices(Fn);

// 레지스터 정리가 필요하면 post-pass를 가능하게 설정했기 때문에
// 프레임 인덱스 삭제가 추가된 가상 레지스터를 정리할 수 있다.
if (TRI->requiresRegisterScavenging(Fn) &&
        FrameIndexVirtualScavenging)
    scavengeFrameVirtualRegs(Fn);

// 레지스터 정리 중에 생성된 모든 가상 레지스터를 삭제한다.
Fn.getRegInfo().clearVirtRegs();

// 스택 크기가 주어진 한계를 넘어갈 때 경고한다.
MachineFrameInfo *MFI = Fn.getFrameInfo();
uint64_t StackSize = MFI->getStackSize();
```

```
if (WarnStackSize.getNumOccurrences() > 0 && WarnStackSize <
    StackSize) {
  DiagnosticInfoStackSize DiagStackSize(*F, StackSize);
  F->getContext().diagnose(DiagStackSize);
}
delete RS;
ReturnBlocks.clear();
return true;
}
```

- 프롤로그-에필로그 코드를 삽입하는 메인 함수는 insertProlog
  EpilogCode() 함수다. 이 함수는 먼저 TargetFrameLowering 객체
  를 가져와 그 타겟에 대응하는 함수를 위한 프롤로그 코드를 출력한다.
  이후 함수 안의 각 베이직 블록을 확인하면서 반환 명령어가 존재하면
  함수의 에필로그 코드를 출력한다.

```
void PEI::insertPrologEpilogCode(MachineFunction &Fn) {
  const TargetFrameLowering &TFI =
      *Fn.getSubtarget().getFrameLowering();

  // 함수에 프롤로그를 추가한다.
  TFI.emitPrologue(Fn);

  // 존재하는 각 블록의 피호출 저장 레지스터를 복원하기 위해 에필로그를
  // 추가한다.
  for (MachineFunction::iterator I = Fn.begin(), E = Fn.end();
      I != E; ++I) {
    // 마지막 명령어가 반환 명령어이면 에필로그를 추가한다.
    if (!I->empty() && I->back().isReturn())
      TFI.emitEpilogue(Fn, *I);
  }

  // 설정돼 있다면 세그먼트화 스택(Segmented stack)을 지원하기 위해
  // 추가 코드를 삽입한다. 세그먼트화 스택을 지원하는 런타임(예를 들면
  // libgcc)과 링크됐을 때 하나의 연속된 블록 대신에 작은 덩어리의 스택
  // 공간을 할당할 것이다.
```

```
    if (Fn.shouldSplitStack())
        TFI.adjustForSegmentedStacks(Fn);

    // Erlang/OTP 런타임에서 로드될 때 HiPE native 코드(if
    // needed)에서 스택을 명백히 다루기 위한 추가 코드 삽입. 세그먼트화
    // 스택과 비슷한 방법이지만, 다른 조건을 체크하는 점과 스택에 더
    // 할당하기 위해 BIF를 사용하는 점이 다르다.
    if (Fn.getFunction()->getCallingConv() ==
            CallingConv::HiPE)
        TFI.adjustForHiPEPrologue(Fn);
}
```

예제 분석

위 코드는 `TargetFrameLowering` 클래스에서 `emitEpilogue()`와 `emitPrologue()` 함수를 호출했는데, 이후 장들의 타겟 종속적인 프레임 저수준화 예제에서 다룬다.

코드 생성

코드 생성 단계는 코드 생성기 추상화(`MachineFunction` 클래스, `MachineInstr` 클래스 등)로부터 머신 코드 계층 추상화(`MCInst` 클래스, `MCStreamer` 클래스 등)로 코드를 저수준화한다. 이 단계에서는 타겟 독립적인 `AsmPrinter` 클래스와 타겟 종속적인 `AsmPrinter`의 서브클래스, `TargetLoweringObjectFile`이 중요한 클래스다.

MC 계층은 `MachineFunctions`, `MachineBasicBlock`, `MachineInstructions`로 구성돼 있는 `CodeGen` 계층을 라벨 및 지시어, 명령어로 구성된 오브젝트 파일로 생성하는 역할을 한다. MC 계층에서 어셈블러 API로 구성된 `MCStreamer` 클래스가 핵심 클래스다. `MCStreamer` 클래스는 `EmitLabel`, `EmitSymbolAttribute`, `SwitchSection` 함수 등이 있으며, 이 함수들은

앞서 언급한 어셈블리 수준의 지시어에 해당한다.

타겟 코드를 생성하기 위해 구현해야 할 네 가지 중요한 것은 다음과 같다.

- 타겟에 대한 `AsmPrinter` 클래스의 서브클래스를 정의하는 것이다. 이 클래스는 `MachineFunction` 함수를 MC 레이블[label] 구조체로 변환하는 일반적인 저수준화 프로세스를 구현한다. `AsmPrinter`의 기본 클래스 메소드와 루틴은 타겟에 특정한 `AsmPrinter` 클래스를 구현할 수 있게 해준다. `TargetLoweringObjectFile` 클래스는 ELF, COFF, MachO 타겟을 위한 많은 공통 로직을 구현한다.

- 타겟별 명령어 출력기를 구현하는 것이다. 명령어 출력기는 `MCInst` 클래스를 가져와 `raw_ostream` 클래스를 텍스트로 출력한다. 이들 대부분은 .td 파일로부터 자동으로 생성되지만($dst, $src1, $src2 명령어를 추가하는 것과 같이 어떤 명령어를 지정할 때), 피연산자를 출력하기 위한 루틴을 구현해야 한다.

- `MachineInstr` 클래스를 `MCInst` 클래스로 저수준화하는 코드를 구현한다. 일반적으로 `<target>MCInstLower.cpp`에서 구현돼 있다. 이 저수준화 프로세스는 대부분 타겟 종속적이며, 점프 테이블 엔트리, 상수 풀[pool] 색인, 전역 변수 주소 등을 적절히 `MCLabels`로 변환하는 역할을 한다. 명령어 출력기나 부호화기는 생성된 `MCInsts`를 가진다.

- `MCInsts`를 머신 코드의 바이트와 재배치를 위해 저수준화하는 `MCCodeEmitter`의 서브클래스를 구현하는 것이다. 이것은 직접 .o 파일 생성을 지원하거나 타겟별 어셈블러 구현을 할 때 중요한 부분을 차지한다.

예제 구현

lib/CodeGen/AsmPrinter/AsmPrinter.cpp 파일에서 `AsmPrinter` 기본 클래스의 주요 함수를 확인한다.

- **EmitLinkage()** 이 메소드는 주어진 변수나 함수의 링크를 생성한다.

  ```
  void AsmPrinter::EmitLinkage(const GlobalValue *GV, MCSymbol
      *GVSym) const;
  ```

- **EmitGlobalVariable()** 이 메소드는 지정된 전역 변수를 .s 파일로 생성한다.

  ```
  void AsmPrinter::EmitGlobalVariable(const GlobalVariable *GV);
  ```

- **EmitFunctionHeader()** 이 메소드는 현재 함수의 헤더를 생성한다.

  ```
  void AsmPrinter::EmitFunctionHeader();
  ```

- **EmitFunctionBody()** 이 메소드는 함수의 본체와 따라오는 내용을 생성한다.

  ```
  void AsmPrinter::EmitFunctionBody();
  ```

- **EmitJumpTableInfo()** 이 메소드는 현재 함수에서 사용한 점프 테이블을 어셈블리 표현으로 현재 출력 스트림에 출력한다.

  ```
  void AsmPrinter::EmitJumpTableInfo();
  ```

- **EmitJumpTableEntry()** 이 메소드는 지정된 MachineBasicBlock 클래스의 점프 테이블 엔트리를 현재 스트림에 생성한다.

  ```
  void AsmPrinter::EmitJumpTableEntry(const
      MachineJumpTableInfo *MJTI, const MachineBasicBlock
      *MBB, unsigned UID) const;
  ```

- 8, 16 또는 32비트 크기의 정수 타입을 생성한다.

  ```
  void AsmPrinter::EmitInt8(int Value) const {
     OutStreamer.EmitIntValue(Value, 1);
  }

  void AsmPrinter::EmitInt16(int Value) const {
     OutStreamer.EmitIntValue(Value, 2);
  }
  ```

```
void AsmPrinter::EmitInt32(int Value) const {
    OutStreamer.EmitIntValue(Value, 4);
}
```

코드 생성에 대한 자세한 구현은 lib/CodeGen/AsmPrinter/AsmPrinter. cpp 파일을 확인한다. 주목해야 할 한 가지 중요한 점은 `OutStreamer` 클래스 객체를 사용해 어셈블리 명령어 출력을 얻는다는 점이다. 타겟 종속적 코드 출력의 세부 사항은 이후 장들에서 다룬다.

꼬리 호출 최적화

이번 절에서는 LLVM에서 꼬리 호출 최적화Tail call optimization가 어떻게 작동하는지 알아본다. 꼬리 호출 최적화는 피호출자가 스택 프레임을 새로 할당하는 대신 호출자의 스택을 재사용하는 기법이다. 이렇게 되면 스택 공간을 절약할 수 있고, 재귀 함수에서 반환 개수를 줄일 수 있다.

준비

반드시 다음을 확인해야 한다.

- `llc` 툴이 설치돼 있어야 하고 `$PATH`에 등록돼 있어야 한다.
- `tailcallopt` 옵션을 켜야 한다.
- 꼬리 호출을 갖는 예제 코드를 구현한다.

예제 구현

1. 꼬리 호출 최적화 확인을 위한 테스트 코드를 작성한다.

   ```
   $ cat tailcall.ll
   ```

```
declare fastcc i32 @tailcallee(i32 inreg %a1, i32 inreg %a2, i32
    %a3, i32 %a4)

define fastcc i32 @tailcaller(i32 %in1, i32 %in2) {
    %l1 = add i32 %in1, %in2
    %tmp = tail call fastcc i32 @tailcallee(i32 inreg %in1, i32
        inreg %in2, i32 %in1, i32 %l1)
    ret i32 %tmp
}
```

2. 테스트 코드와 -tailcallopt 옵션을 사용해서 llc 툴을 실행하면 꼬
   리 호출 최적화가 된 어셈블리 코드가 생성된다.

```
$ llc -tailcallopt tailcall.ll
```

3. 생성된 결과를 확인한다.

```
$ cat tailcall.s
    .text
    .file "tailcall.ll"
    .globl tailcaller
    .align 16, 0x90
    .type tailcaller,@function
tailcaller:                         # @tailcaller
    .cfi_startproc
# BB#0:
    pushq %rax
.Ltmp0:
    .cfi_def_cfa_offset 16
                        # kill: ESI<def> ESI<kill> RSI<def>
                        # kill: EDI<def> EDI<kill> RDI<def>
    leal (%rdi,%rsi), %ecx
                        # kill: ESI<def> ESI<kill> RSI<kill>
    movl %edi, %edx
    popq %rax
    jmp tailcallee               # TAILCALL
.Lfunc_end0:
```

```
    .size tailcaller, .Lfunc_end0-tailcaller
    .cfi_endproc

    .section ".note.GNU-stack","",@progbits
```

4. `-tailcallopt` 옵션을 제외하고 `llc` 툴을 실행해 어셈블리를 다시 생성한다.

```
$ llc tailcall.ll -o tailcall1.s
```

5. `cat` 명령어를 통한 결과를 확인한다.

```
$ cat tailcall1.s
    .text
    .file "tailcall.ll"
    .globl tailcaller
    .align 16, 0x90
    .type tailcaller,@function
tailcaller:                      # @tailcaller
    .cfi_startproc
# BB#0:
                    # kill: ESI<def> ESI<kill> RSI<def>
                    # kill: EDI<def> EDI<kill> RDI<def>
    leal (%rdi,%rsi), %ecx
                    # kill: ESI<def> ESI<kill> RSI<kill>
    movl %edi, %edx
    jmp tailcallee # TAILCALL
.Lfunc_end0:
    .size tailcaller, .Lfunc_end0-tailcaller
    .cfi_endproc
    .section ".note.GNU-stack","",@progbits
```

`diff` 툴을 사용해서 두 개의 어셈블리 코드를 비교한다. 여기서는 `meld` 툴을 사용했다.

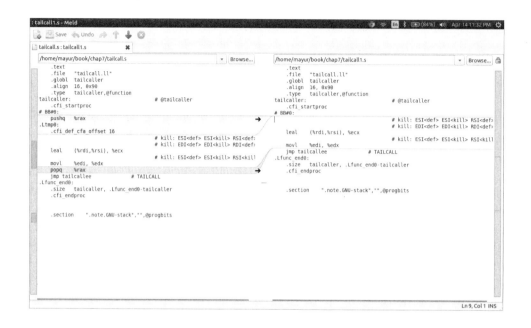

예제 분석

꼬리 호출 최적화는 컴파일러가 함수 호출을 위해 새로운 스택 프레임을 생성할 필요 없이 추가 스택 공간을 차지하지 않으면서 함수 호출이 가능한 컴파일러 최적화 기법이다. 함수 내에서 실행되는 마지막 명령어가 다른 함수를 호출하는 경우에 일어나는 데 주목해야 할 점은, 호출한 함수는 더 이상 스택 공간이 필요하지 않다는 점이다. 이는 단순히 함수를 호출하고(다른 함수 또는 자체) 호출한 함수가 값을 반환한 값을 그대로 반환하는 경우다. 이 최적화는 재귀 호출을 일정하고 제한된 스택 공간을 차지하게 할 수 있다. 그리고 꼬리 호출이 가능한 형태로 항상 되지 않을 수 있으므로 소스를 꼬리 호출이 가능하게 수정할 수도 있다.

이전 테스트 코드에서 꼬리 호출 최적화 때문에 추가된 push와 pop 명령어에 대해 살펴봤다. LLVM에서 꼬리 호출 최적화는 아키텍처 종속적인 ISelLowering.cpp 파일에서 다루고, x86에서는 X86ISelLowering.cpp 파일에서 다룬다.

SDValue X86TargetLowering::LowerCall (……) 함수에 관한 코드는 다음과 같다.

```
bool IsMustTail = CLI.CS && CLI.CS->isMustTailCall();
if (IsMustTail) {
    // 반드시 꼬리 호출인 경우를 확인한다. 반환 주소의 이동이 없이 저수준화를
    // 성공적으로 순회할 수 있는 확실한 경우
    isTailCall = true;
} else if (isTailCall) {
    // 꼬리 호출이 실제로 가능한지 여부를 확인한다.
    isTailCall = IsEligibleForTailCallOptimization(Callee, CallConv,
        isVarArg, SR != NotStructReturn,
        MF.getFunction()->hasStructRetAttr(), CLI.RetTy, Outs,
        OutVals, Ins, DAG);
```

위의 코드는 tailcallopt 플래그가 전달될 때 IsEligibleForTailCallOptimization() 함수를 호출하는 데 사용된다. IsEligibleForTailCallOptimization() 함수는 해당 코드 영역이 꼬리 호출 최적화를 할 수 있는지 결정한다. 꼬리 호출 최적화를 할 수 있다면 코드 생성기는 꼬리 호출 최적화를 수행한다.

형제 호출 최적화

이 예제에서는 LLVM에서 형제 호출 최적화Sibling call optimization 방법을 확인한다. 형제 호출 최적화는 꼬리 호출 최적화처럼 볼 수 있는데, 유일한 제약은 함수가 유사한 함수 시그니처를 공유해야 한다는 점이다. 즉, 반환 타입과 함수 인자를 일치시켜야 한다.

반드시 호출자와 피호출자가 같은 호출 규약(C나 fastcc를 포함한)을 가지며, 꼬리 위치에서 함수 호출이 꼬리 호출이 되도록 테스트 케이스를 작성한다.

```
$ cat sibcall.ll
declare i32 @bar(i32, i32)

define i32 @foo(i32 %a, i32 %b, i32 %c) {
entry:
   %0 = tail call i32 @bar(i32 %a, i32 %b)
   ret i32 %0
}
```

예제 구현

1. llc 툴을 이용한 어셈블리 코드를 생성한다.

   ```
   $ llc sibcall.ll
   ```

2. cat 명령어를 통해 생성된 어셈블리 코드를 확인한다.

   ```
   $ cat sibcall.s
      .text
      .file    "sibcall.ll"
      .globl   foo
      .align   16, 0x90
      .type    foo,@function
   foo:                               # @foo
      .cfi_startproc
   # BB#0: # %entry
      jmp bar                         # TAILCALL
   .Lfunc_end0:
      .size    foo, .Lfunc_end0-foo
      .cfi_endproc
   ```

```
.section    ".note.GNU-stack","",@progbits
```

예제 분석

형제 호출 최적화는 tailcallopt 옵션을 통하지 않고도 꼬리 호출을 수행할 수 있는 꼬리 호출 최적화의 제한된 버전이다. 형제 호출 최적화는 형제 호출을 자동으로 감지하고 어떤 ABI 변경을 필요하지 않는 것을 제외하면 꼬리 호출 최적화와 유사한 방식으로 작동한다. 꼬리 재귀 함수를 호출하는 호출 함수가 피호출 함수의 작업을 수행한 후 함수의 인자를 정리하려고 할 때 피호출 함수가 형제 호출을 처리하기 위한 인자 공간을 초과한다면 메모리 누수를 가져올 수 있기 때문에 함수 시그니처에서 유사성이 필요하다.

8

LLVM 백엔드 작성

8장에서 다루는 내용은 다음과 같다.

- 레지스터와 레지스터 집합 정의
- 호출 규약 정의
- 명령어 집합 정의
- 프레임 저수준화 구현
- 명령어 출력
- 명령어 선택
- 명령어 인코딩 추가
- 보조 타겟 지원
- 다중 명령어로 저수준화
- 타겟 등록

소개

컴파일러의 최종 목표는 오브젝트 코드로 변환돼 실제 하드웨어에서 실행할 수 있는 타겟 코드와 어셈블리 코드를 생성하는 것이다. 어셈블리 코드를 생성하기 위해 컴파일러는 타겟 머신의 레지스터, 명령어 집합, 호출 규약Calling convention, 파이프라인 등의 다양한 요소를 고려해야 하고, 각 단계에서 최적화도 가능하다.

LLVM은 타겟 머신을 정의하는 독자적인 방법이 있다. LLVM은 tablegen을 이용해 타겟 레지스터, 명령어, 호출 규약 등을 지정한다. tablegen은 규모가 있는 아키텍처 속성을 프로그램적으로 쉽게 표현할 수 있게 해준다.

LLVM 백엔드는 파이프라인 구조로 구성된다. 명령어는 LLVM IR을 시작으로 SelectionDAG, MachineDAG, MachineInstr을 지나 마지막으로 MCInst의 단계를 거친다.

IR은 SelectionDAG로 변환된다(DAG는 Directed Acyclic Graph의 약자로 방향성 비순환 그래프를 의미한다). SelectionDAG 교정은 타겟 머신에서 허용되지 않는 명령어가 연산에 대응된 경우 발생한다. 이후 단계에서 SelectionDAG는 백엔드가 지원하는 명령어 선택으로 MachineDAG로 변환된다.

CPU는 연속해서 나열된 명령어를 실행한다. 스케줄링 단계에서 목표는 명령어에 순서를 할당해서 DAG를 선형화하는 것이다. LLVM 코드 생성기는 빠른 코드를 생성하는 스케줄을 만들기 위해 **레지스터 할당 제약 완화**register pressure reduction 같은 영리한 휴리스틱을 사용한다. 레지스터 할당 정책 또한 더 나은 LLVM 코드를 생성하는 데 중요한 역할을 한다.

8장에서는 어떻게 LLVM TOY 백엔드를 만들 수 있는지 설명한다. 그리고 마지막에는 TOY 백엔드를 사용해 어셈블리 코드를 생성할 수 있을 것이다.

샘플 백엔드

8장에서 다루는 샘플 백엔드는 4개의 레지스터(r0-r3), 스택 포인터(sp), 반환 주소를 저장하기 위한 링크 레지스터(lr)를 갖는 간단한 RISC 타입의 아키텍처다.

TOY 백엔드 호출 규약은 함수 인자를 레지스터 r0-r1에 저장하고, 반환 값은 r0에 저장하는 ARM 아키텍처와 유사하다.

레지스터와 레지스터 집합 정의

이번 예제에서는 타겟 서술자 파일인 .td 파일에서 레지스터와 레지스터 집합이 어떻게 정의되는지 알아본다. tablegen은 .td 파일을 .inc 파일로 변환하고, 변환된 .inc 파일은 .cpp 파일의 #include 선언부가 돼서 정의된 레지스터 정보를 제공한다.

준비

네 개의 레지스터, 스택 포인터(sp), 링크 레지스터(lr)를 갖는 TOY 타겟 머신을 정의했고, 이를 ToyRegisterInfo.td 파일에 기록할 것이다. tablegen은 레지스터를 정의하고 확장할 수 있는 Register 클래스를 제공한다.

예제 구현

타겟 서술자 파일을 사용해 백엔드 아키텍처를 정의하기 위해 다음 순서를 진행한다.

1. lib/Target 안에 TOY 폴더를 만든다.

```
$ mkdir llvm_root_directory/lib/Target/TOY
```

2. 생성한 TOY 폴더에 TOYRegisterInfo.td 파일을 생성한다.

```
$ cd llvm_root_directory/lib/Target/TOY
$ vi TOYRegisterInfo.td
```

3. 하드웨어 인코딩과 네임스페이스, 레지스터, 레지스터 클래스를 정의한다.

```
class TOYReg<bits<16> Enc, string n> : Register<n> {
    let HWEncoding = Enc;
    let Namespace = "TOY";
}

foreach i = 0-3 in {
    def R#i : TOYReg<i, "r"#i >;
}

def SP : TOYReg<13, "sp">;
def LR : TOYReg<14, "lr">;

def GRRegs : RegisterClass<"TOY", [i32], 32,
        (add R0, R1, R2, R3, SP)>;
```

예제 분석

tablegen 함수는 타겟 서술자 파일인 .td 파일을 처리해 레지스터 열거형을 정의하는 .inc 파일을 생성한다. 이러한 레지스터 열거자는 TOY::R0 같은 형태로 .cpp 파일에서 참조할 수 있다. .inc 파일은 LLVM 프로젝트를 빌드할 때 생성된다.

참고 사항

• ARM 같은 고급 아키텍처에서 어떻게 레지스터를 정의하는지에 대한 자세한 내용은 LLVM 소스코드의 lib/Target/ARM/ARMRegisterInfo.td 파일을 참고한다.

호출 규약 정의

호출 규약은 어떻게 값이 함수로 전달되고 반환되는지 정의한다. TOY 아키텍처에서 두 개의 인자는 레지스터 r0과 r1으로 전달하고 나머지는 스택으로 전달한다. 이 예제는 호출 규약을 어떻게 정의하는지 보여주는데, 함수 포인터를 통해(6장의 '명령어 선택 저수준화' 절에서 다룬다) ISelLowering에서 사용할 것이다.

호출 규약은 TOYCallingConv.td에서 정의하고 기본적으로 두 부분을 가진다(반환 값 규칙 정의, 인자 전달 규칙. 반환 값 규칙은 반환 값이 어떻게 그리고 어떤 레지스터에 존재하는지 정의하고 인자 전달 규칙은 전달된 인자가 어떻게 그리고 어떤 레지스터에 존재하는지 정의한다). TOY 아키텍처의 호출 규약을 정의할 때 CallingConv 클래스를 상속한다.

예제 구현

호출 규약을 구현하기 위해서 다음 순서를 진행한다.

1. lib/Target/TOY 폴더에서 TOYCallingConv.td 파일을 생성한다.

   ```
   $ vi TOYCallingConv.td
   ```

2. 반환 값 규칙은 다음과 같이 정의한다.

   ```
   def RetCC_TOY : CallingConv<[
       CCIfType<[i32], CCAssignToReg<[R0]>>,
       CCIfType<[i32], CCAssignToStack<4, 4>>
   ]>;
   ```

3. 인자 전달 규칙은 다음과 같이 정의한다.

   ```
   def CC_TOY : CallingConv<[
       CCIfType<[i8, i16], CCPromoteToType<i32>>,
       CCIfType<[i32], CCAssignToReg<[R0, R1]>>,
   ```

```
        CCIfType<[i32], CCAssignToStack<4, 4>>
    ]>;
```

4. 피호출 저장 레지스터 집합callee saved register set을 정의한다.

```
def CC_Save : CalleeSavedRegs<(add R2, R3)>;
```

정의한 td 파일에서 32비트 정수 타입의 반환 값은 r0 레지스터에 저장한다. 그리고 함수에 전달되는 첫 두 인자는 r0과 r1 레지스터로 저장하고, 8비트 또는 16비트 정수 타입이면 32비트 정수 타입으로 타입 프로모션type promotion 된다.

tablegen은 TOYISelLowering.cpp에서 참조하는 TOYCallingConv.inc 파일을 생성한다. 지금까지 정의한 인자 및 반환 타입을 사용하는 두 타겟 hook 함수는 LowerFormalArguments()와 LowerReturn()이다.

- ARM과 같은 고급 아키텍처의 구체적인 구현을 보려면 lib/Target/ARM/ARMCallingConv.td 파일을 참고한다.

명령어 집합 정의

아키텍처 명령어 집합은 아키텍처의 여러 특성에 따라 다양하다. 이 예제에서는 타겟 아키텍처에 대한 명령어 집합이 어떻게 정의되는지 보여준다. 피연산자, 어셈블리 문자열, 명령어 패턴 이 세 가지가 명령어 타겟 서술 파일에 정의된다. 이러한 사양은 정의 또는 출력 목록을 포함하고, 사용법 또는 입력 목록도 포함한다. 다양한 피연산자 클래스가 존재할 수 있는데, 레지스터 클래스나 상수 값만 갖는 클래스, 레지스터 + 상수 값 형태의 복잡한 클래스도 있을 수 있다.

이 절에서는 피연산자로 두 개의 레지스터를 가져오는 간단한 add 명령어를 살펴본다.

예제 구현

타겟 서술자 파일을 사용해서 명령어 집합을 정의하기 위해 다음 순서를 진행한다.

1. lib/Target/TOY 폴더에서 TOYInstrInfo.td 파일을 생성한다.

   ```
   $ vi TOYInstrInfo.td
   ```

2. 피연산자와 어셈블리 문자열, 두 피연산자 사이에 add 명령어를 표현하는 명령어 패턴을 명시한다.

   ```
   def ADDrr : InstTOY<(outs GRRegs:$dst),
         (ins GRRegs:$src1, GRRegs:$src2),
         "add $dst, $src1,$src2",
         [(set i32:$dst, (add i32:$src1, i32:$src2))]>;
   ```

예제 분석

레지스터 명령어에서 add 명령어는 $dst를 결과 피연산자로, $src1과 $src2는 두 개의 입력 피연산자로 정의하고, 이들 피연산자는 일반 레지스터 타입 클래스에 속한다. 그리고 32비트 정수 타입인 add $dst, $src1, $src2를 명령어 어셈블리 문자열로 정의한다.

따라서 어셈블리는 다음과 같이 두 레지스터의 add 명령어로 생성되며, r0과 r1 레지스터 값을 더하고 결과 값을 r0에 저장하는 연산을 의미한다.

```
add r0, r0, r1
```

- add나 sub 같은 ALU 명령어는 같은 타입의 명령어 패턴을 갖는다. 이런 경우 멀티클래스와 같이 공통된 속성을 정의해서 사용할 수 있다. ARM과 같은 고급 아키텍처의 다양한 타입의 명령어 집합을 자세히 보려면 lib/Target/ARM/ARMInstrInfo.td 파일을 살펴본다.

프레임 저수준화 구현

이번 예제에서는 타겟 아키텍처의 프레임 저수준화에 대해 알아본다. 프레임 저수준화는 함수 호출의 프롤로그^{prologue}와 에필로그^{epilogue} 코드를 생성하는 구현과 관련이 있다.

 TOYFrameLowering::emitPrologue()와 TOYFrameLowering::emitEpilogue() 함수를 프레임 저수준화를 위해 정의해야 한다.

다음 함수는 lib/Target/TOY 폴더에서 TOYFrameLowering.cpp 파일에 구현한다.

1. emitPrologue 함수는 다음과 같이 정의한다.

```
void TOYFrameLowering::emitPrologue(MachineFunction &MF)
    const {
  const TargetInstrInfo &TII =
```

```
                *MF.getSubtarget().getInstrInfo();
       MachineBasicBlock &MBB = MF.front();

       MachineBasicBlock::iterator MBBI = MBB.begin();
       DebugLoc dl = MBBI != MBB.end() ? MBBI->getDebugLoc() :
       DebugLoc();
       uint64_t StackSize = computeStackSize(MF);
       if (!StackSize) {
          return;
       }
       unsigned StackReg = TOY::SP;
       unsigned OffsetReg = materializeOffset(MF, MBB, MBBI,
              (unsigned)StackSize);
       if (OffsetReg) {
          BuildMI(MBB, MBBI, dl, TII.get(TOY::SUBrr), StackReg)
              .addReg(StackReg)
              .addReg(OffsetReg)
              .setMIFlag(MachineInstr::FrameSetup);
       } else {
          BuildMI(MBB, MBBI, dl, TII.get(TOY::SUBri), StackReg)
              .addReg(StackReg)
              .addImm(StackSize)
              .setMIFlag(MachineInstr::FrameSetup);
       }
    }
```

2. emitEpilogue 함수는 다음과 같이 정의한다.

```
    void TOYFrameLowering::emitEpilogue(MachineFunction &MF,
        MachineBasicBlock &MBB) const {
      const TargetInstrInfo &TII =
            *MF.getSubtarget().getInstrInfo();
      MachineBasicBlock::iterator MBBI =
            MBB.getLastNonDebugInstr();
      DebugLoc dl = MBBI->getDebugLoc();

      uint64_t StackSize = computeStackSize(MF);
```

```
        if (!StackSize) {
            return;
        }
        unsigned StackReg = TOY::SP;
        unsigned OffsetReg = materializeOffset(MF, MBB, MBBI,
                (unsigned)StackSize);
        if (OffsetReg) {
            BuildMI(MBB, MBBI, dl, TII.get(TOY::ADDrr), StackReg)
                .addReg(StackReg)
                .addReg(OffsetReg)
                .setMIFlag(MachineInstr::FrameSetup);
        } else {
            BuildMI(MBB, MBBI, dl, TII.get(TOY::ADDri), StackReg)
                .addReg(StackReg)
                .addImm(StackSize)
                .setMIFlag(MachineInstr::FrameSetup);
        }
    }
```

3. 다음은 ADD 스택 연산의 오프셋을 결정하기 위해 사용하는 도우미 함수다.

```
static unsigned materializeOffset(MachineFunction &MF,
        MachineBasicBlock &MBB, MachineBasicBlock::iterator
        MBBI, unsigned Offset) {
    const TargetInstrInfo &TII =
            MF.getSubtarget().getInstrInfo();
    DebugLoc dl = MBBI != MBB.end() ? MBBI->getDebugLoc() :
            DebugLoc();
    const uint64_t MaxSubImm = 0xfff;
    if (Offset <= MaxSubImm) {
        return 0;
    } else {
        unsigned OffsetReg = TOY::R2;
        unsigned OffsetLo = (unsigned)(Offset & 0xffff);
        unsigned OffsetHi = (unsigned)((Offset & 0xffff0000) >> 16);
```

```
            BuildMI(MBB, MBBI, dl, TII.get(TOY::MOVLOi16),
                OffsetReg)
                .addImm(OffsetLo)
                .setMIFlag(MachineInstr::FrameSetup);
        if (OffsetHi) {
            BuildMI(MBB, MBBI, dl, TII.get(TOY::MOVHIi16),
                OffsetReg)
                .addReg(OffsetReg)
                .addImm(OffsetHi)
                .setMIFlag(MachineInstr::FrameSetup);
        }
        return OffsetReg;
    }
}
```

4. 다음은 스택 크기를 계산하기 위해 사용하는 도우미 함수다.

```
uint64_t TOYFrameLowering::computeStackSize(MachineFunction
    &MF) const {
    MachineFrameInfo *MFI = MF.getFrameInfo();
    uint64_t StackSize = MFI->getStackSize();
    unsigned StackAlign = getStackAlignment();
    if (StackAlign > 0) {
        StackSize = RoundUpToAlignment(StackSize, StackAlign);
    }
    return StackSize;
}
```

예제 분석

emitPrologue 함수는 먼저 함수 프롤로그가 필요한지를 결정하기 위해 스택 크기를 계산한다. 그리고 오프셋을 계산해서 스택 포인터를 조정한다. 에필로그에서는 함수 에필로그가 필요한지 확인한 후 함수의 시작에서 저장했던 스택 포인터를 되돌린다.

예를 들어 다음 IR을 살펴본다.

```
%p = alloca i32, align 4
store i32 2, i32* %p
%b = load i32* %p, align 4
%c = add nsw i32 %a, %b
```

생성된 TOY 어셈블리는 다음과 같다.

```
sub sp, sp, #4 ; prologue
movw r1, #2
str r1, [sp]
add r0, r0, #2
add sp, sp, #4 ; epilogue
```

참고 사항

- ARM과 같은 고급 아키텍처의 프레임 저수준화를 자세히 보기 위해 lib/Target/ARM/ARMFrameLowering.cpp 파일을 살펴본다.

명령어 출력

어셈블리 명령어를 출력하는 것은 타겟 코드를 생성하는 데 있어서 중요한 단계다. 다양한 클래스가 스트리머streamer의 관문으로 동작하게 정의되며, 출력할 명령어 문자열은 이전에 작성한 .td 파일로 준비했다.

준비

명령어를 출력하기 위해 첫 번째이자 가장 중요한 단계는 명령어 집합 정의에서 살펴봤던 .td 파일에 명령어 문자열을 정의하는 것이다.

다음 단계를 따라 해본다.

1. TOY 폴더에서 InstPrinter 폴더를 생성한다.

```
$ cd lib/Target/TOY
$ mkdir InstPrinter
```

2. lib/Target/TOY 폴더에 파일 TOYInstrFormats.td를 생성하고 다음과 같이 정의한다.

```
class InstTOY<dag outs, dag ins, string asmstr, list<dag>
        pattern> : Instruction {
    field bits<32> Inst;
    let Namespace = "TOY";
    dag OutOperandList = outs;
    dag InOperandList = ins;
    let AsmString = asmstr;
    let Pattern = pattern;
    let Size = 4;
}
```

3. lib/Target/TOY/InstPrinter 폴더에 파일 TOYInstPrinter.cpp를 생성하고 다음과 같이 printOperand 함수를 정의한다.

```
void TOYInstPrinter::printOperand(const MCInst *MI, unsigned
        OpNo, raw_ostream &O) {
    const MCOperand &Op = MI->getOperand(OpNo);
    if (Op.isReg()) {
        printRegName(O, Op.getReg());
        return;
    }

    if (Op.isImm()) {
        O << "#" << Op.getImm();
        return;
```

```
    }
    assert(Op.isExpr() && "unknown operand kind in
        printOperand");
    printExpr(Op.getExpr(), O);
}
```

4. 레지스터 이름을 출력하기 위한 함수를 정의한다.

```
void TOYInstPrinter::printRegName(raw_ostream &OS, unsigned
    RegNo) const {
    OS << StringRef(getRegisterName(RegNo)).lower();
}
```

5. 명령어를 출력하기 위한 함수를 정의한다.

```
void TOYInstPrinter::printInst(const MCInst *MI, raw_ostream
    &O, StringRef Annot) {
    printInstruction(MI, O);
    printAnnotation(O, Annot);
}
```

6. 명령어를 출력하기 위해 MCAsmInfo를 작성해야 한다. TOYMCA
smInfo.h와 TOYMCAsmInfo.cpp 파일을 정의하면서 구현할 수 있다.
TOYMCAsmInfo.h 파일은 다음과 같이 선언한다.

```
#ifndef TOYTARGETASMINFO_H
#define TOYTARGETASMINFO_H

#include "llvm/MC/MCAsmInfoELF.h"

namespace llvm {
    class StringRef;
    class Target;

    class TOYMCAsmInfo : public MCAsmInfoELF {
        virtual void anchor();

public:
```

```
    explicit TOYMCAsmInfo(StringRef TT);
  };
} // namespace llvm
#endif
```

TOYMCAsmInfo.cpp 파일은 다음과 같이 구현한다.

```
#include "TOYMCAsmInfo.h"
#include "llvm/ADT/StringRef.h"
using namespace llvm;

void TOYMCAsmInfo::anchor() {}

TOYMCAsmInfo::TOYMCAsmInfo(StringRef TT) {
    SupportsDebugInformation = true;
    Data16bitsDirective = "\t.short\t";
    Data32bitsDirective = "\t.long\t";
    Data64bitsDirective = 0;
    ZeroDirective = "\t.space\t";
    CommentString = "#";
    AscizDirective = ".asciiz";

    HiddenVisibilityAttr = MCSA_Invalid;
    HiddenDeclarationVisibilityAttr = MCSA_Invalid;
    ProtectedVisibilityAttr = MCSA_Invalid;
}
```

7. 명령어 출력기를 위한 LLVMBuild.txt 파일을 정의한다.

```
[component_0]
type = Library
name = TOYAsmPrinter
parent = TOY
required_libraries = MC Support
add_to_library_groups = TOY
```

8. CMakeLists.txt를 정의한다.

```
add_llvm_library(LLVMTOYAsmPrinter
```

```
        TOYInstPrinter.cpp
    )
```

예제 분석

최종 컴파일을 했을 때 정적 컴파일러 llc는 TOY 아키텍처의 어셈블리를 생성할 것이다. 예를 들어 llc로 입력된 다음 IR은 어셈블리로 변환된다.

```
target datalayout = "e-m:e-p:32:32-i1:8:32-i8:8:32-
    i16:16:32-i64:32-f64:32-a:0:32-n32"
target triple = "toy"
define i32 @foo(i32 %a, i32 %b) {
    %c = add nsw i32 %a, %b
    ret i32 %c
}

$ llc foo.ll
.text
.file "foo.ll"
.globl foo
.type foo,@function
foo:      # @foo
# BB#0:  # %entry
add r0, r0, r1
b lr
.Ltmp0:
.size foo, .Ltmp0-foo
```

명령어 선택

DAG에 있는 IR 명령어는 타겟 명령어로 저수준화돼야 한다. 실제 SDAG 노드가 IR 명령어를 포함하고 있는데, 이를 머신 종속적인 DAG 노드에 대응시켜야 한다는 의미다. 이런 명령어 선택 단계를 거치면 스케줄링을 할 준비가 완료된다.

1. 머신 종속적인 명령어를 선택하기 위해 분리된 클래스인 `TOYDAGToDAGISel`이 정의돼야 한다. 클래스 정의를 포함하는 파일을 컴파일하기 위해 파일명을 TOY 폴더의 CMakeLists.txt에 추가한다.

```
$ vi CMakeLists .txt
add_llvm_target(...
...
TOYISelDAGToDAG.cpp
...
)
```

2. 패스 진입점을 TOYTargetMachine.h와 TOYTargetMachine.cpp 파일에 추가한다.

```
$ vi TOYTargetMachine.h
const TOYInstrInfo *getInstrInfo() const override {
    return getSubtargetImpl()->getInstrInfo();
}
```

3. TOYTargetMachine.cpp에서 다음 코드는 명령어 선택 단계에서 패스를 생성할 것이다.

```
class TOYPassConfig : public TargetPassConfig {
public:
    ...
    virtual bool addInstSelector();
};
...
bool TOYPassConfig::addInstSelector() {
    addPass(createTOYISelDag(getTOYTargetMachine()));
    return false;
}
```

명령어 선택 함수를 정의하기 위해 다음 단계를 따라 한다.

1. TOYISelDAGToDAG.cpp 파일을 생성한다.

   ```
   $ vi TOYISelDAGToDAG.cpp
   ```

2. 다음 파일을 포함한다.

   ```
   #include "TOY.h"
   #include "TOYTargetMachine.h"
   #include "llvm/CodeGen/SelectionDAGISel.h"
   #include "llvm/Support/Compiler.h"
   #include "llvm/Support/Debug.h"
   #include "TOYInstrInfo.h"
   ```

3. SelectionDAGISel을 상속하는 새 클래스 TOYDAGToDAGISel을 다음
   과 같이 정의한다.

   ```
   class TOYDAGToDAGISel : public SelectionDAGISel {
       const TOYSubtarget &Subtarget;

   public:
       explicit TOYDAGToDAGISel(TOYTargetMachine &TM,
               CodeGenOpt::Level OptLevel)
               : SelectionDAGISel(TM, OptLevel),
               Subtarget(*TM.getSubtargetImpl()) {
       }
   };
   ```

4. 클래스에서 정의하는 가장 중요한 함수인 Select()는 기계 명령어에
   특정적인 SDNode 오브젝트를 반환한다.

   클래스에서 다음과 같이 선언한다.

   ```
   SDNode *Select(SDNode *N);
   ```

   다음과 같이 정의한다.

```
SDNode *TOYDAGToDAGISel::Select(SDNode *N) {
    return SelectCode(N);
}
```

5. 또 다른 중요한 함수는 load와 store 연산의 베이스와 오프셋 주소를
   계산하는 주소 선택 함수를 정의하기 위해 사용한다.

   다음과 같이 선언한다.

```
bool SelectAddr(SDValue Addr, SDValue &Base, SDValue &Offset);
```

   다음과 같이 정의한다.

```
bool TOYDAGToDAGISel::SelectAddr(SDValue Addr, SDValue &Base,
        SDValue &Offset) {
    if (FrameIndexSDNode *FIN =
            dyn_cast<FrameIndexSDNode>(Addr)) {
        Base = CurDAG->getTargetFrameIndex(FIN->getIndex(),
                getTargetLowering()->getPointerTy());
        Offset = CurDAG->getTargetConstant(0, MVT::i32);
        return true;
    }
    if (Addr.getOpcode() == ISD::TargetExternalSymbol ||
            Addr.getOpcode() == ISD::TargetGlobalAddress ||
            Addr.getOpcode() == ISD::TargetGlobalTLSAddress) {
        return false; // direct calls.
    }

    Base = Addr;
    Offset = CurDAG->getTargetConstant(0, MVT::i32);
    return true;
}
```

6. createTOYISelDag 패스로 교정된 DAG를 TOY 타겟 종속적인 DAG
   로 변환하면 명령어 스케줄링이 준비된다.

```
FunctionPass *llvm::createTOYISelDag(TOYTargetMachine &TM,
        CodeGenOpt::Level OptLevel) {
```

```
        return new TOYDAGToDAGISel(TM, OptLevel);
    }
```

TOYISelDAGToDAG.cpp에서 `TOYDAGToDAGISel::Select()` 함수는 연산 코드를 갖고 있는 DAG 노드를 선택한다. 그리고 `TOYDAGToDAGISel::SelectAddr()`는 `addr` 타입을 갖는 데이터 DAG 노드의 선택에 쓰인다. 주소가 `global`이거나 `external`이면 주소가 전역 컨텍스트로 계산되기 때문에 `false`를 반환한다.

- ARM과 같은 복잡한 아키텍처의 기계 명령어를 위한 DAG 선택 구현을 자세히 보려면 lib/Target/ARM/ARMISelDAGToDAG.cpp 파일을 참고한다.

명령어 인코딩 추가

명령어를 비트 필드로 인코딩하기 위해서 .td 파일에 각 명령어에 대한 비트 필드를 정의할 수 있다.

명령어를 정의할 때 명령어 인코딩도 포함하기 위해 다음 단계를 따라 한다.

1. add 명령어를 등록하기 위해 쓰이는 피연산자 레지스터는 정의된 명령어 인코딩을 가져야 한다. 명령어 크기는 32비트고, 인코딩은 다음과 같다.

```
bits 0 to 3 -> src2, 두 번째 레지스터 피연산자
bits 4 to 11 -> 모두 0
bits 12 to 15 -> dst, 목적 레지스터
bits 16 to 19 -> src1, 첫 번째 레지스터 피연산자
bit 20 -> zero
bit 21 to 24 -> 연산 코드
bit 25 to 27 -> 모두 0
bit 28 to 31 -> 1110
```

td 파일에서 명령어의 비트 패턴을 명시해 사용한다.

2. TOYInstrFormats.td 파일에서 새로운 변수 Inst를 정의한다.

```
class InstTOY<dag outs, dag ins, string asmstr, list<dag>
        pattern> : Instruction {
    field bits<32> Inst;
    let Namespace = "TOY";
    ...
    ...
    let AsmString = asmstr;
    ...
    ...
}
```

3. TOYInstrInfo.td 파일에서 명령어 인코딩을 정의한다.

```
def ADDrr : InstTOY<(outs GRRegs:$dst),
        (ins GRRegs:$src1, GRRegs:$src2) ... > {
    bits<4> src1;
    bits<4> src2;
    bits<4> dst;
    let Inst{31-25} = 0b1100000;
    let Inst{24-21} = 0b1100;  // 연산 코드
    let Inst{20}    = 0b0;
    let Inst{19-16} = src1;    // 피연산자 1
    let Inst{15-12} = dst;     // 목적지
    let Inst{11-4}  = 0b00000000;
```

```
    let Inst{3-0}   = src2; / 피연산자 2
  }
```

4. TOY/MCTargetDesc 폴더의 TOYMCCodeEmitter.cpp 파일에서 기계 명령어 피연산자가 레지스터면 다음과 같은 인코딩 함수가 호출된다.

```
unsigned TOYMCCodeEmitter::getMachineOpValue(const MCInst
    &MI, const MCOperand &MO, SmallVectorImpl<MCFixup>
    &Fixups, const MCSubtargetInfo &STI) const {
  if (MO.isReg()) {
    return CTX.getRegisterInfo()->getEncodingValue(
        MO.getReg());
  }
}
```

5. 같은 파일에서 명령어 인코딩을 위해 함수가 다음과 같이 정의한다.

```
void TOYMCCodeEmitter::EncodeInstruction(const MCInst &MI,
    raw_ostream &OS, SmallVectorImpl<MCFixup> &Fixups, const
    MCSubtargetInfo &STI) const {
  const MCInstrDesc &Desc = MCII.get(MI.getOpcode());
  if (Desc.getSize() != 4) {
    llvm_unreachable("Unexpected instruction size!");
  }

  const uint32_t Binary = getBinaryCodeForInstr(MI,
      Fixups, STI);

  EmitConstant(Binary, Desc.getSize(), OS);
  ++MCNumEmitted;
}
```

예제 분석

.td 파일에서 피연산자, 결과 피연산자, 플래그 조건, 명령어 연산 코드 등의 명령어 비트 인코딩을 정의했다. 머신 코드 출력기는 .inc에서 정의된 인코

딩 정보를 함수 호출을 통해 가져온다. .inc는 `tablegen`을 사용해서 .td 파일을 변환한 코드다. 이렇게 모든 명령어를 인코딩하고 같은 방법으로 각 명령어를 출력한다.

참고 사항

- ARM과 같은 복잡한 아키텍처의 명령어 인코딩은 lib/Target/ARM/ARMInstrInfo.td 파일을 참고한다.

보조 타겟 지원

타겟은 피연산자를 처리하는 하나의 방법으로 명령어의 변종이라고 할 수 있는 보조 타겟을 가질 수 있다. 보조 타겟 기능은 LLVM 백엔드에서 지원 가능하고 추가적인 명령어와 레지스터, 스케줄링 모델 등을 가질 수 있다. ARM은 NEON이나 THUMB 같은 보조 타겟을 지원하고, x86은 SSE나 AVX 등과 같은 보조 타겟을 지원한다. 명령어 집합은 보조 타겟 기능에 따라 달라지는데, ARM의 NEON과 x86의 SSE/AVX는 둘 다 벡터 명령어를 지원하지만 명령어는 서로 다르다.

예제 구현

이 예제에서는 백엔드에서 어떻게 보조 타겟 기능을 추가하는지 보여준다. `TargetSubtargetInfo`를 상속하는 새로운 클래스가 정의돼야 한다.

1. 새 파일 TOYSubtarget.h를 생성해본다.

   ```
   $ vi TOYSubtarget.h
   ```

2. 다음과 같이 헤더 파일들을 포함시킨다.

   ```
   #include "TOY.h"
   ```

```
#include "TOYFrameLowering.h"
#include "TOYISelLowering.h"
#include "TOYInstrInfo.h"
#include "TOYSelectionDAGInfo.h"
#include "TOYSubtarget.h"
#include "llvm/Target/TargetMachine.h"
#include "llvm/Target/TargetSubtargetInfo.h"
#include "TOYGenSubtargetInfo.inc"
```

3. 새 클래스 TOYSubtarget을 정의한다. private 멤버로 데이터 레이아 웃Data Layout, 타겟 저수준화Target Lowering, 타겟 선택 DAGSelection DAG, 타겟 프레임 저수준화Frame Lowering 등을 가진다.

```
class TOYSubtarget : public TOYGenSubtargetInfo {
    virtual void anchor();

private:

    const DataLayout DL;      // 타입 크기와 정렬을 계산한다.
    TOYInstrInfo InstrInfo;
    TOYTargetLowering TLInfo;
    TOYSelectionDAGInfo TSInfo;
    TOYFrameLowering FrameLowering;
    InstrItineraryData InstrItins;
```

4. 생성자를 선언한다.

```
TOYSubtarget(const std::string &TT, const std::string
    &CPU,const std::string &FS, TOYTargetMachine &TM);
```

생성자는 정의된 트리플릿triplet과 대응하기 위해서 데이터 멤버를 초기 화한다.

5. 클래스 내부 데이터를 반환하기 위해 도우미 함수를 정의한다.

```
const InstrItineraryData *getInstrItineraryData() const
    override {
  return &InstrItins;
```

```
}

const TOYInstrInfo *getInstrInfo() const override { return
    &InstrInfo; }

const TOYRegisterInfo *getRegisterInfo() const override {
    return &InstrInfo.getRegisterInfo();
}

const TOYTargetLowering *getTargetLowering() const override {
    return &TLInfo;
}

const TOYFrameLowering *getFrameLowering() const override {
    return &FrameLowering;
}

const TOYSelectionDAGInfo *getSelectionDAGInfo() const
        override {
    return &TSInfo;
}

const DataLayout *getDataLayout() const override { return &DL; }

void ParseSubtargetFeatures(StringRef CPU, StringRef FS);
```

6. 새 파일 **TOYSubtarget.cpp**를 생성하고 다음 생성자를 정의한다.

```
TOYSubtarget::TOYSubtarget(const std::string &TT, const
        std::string &CPU, const std::string &FS,
        TOYTargetMachine &TM) :
        DL("e-m:e-p:32:32-i1:8:32-i8:8:32-i16:16:32-i64:32-f64
        :32-a:0:32-n32"), InstrInfo(), TLInfo(TM), TSInfo(DL),
        FrameLowering() {
}
```

보조 타겟은 정의된 데이터 레이아웃을 가지며, 프레임 저수준화와 명령어
정보, 보조 타겟 정보 등도 가진다.

- 보조 타겟 구현의 자세한 내용은 lib/Target/ARM/ARMSubtarget.cpp 파일을 참고한다.

다중 명령어로 저수준화

상하위 쌍을 갖는 32비트 상수 로드 명령어를 구현하는 예제를 살펴본다. MOVW는 하위 16비트 상수 값을 이동하고 상위 16비트를 클리어하는 연산이고, MOVT는 상위 16비트 상수 값을 이동하는 연산이다.

다중 명령어 저수준화를 구현하기 위한 몇 가지 방법이 있다. 의사pseudo 명령어를 사용하거나 selectionDAG 변환에서 할 수 있다.

1. 의사 명령어 없이 하기 위해 몇 가지 제약 사항을 정의한다. 두 개의 명령어는 정렬돼야 하며, MOVW는 상위 16비트를 클리어한다. 결과는 MOVT로 읽어서 상위 16비트에 채우는 것이다. tablegen에서 이런 제약을 정의할 수 있다.

```
def MOVLOi16 : MOV<0b1000, "movw", (ins i32imm:$imm),[(set
    i32:$dst, i32imm_lo:$imm)]>;
def MOVHIi16 : MOV<0b1010, "movt", (ins
    GRRegs:$src1,i32imm:$imm),[/* No Pattern */]>;
```

두 번째 방법은 td 파일에 의사 명령어를 정의하는 것이다.

```
def MOVi32 : InstTOY<(outs GRRegs:$dst), (ins i32imm:$src), "",
    [(set i32:$dst, (movei32 imm:$src))]> {
  let isPseudo = 1;
}
```

2. TOYInstrInfo.cpp 파일에서 타겟 함수가 의사 명령어를 저수준화한다.

```
bool TOYInstrInfo::expandPostRAPseudo(MachineBasicBlock::
    iterator MI) const {
  if (MI->getOpcode() == TOY::MOVi32){
    DebugLoc DL = MI->getDebugLoc();
    MachineBasicBlock &MBB = *MI->getParent();

    const unsigned DstReg = MI->getOperand(0).getReg();
    const bool DstIsDead = MI->getOperand(0).isDead();

    const MachineOperand &MO = MI->getOperand(1);

    auto LO16 = BuildMI(MBB, MI, DL, get(TOY::MOVLOi16),DstReg);
    auto HI16 = BuildMI(MBB, MI, DL, get(TOY::MOVHIi16))
            .addReg(DstReg, RegState::Define |
                getDeadRegState(DstIsDead))
            .addReg(DstReg);

    MBB.erase(MI);
    return true;
  }
}
```

3. LLVM 전체를 컴파일한다. 예를 들어 IR로 작성된 다음과 같은 ex.ll 을 사용한다.

```
define i32 @foo(i32 %a) #0 {
  %b = add nsw i32 %a, 65537 ; 0x00010001
  ret i32 %b
}
```

생성된 어셈블리는 다음과 같다.

```
movw r1, #1
movt r1, #1
add r0, r0, r1
b lr
```

첫 번째 명령어 movw는 1을 하위 16비트로 옮기고 상위 16비트를 클리어한다. 즉, 값 0x00000001이 r1에 채워질 것이다. 다음 명령어인 movt는 하위 비트를 수정하지 않고 상위 비트만 채울 것이고, 최종적으로 r1은 0x00010001이 될 것이다. 명령어 처리 시 td 파일에 정의된 의사 명령어를 만나면 의사 명령어를 실제 구현으로 확장하는 확장 함수가 호출된다.

위 예제에서 mov32 상수 명령어는 두 개의 명령어 movw(하위 16비트), 그리고 movt(상위 16비트)로 구현됐다. td 파일에서 의사 명령어로 정의돼 의사 명령어가 처리될 때 관련 확장 함수가 호출되면서 두 기계 명령어 MOVLOi16과 MOVHIi16을 만든다. 이 두 명령어는 타겟 아키텍처의 movw와 movt 명령어에 대응된다.

- ARM 아키텍처의 다수 명령어 저수준화 구현은 lib/Target/ARM/ARMInstrInfo.td 파일을 참고한다.

타겟 등록

llc 툴에 작성한 TOY 아키텍처를 등록해야만 TOY 아키텍처에서 llc 툴을 사용할 수 있다. 이 예제는 타겟을 등록하기 위해 필요한 환경 파일의 수정 방법을 보여준다. 빌드 파일도 이 예제에서 수정한다.

정적 컴파일러에 타겟을 등록하기 위해 다음을 따라 한다.

1. 먼저 llvm_root_dir/CMakeLists.txt에 TOY 백엔드의 엔트리를 추가
   한다.

   ```
   set(LLVM_ALL_TARGETS
       AArch64
       ARM
       ...
       ...
       TOY
   )
   ```

2. 그리고 llvm_root_dir/include/llvm/ADT/Triple.h에 toy 엔트리를 추가
   한다.

   ```
   class Triple {
   public:
       enum ArchType {
           UnknownArch,
           arm,        // ARM(리틀 엔디안): arm, armv.*, xscale
           armeb,      // ARM(빅 엔디안): armeb
           aarch64,    // AArch64(리틀 엔디안): aarch64
           ...
           ...
           toy         // TOY: toy
       };
   ```

3. llvm_root_dir/include/llvm/MC/MCExpr.h에 toy 엔트리를 추가한다.

   ```
   class MCSymbolRefExpr : public MCExpr {
   public:
       enum VariantKind {
           ...
           VK_TOY_LO,
           VK_TOY_HI,
       };
   }
   ```

4. llvm_root_dir/include/llvm/Support/ELF.h에 toy 엔트리를 추가한다.

```
enum {
    EM_NONE = 0,      //no machine
    EM_M32  = 1,      //AT&T 32100
    ...
    ...
     EM_TOY  = 220     //다음 열거형 값
};
```

5. lib/MC/MCExpr.cpp에 toy 엔트리를 추가한다.

```
StringRef MCSymbolRefExpr::getVariantKindName(VariantKind
    Kind) {
  switch (Kind) {
      ...
      ...
      case VK_TOY_LO: return "TOY_LO";
      case VK_TOY_HI: return "TOY_HI";
  }
  ...
}
```

6. 다음으로 lib/Support/Triple.cpp에 toy 엔트리를 추가한다.

```
const char *Triple::getArchTypeName(ArchType Kind) {
  switch (Kind) {
      ...
      ...
      case toy: return "toy";
  }
}

const char *Triple::getArchTypePrefix(ArchType Kind) {
  switch (Kind) {
      ...
      ...
      case toy: return "toy";
```

```
        }
}

Triple::ArchType Triple::getArchTypeForLLVMName(StringRef
    Name) {
  ...
  ...
  .Case("toy", toy) ...
}

static Triple::ArchType parseArch(StringRef ArchName) {
  ...
  ...
  .Case("toy", Triple::toy) ...
}

static unsigned getArchPointerBitWidth(llvm::Triple::ArchType
    Arch) {
  ...
  ...
  case llvm::Triple::toy:
    return 32;
  ...
  ...
}

Triple Triple::get32BitArchVariant() const {
  ...
  ...
  case Triple::toy:
    // 이미 32비트
    break;
    ...
}

Triple Triple::get64BitArchVariant() const {
  ...
```

```
    ...
    case Triple::toy:
        T.setArch(UnknownArch);
        break;
    ...
    ...
}
```

7. lib/Target/LLVMBuild.txt에 toy 디렉토리 엔트리를 추가한다.

```
[common]
subdirectories = ARM AArch64 CppBackend Hexagon MSP430 ... ...
TOY
```

8. lib/Target/TOY 폴더에서 새 파일 TOY.h를 생성한다.

```
#ifndef TARGET_TOY_H
#define TARGET_TOY_H

#include "MCTargetDesc/TOYMCTargetDesc.h"
#include "llvm/Target/TargetMachine.h"

namespace llvm {
    class TargetMachine;
    class TOYTargetMachine;

    FunctionPass *createTOYISelDag(TOYTargetMachine &TM,
            CodeGenOpt::Level OptLevel);
} // llvm 네임스페이스 끝;

#endif
```

9. lib/Target/TOY 폴더에서 새 폴더 TargetInfo를 생성해서 폴더 안에 새 파일 TOYTargetInfo.cpp를 생성한다.

```
#include "TOY.h"
#include "llvm/IR/Module.h"
#include "llvm/Support/TargetRegistry.h"
using namespace llvm;
```

```
Target llvm::TheTOYTarget;

extern "C" void LLVMInitializeTOYTargetInfo() {
    RegisterTarget<Triple::toy> X(TheTOYTarget, "toy", "TOY");
}
```

10. 같은 폴더에서 CMakeLists.txt 파일을 생성한다.

```
add_llvm_library(LLVMTOYInfo
    TOYTargetInfo.cpp
)
```

11. LLVMBuild.txt 파일을 생성한다.

```
[component_0]
type = Library
name = TOYInfo
parent = TOY
required_libraries = Support
add_to_library_groups = TOY
```

12. lib/Target/TOY 폴더에서 새 파일 TOYTargetMachine.cpp를 생성한다.

```
#include "TOYTargetMachine.h"
#include "TOY.h"
#include "TOYFrameLowering.h"
#include "TOYInstrInfo.h"
#include "TOYISelLowering.h"
#include "TOYSelectionDAGInfo.h"
#include "llvm/CodeGen/Passes.h"
#include "llvm/IR/Module.h"
#include "llvm/PassManager.h"
#include "llvm/Support/TargetRegistry.h"
using namespace llvm;

TOYTargetMachine::TOYTargetMachine(const Target &T, StringRef
    TT, StringRef CPU, StringRef FS, const TargetOptions
    &Options, Reloc::Model RM, CodeModel::Model CM,
    CodeGenOpt::Level OL)
```

```
          : LLVMTargetMachine(T, TT, CPU, FS, Options, RM, CM, OL),
          Subtarget(TT, CPU, FS, *this) {
    initAsmInfo();
}

namespace {
    class TOYPassConfig : public TargetPassConfig {
        public: TOYPassConfig(TOYTargetMachine *TM,
              PassManagerBase &PM)
              : TargetPassConfig(TM, PM) {}

        TOYTargetMachine &getTOYTargetMachine() const {
          return getTM<TOYTargetMachine>();
        }

        virtual bool addPreISel();
        virtual bool addInstSelector();
        virtual bool addPreEmitPass();
    };
} // 네임스페이스 끝

TargetPassConfig *TOYTargetMachine::createPassConfig(
      PassManagerBase &PM) {
    return new TOYPassConfig(this, PM);
}

bool TOYPassConfig::addPreISel() { return false; }

bool TOYPassConfig::addInstSelector() {
      addPass(createTOYISelDag(getTOYTargetMachine(),
            getOptLevel()));
    return false;
}

bool TOYPassConfig::addPreEmitPass() { return false; }

// 정적 초기화를 강제로 적용
extern "C" void LLVMInitializeTOYTarget() {
    RegisterTargetMachine<TOYTargetMachine> X(TheTOYTarget);
```

```
    }

    void TOYTargetMachine::addAnalysisPasses(PassManagerBase
        &PM) {}
```

13. 새 폴더 MCTargetDesc를 생성해서 폴더 안에 TOYMCTargetDesc.h
    파일을 생성한다.

```
#ifndef TOYMCTARGETDESC_H
#define TOYMCTARGETDESC_H

#include "llvm/Support/DataTypes.h"

namespace llvm {
    class Target;
    class MCInstrInfo;
    class MCRegisterInfo;
    class MCSubtargetInfo;
    class MCContext;
    class MCCodeEmitter;
    class MCAsmInfo;
    class MCCodeGenInfo;
    class MCInstPrinter;
    class MCObjectWriter;
    class MCAsmBackend;

    class StringRef;
    class raw_ostream;

    extern Target TheTOYTarget;

    MCCodeEmitter *createTOYMCCodeEmitter(const MCInstrInfo
        &MCII, const MCRegisterInfo &MRI, const
        MCSubtargetInfo &STI, MCContext &Ctx);

    MCAsmBackend *createTOYAsmBackend(const Target &T, const
        MCRegisterInfo &MRI, StringRef TT, StringRef CPU);

    MCObjectWriter *createTOYELFObjectWriter(raw_ostream &OS,
```

```
          uint8_t OSABI);

} // llvm 네임스페이스 끝

#define GET_REGINFO_ENUM
#include "TOYGenRegisterInfo.inc"

#define GET_INSTRINFO_ENUM
#include "TOYGenInstrInfo.inc"

#define GET_SUBTARGETINFO_ENUM
#include "TOYGenSubtargetInfo.inc"

#endif
```

14. 같은 폴더 안에 새 파일 TOYMCTargetDesc.cpp를 생성한다.

```
#include "TOYMCTargetDesc.h"
#include "InstPrinter/TOYInstPrinter.h"
#include "TOYMCAsmInfo.h"
#include "llvm/MC/MCCodeGenInfo.h"
#include "llvm/MC/MCInstrInfo.h"
#include "llvm/MC/MCRegisterInfo.h"
#include "llvm/MC/MCSubtargetInfo.h"
#include "llvm/MC/MCStreamer.h"
#include "llvm/Support/ErrorHandling.h"
#include "llvm/Support/FormattedStream.h"
#include "llvm/Support/TargetRegistry.h"

#define GET_INSTRINFO_MC_DESC
#include "TOYGenInstrInfo.inc"

#define GET_SUBTARGETINFO_MC_DESC
#include "TOYGenSubtargetInfo.inc"

#define GET_REGINFO_MC_DESC
#include "TOYGenRegisterInfo.inc"

using namespace llvm;
```

```
static MCInstrInfo *createTOYMCInstrInfo() {
  MCInstrInfo *X = new MCInstrInfo();
  InitTOYMCInstrInfo(X);
  return X;
}

static MCRegisterInfo *createTOYMCRegisterInfo(StringRef TT) {
  MCRegisterInfo *X = new MCRegisterInfo();
  InitTOYMCRegisterInfo(X, TOY::LR);
  return X;
}

static MCSubtargetInfo *createTOYMCSubtargetInfo(StringRef
    TT, StringRef CPU, StringRef FS) {
  MCSubtargetInfo *X = new MCSubtargetInfo();
  InitTOYMCSubtargetInfo(X, TT, CPU, FS);
  return X;
}

static MCAsmInfo *createTOYMCAsmInfo(const MCRegisterInfo
    &MRI, StringRef TT) {
  MCAsmInfo *MAI = new TOYMCAsmInfo(TT);
  return MAI;
}

static MCCodeGenInfo *createTOYMCCodeGenInfo(StringRef TT,
    Reloc::Model RM, CodeModel::Model CM, CodeGenOpt::Level
    OL) {
  MCCodeGenInfo *X = new MCCodeGenInfo();
  if (RM == Reloc::Default) {
    RM = Reloc::Static;
  }
  if (CM == CodeModel::Default) {
    CM = CodeModel::Small;
  }
  if (CM != CodeModel::Small && CM != CodeModel::Large) {
    report_fatal_error("Target only supports CodeModel Small
```

```
                or Large");
    }

    X->InitMCCodeGenInfo(RM, CM, OL);
    return X;
}

static MCInstPrinter * createTOYMCInstPrinter(const Target &T,
        unsigned SyntaxVariant, const MCAsmInfo &MAI, const
        MCInstrInfo &MII, const MCRegisterInfo &MRI, const
        MCSubtargetInfo &STI) {
    return new TOYInstPrinter(MAI, MII, MRI);
}

static MCStreamer * createMCAsmStreamer(MCContext &Ctx,
        formatted_raw_ostream &OS, bool isVerboseAsm, bool
        useDwarfDirectory,MCInstPrinter *InstPrint,
        MCCodeEmitter *CE,MCAsmBackend *TAB, bool ShowInst) {
    return createAsmStreamer(Ctx, OS, isVerboseAsm,
            useDwarfDirectory, InstPrint, CE, TAB, ShowInst);
}

static MCStreamer *createMCStreamer(const Target &T, StringRef
        TT, MCContext &Ctx, MCAsmBackend &MAB, raw_ostream &OS,
        MCCodeEmitter *Emitter, const MCSubtargetInfo &STI, bool
        RelaxAll, bool NoExecStack) {
    return createELFStreamer(Ctx, MAB, OS, Emitter, false,
            NoExecStack);
}

// 정적 초기화
extern "C" void LLVMInitializeTOYTargetMC() {
    // MC asm info 등록
    RegisterMCAsmInfoFn X(TheTOYTarget, createTOYMCAsmInfo);

    // MC codegen info 등록
    TargetRegistry::RegisterMCCodeGenInfo(TheTOYTarget,
            createTOYMCCodeGenInfo);
```

```
    // MC instruction info 등록
    TargetRegistry::RegisterMCInstrInfo(TheTOYTarget,
        createTOYMCInstrInfo);

    // MC register info 등록
    TargetRegistry::RegisterMCRegInfo(TheTOYTarget,
        createTOYMCRegisterInfo);

    // MC subtarget info 등록
    TargetRegistry::RegisterMCSubtargetInfo(TheTOYTarget,
        createTOYMCSubtargetInfo);

    // MCInstPrinter 등록
    TargetRegistry::RegisterMCInstPrinter(TheTOYTarget,
        createTOYMCInstPrinter);

    // ASM Backend 등록
    TargetRegistry::RegisterMCAsmBackend(TheTOYTarget,
        createTOYAsmBackend);

    // assembly streamer 등록
    TargetRegistry::RegisterAsmStreamer(TheTOYTarget,
        createMCAsmStreamer);

    // object streamer 등록
    TargetRegistry::RegisterMCObjectStreamer(TheTOYTarget,
        createMCStreamer);

    // MCCodeEmitter 등록
    TargetRegistry::RegisterMCCodeEmitter(TheTOYTarget,
        createTOYMCCodeEmitter);
}
```

15. 같은 폴더에서 LLVMBuild.txt 파일을 생성한다.

```
[component_0]
type = Library
name = TOYDesc
parent = TOY
```

```
        required_libraries = MC Support TOYAsmPrinter TOYInfo
        add_to_library_groups = TOY
```

16. 그리고 CMakeLists.txt도 생성한다.

```
add_llvm_library(LLVMTOYDesc TOYMCTargetDesc.cpp)
```

LLVM 전체를 다음과 같이 컴파일한다.

```
$ cmake llvm_src_dir -DCMAKE_BUILD_TYPE=Release
-DLLVM_TARGETS_TO_BUILD="TOY"
$ make
```

TOY 타겟을 LLVM 컴파일러로 빌드되도록 정의했고, 빌드를 완료한 후
llc 명령어로 TOY 타겟이 출력되는 것을 확인할 수 있다.

```
$ llc -version
...
...
Registered Targets :
toy - TOY
```

* 복잡한 타겟에서 파이프라이닝과 스케줄링과 관련된 자세한 설명은
  "Creating an LLVM Backend for the Cpu0 Architecture by Chen
  Chung-Shu and Anoushe Jamshidi" 튜토리얼을 참고한다.

9

다양한 프로젝트에서의 LLVM 활용

9장에서 다루는 내용은 다음과 같다.

- LLVM의 예외 처리

- 새니타이저^{Sanitizer} 사용 방법

- LLVM으로 가비지 컬렉터 작성

- LLVM IR을 자바스크립트로 변환

- Clang 정적 분석기의 사용

- bugpoint 사용

- LLDB 사용

- LLVM 유틸리티 패스 사용

소개

지금까지 컴파일러의 프론트엔드, 최적화 모듈, 백엔드를 구현하는 방법을 배웠다. 이 책의 마지막 장인 9장에서는 LLVM 기반 구조가 제공하는 다양한 기능과 이들을 프로젝트에 활용할 수 있는 방법을 알아본다. 목표는 LLVM의 장점인 이러한 주요 툴과 기술들을 소개하는 것이기 때문에 개별적으로 깊게 다루지는 않을 것이다.

LLVM의 예외 처리

이 예제에서는 LLVM의 예외 처리 구조에 대해 살펴본다. IR 및 예외 처리를 위해 LLVM이 제공하는 `intrinsic` 함수상에서 예외 처리 정보가 어떤 형태로 표현되는지에 대해 다룬다.

준비

먼저 예외 처리 동작 과정과 `try`, `catch`, `throw`문의 개념 등에 대해 이해해야 한다. 또한 Clang과 LLVM이 작업 경로에 설치돼 있어야 한다.

예제 구현

LLVM에서 예외 처리가 어떻게 동작하는지 다음 예제를 통해 살펴본다.

1. 파일을 열어 다음과 같이 소스코드를 저장한 후 예외 처리를 테스트한다.

```
$ cat eh.cpp
class Ex1 {};

void throw_exception(int a, int b) {
    Ex1 ex1;
```

```
    if (a > b) {
        throw ex1;
    }
}

int test_try_catch() {
    try {
        throw_exception(2, 1);
    }
    catch(...) {
        return 1;
    }
    return 0;
}
```

2. 다음 명령어를 실행해 비트코드 파일을 생성한다.

```
$ clang -c eh.cpp -emit-llvm -o eh.bc
```

3. IR을 확인하기 위해 다음과 같이 명령어를 실행한다.

```
$ llvm-dis eh.bc -o -
; ModuleID = 'eh.bc'
target datalayout = "e-m:e-i64:64-f80:128-n8:16:32:64-S128"
target triple = "x86_64-unknown-linux-gnu"

%class.Ex1 = type { i8 }

@_ZTVN10__cxxabiv117__class_type_infoE = external global i8*
@_ZTS3Ex1 = linkonce_odr constant [5 x i8] c"3Ex1\00"
@_ZTI3Ex1 = linkonce_odr constant { i8*, i8* } { i8* bitcast
(i8** getelementptr inbounds (i8** @_ZTVN10__cxxabiv117__class_
type_infoE, i64 2) to i8*), i8*
getelementptr inbounds ([5 x i8]* @_ZTS3Ex1, i32 0, i32 0) }

; Function Attrs: uwtable

define void @_Z15throw_exceptionii(i32 %a, i32 %b) #0 {
    %1 = alloca i32, align 4
```

```
    %2 = alloca i32, align 4
    %ex1 = alloca %class.Ex1, align 1
    store i32 %a, i32* %1, align 4
    store i32 %b, i32* %2, align 4
    %3 = load i32* %1, align 4
    %4 = load i32* %2, align 4
    %5 = icmp sgt i32 %3, %4
    br i1 %5, label %6, label %9

; <label>:6                                      ; preds = %0
    %7 = call i8* @__cxa_allocate_exception(i64 1) #1
    %8 = bitcast i8* %7 to %class.Ex1*
    call void @__cxa_throw(i8* %7, i8* bitcast ({ i8*, i8* }*
        @_ZTI3Ex1 to i8*), i8* null) #2
    unreachable

    ; <label>:9                                  ; preds = %0
    ret void
}

declare i8* @__cxa_allocate_exception(i64)

declare void @__cxa_throw(i8*, i8*, i8*)

; Function Attrs: uwtable
define i32 @_Z14test_try_catchv() #0 {
    %1 = alloca i32, align 4
    %2 = alloca i8*
    %3 = alloca i32
    %4 = alloca i32
    invoke void @_Z15throw_exceptionii(i32 2, i32 1)
        to label %5 unwind label %6

; <label>:5                                      ; preds = %0
    br label %13

; <label>:6                                      ; preds = %0
    %7 = landingpad { i8*, i32 } personality i8* bitcast (i32
```

```llvm
                    (...)* @__gxx_personality_v0 to i8*)
            catch i8* null
    %8 = extractvalue { i8*, i32 } %7, 0
    store i8* %8, i8** %2
    %9 = extractvalue { i8*, i32 } %7, 1
    store i32 %9, i32* %3
    br label %10

; <label>:10                                    ; preds = %6
    %11 = load i8** %2
    %12 = call i8* @__cxa_begin_catch(i8* %11) #1
    store i32 1, i32* %1
    store i32 1, i32* %4
    call void @__cxa_end_catch()
    br label %14

; <label>:13                                    ; preds = %5
    store i32 0, i32* %1
    br label %14

; <label>:14                                    ; preds = %13, %10
    %15 = load i32* %1
    ret i32 %15
}

declare i32 @__gxx_personality_v0(...)

declare i8* @__cxa_begin_catch(i8*)

declare void @__cxa_end_catch()

attributes #0 = { uwtable "less-precise-fpmad"="false" "no-
frame-pointer-elim"="true" "no-frame-pointer-elim-non-leaf"
"no-infs-fp-math"="false" "no-nans-fp-math"="false" "stack-
protector-buffer-size"="8" "unsafe-fp-math"="false" "use-soft-
float"="false" }

attributes #1 = { nounwind }
attributes #2 = { noreturn }
```

```
!llvm.ident = !{!0}

!0 = metadata !{metadata !"clang version 3.6.0 (220636)"}
```

예제 분석

LLVM에서는 예외가 발생했을 경우 런타임이 최적의 핸들러 찾기를 시도하는데, 이때 예외가 발생한 함수에 대응하는 예외 프레임을 찾는다. 프로그래밍 언어가 예외 처리를 지원할 경우 예외 프레임이 예외 처리 코드를 저장한 테이블에 대한 참조에 기인해 처리한다. 언어가 예외 처리를 지원하지 않을 경우 현재 활성 레코드를 되돌리고 이전 활성 상태로 복원하는 방법에 대한 정보를 예외 프레임이 저장한다.

이전 예제를 참고해 LLVM에서 예외 처리 코드 생성 방법을 살펴보자.

try 블록은 LLVM에서 명령어를 실행하게 변환된다.

```
invoke void @_Z15throw_exceptionii(i32 2, i32 1)
        to label %5 unwind label %6
```

위 라인은 컴파일러에게 throw_execption 함수가 예외를 발생시킬 경우 어떻게 처리를 해야 하는지 알려준다. 예외가 발생하지 않을 경우 %5 레이블을 통해 정상적인 실행 흐름이 유지될 것이다. 하지만 예외가 발생할 경우 도착점인 %6 레이블로 분기할 것이다. 이것은 대략 try/catch문의 catch에 해당한다. 도착점에서 실행이 재개되면 예외 구조체와 예외 종류에 해당하는 선택자 값을 전달받는다. 선택자는 어떤 catch문이 이 예외를 처리해야 할지 선택할 때 사용한다. 이 경우에는 다음과 유사하다.

```
%7 = landingpad { i8*, i32 } personality i8* bitcast (i32 (...)*
@__gxx_personality_v0 to i8*)
        catch i8* null
```

위 코드에서 %7은 예외 정보를 나타내고, {i8*,i32} 부분은 예외 정보의 종류를 나타낸다. 그리고 i8*는 예외 포인터, i32는 선택자 값을 나타낸다. 이 경우에는 catch 함수가 모든 종류의 예외를 처리하기 때문에 한 가지 선택자 값만 있다. @__gxx_personality_v0 함수는 personality 함수 인데, 이는 예외 객체 종류 및 값, 현 함수에 대한 예외 테이블 포인터를 저장하는 예외 구조체 등의 예외 문맥을 전달받는다. 현재 컴파일 단위의 personality 함수는 공통 예외 프레임에 지정돼 있다. 이 책에서는 @__gxx_personality_v0 함수가 C++ 예외까지 다룬다.

따라서 %8 = extractvalue { i8*, i32 } %7, 0은 예외 객체를 표현하고, %9 = extractvalue { i8*, i32 } %7, 1은 선택자 값을 표현한다.

다음은 눈여겨볼 만한 IR 함수들이다.

- **__cxa_throw** 예외를 발생시키는 데 사용하는 함수
- **__cxa_begin_catch** 예외 구조체 포인터를 전달받아 예외 객체 값을 반환하는 함수
- **__cxa_end_catch** 가장 최근 처리한 예외를 찾고 핸들러 카운터 값을 감소시키며, 이때 카운터가 0이 될 경우 catch 상태에서 예외를 제거하는 함수

참고 사항

- LLVM이 사용하는 예외 포맷을 좀 더 이해하려면 http://llvm.org/docs/ExceptionHandling.html#llvm-code-generation을 참고한다.

새니타이저 사용 방법

메모리 디버깅을 하기 위해 Valgrind 같은 툴을 사용해본 적이 있을 것이다. LLVM은 어드레스 새니타이저[address sanitizer], 메모리 새니타이저[memory

^{sanitizer} 등과 같은 메모리 디버깅 툴을 제공한다. 이런 툴들은 Valgrind보다 고급 기능은 제공하지 않지만, 속도는 월등히 빠르다. 대부분의 툴들은 현재 개발 단계에 있기 때문에 원할 경우 언제든지 오픈소스 개발에 기여할 수 있다.

준비

새니타이저들을 사용하기 위해 LLVM SVN에서 `compiler-rt` 코드를 체크 아웃한다.

```
cd llvm/projects
svn co http://llvm.org/svn/llvm-project/compiler-rt/trunk compiler-rt
```

1장과 마찬가지로 LLVM을 빌드한다. 이를 통해 필요한 런타임 라이브러리 를 얻을 수 있다.

예제 구현

테스트 코드에 어드레스 새니타이저를 테스트해본다.

1. 어드레스 새니타이저를 체크하기 위해 테스트 케이스를 작성한다.

   ```
   $ cat asan.c
   int main() {
       int a[5];
       int index = 6;
       int retval = a[index];
       return retval;
   }
   ```

2. 어드레스 새니타이저를 사용하기 위해 테스트 코드를 `fsanitize=address` 커맨드라인 인자로 컴파일한다.

   ```
   $ clang -fsanitize=address asan.c
   ```

3. 다음 명령어를 통해 어드레스 새니타이저의 실행 결과를 얻는다.

```
$ ASAN_SYMBOLIZER_PATH=/usr/local/bin/llvm-symbolizer ./a.out
```

실행 결과는 다음과 같다.

예제 분석

LLVM 어드레스 새니타이저 툴은 코드 인스트루먼테이션^{code instrumentation} 원칙에 기반을 두고 동작하며, 컴파일러 인스트루먼테이션 모듈과 런타임 라이브러리로 구성돼 있다. 코드 인스트루먼테이션 부분은 이전 예제처럼 `fsanitize=address` 커맨드라인 인자로 동작한다. 런타임 라이브러리는 `malloc`과 `free` 함수를 사용자 정의 코드로 교체한다. 코드 인스트루먼테이션이 어떻게 동작하는지 본격적으로 다루기 전에 가상 주소 공간이 2개의 클래스로 분리된다는 점을 알아야 한다. 보통 애플리케이션 코드에서 사용하는 메인 애플리케이션 메모리와 섀도우 값이나 메타데이터를 저장하는 섀도우 메모리로 분리된다.

섀도우 메모리와 메인 애플리케이션 메모리는 서로 연결돼 있다. 메인 메모리에 특정 바이트를 오염시키면 대응되는 섀도우 메모리에 마찬가지로 어떤 특별한 값을 저장한다.

다시 어드레스 새니타이저로 돌아와 살펴보면 malloc 함수에 의해 할당된 지역 주변의 메모리를 오염시킨다. 또한 free 함수에 의해 해제된 메모리도 격리 및 오염시킨다. 프로그램 내의 모든 메모리 접근은 다음과 같이 컴파일러에 의해 변환된다.

처음엔 다음과 같다.

```
*address = ...;
```

이후 다음과 같이 변환된다.

```
if (IsPoisoned(address)) {
    ReportError(address, kAccessSize, kIsWrite);
}
*address = ...;
```

이것은 메모리에서 올바르지 않은 접근을 발견하면 에러를 보고한다는 뜻이다.

이전 예제에서는 배열의 경계를 벗어난 메모리에 접근하는 버퍼 오버런 코드를 작성했다. 여기서 코드 인스트루먼테이션은 배열의 앞뒤에 적용한다. 배열의 상위 경계를 벗어나 메모리 접근하는 것은 적색 지역에 접근하는 것이며, 결과적으로 어드레스 새니타이저는 스택 오버플로우를 보고한다.

참고 사항

- 관련 문서는 http://clang.llvm.org/docs/AddressSanitizer.html을 참고한다.
- LLVM의 여타 Sanitizer 관련 내용은 다음 링크를 참고한다.

  http://clang.llvm.org/docs/MemorySanitizer.html

http://clang.llvm.org/docs/ThreadSanitizer.html

https://code.google.com/p/address-sanitizer/wiki/LeakSanitizer

LLVM으로 가비지 컬렉터 작성

가비지 컬렉션^{garbage collection}이란 더 이상 사용하지 않는 객체들이 소유하고 있는 메모리들을 되찾아 메모리를 관리하는 기술이다. 이 기술 덕분에 프로그래머들은 힙 객체^{heap object}의 생명주기를 신경 쓰지 않아도 된다.

이번 예제에서는 가비지 컬렉션을 지원하는 언어의 컴파일러에 LLVM을 통합하는 방법을 살펴본다. LLVM 자체는 가비지 컬렉터를 제공하지 않지만, 컴파일러에게 가비지 컬렉터의 요구 사항을 전달하는 프레임워크를 제공한다.

준비

LLVM이 빌드되고 설치돼 있어야 한다.

예제 구현

이 예제에서는 가비지 컬렉션 `intrinsic` 함수와 함께 LLVM IR 코드가 대응하는 머신 어셈블리어 코드로 어떻게 변환되는지 살펴본다.

1. 테스트 코드를 작성한다.

```
$ cat testgc.ll

declare i8* @llvm_gc_allocate(i32)
declare void @llvm_gc_initialize(i32)

declare void @llvm.gcroot(i8**, i8*)
declare void @llvm.gcwrite(i8*, i8*, i8**)
```

```
define i32 @main() gc "shadow-stack" {
entry:
    %A = alloca i8*
    %B = alloca i8**

    call void @llvm_gc_initialize(i32 1048576)   ; 1MB 힙으로 시작

    ;; void *A;
    call void @llvm.gcroot(i8** %A, i8* null)

    ;; A = gcalloc(10);
    %Aptr = call i8* @llvm_gc_allocate(i32 10)
    store i8* %Aptr, i8** %A

    ;; void **B;
    %tmp.1 = bitcast i8*** %B to i8**
    call void @llvm.gcroot(i8** %tmp.1, i8* null)

    ;; B = gcalloc(4);
    %B.upgrd.1 = call i8* @llvm_gc_allocate(i32 8)
    %tmp.2 = bitcast i8* %B.upgrd.1 to i8**
    store i8** %tmp.2, i8*** %B

    ;; *B = A;
    %B.1 = load i8**, i8*** %B
    %A.1 = load i8*, i8** %A
    call void @llvm.gcwrite(i8* %A.1, i8* %B.upgrd.1, i8** %B.1)

    br label %AllocLoop

AllocLoop:
    %i = phi i32 [ 0, %entry ], [ %indvar.next, %AllocLoop ]

    ;; 할당된 메모리: 할당된 메모리는 즉시 죽은 상태
    call i8* @llvm_gc_allocate(i32 100)

    %indvar.next = add i32 %i, 1
    %exitcond = icmp eq i32 %indvar.next, 10000000
    br i1 %exitcond, label %Exit, label %AllocLoop
```

```
Exit:
    ret i32 0
}

declare void @__main()
```

2. llc 툴을 사용해 어셈블리어 코드를 생성하고, cat 명령어로 어셈블리
   어 코드를 확인한다.

```
$ llc testgc.ll

$ cat testgc.s
    .text
    .file   "testgc.ll"
    .globl  main
    .align  16, 0x90
    .type   main,@function
main:                                   # @main
.Lfunc_begin0:
    .cfi_startproc
    .cfi_personality 3, __gcc_personality_v0
    .cfi_lsda 3, .Lexception0
# BB#0:                                 # %entry
    pushq   %rbx
.Ltmp9:
    .cfi_def_cfa_offset 16
    subq    $32, %rsp
.Ltmp10:
    .cfi_def_cfa_offset 48
.Ltmp11:
    .cfi_offset %rbx, -16
    movq    llvm_gc_root_chain(%rip), %rax
    movq    $__gc_main, 8(%rsp)
    movq    $0, 16(%rsp)
    movq    %rax, (%rsp)
    leaq    (%rsp), %rax
```

```
        movq  %rax, llvm_gc_root_chain(%rip)
        movq  $0, 24(%rsp)
# %entry
.Ltmp0:
        movl  $1048576, %edi          # imm = 0x100000
        callq llvm_gc_initialize
.Ltmp1:
# BB#1:                               # %entry.cont3
.Ltmp2:
        movl  $10, %edi
        callq llvm_gc_allocate
.Ltmp3:
# BB#2:                               # %entry.cont2
        movq  %rax, 16(%rsp)
.Ltmp4:
        movl  $8, %edi
        callq llvm_gc_allocate
.Ltmp5:
# BB#3:                               # %entry.cont
        movq  %rax, 24(%rsp)
        movq  16(%rsp), %rcx
        movq  %rcx, (%rax)
        movl  $10000000, %ebx         # imm = 0x989680
        .align 16, 0x90
.LBB0_4:                                    #%allocLoop
                                            #=>내부 반복문

Header: Depth=1
.Ltmp6:
        movl  $100, %edi
        callq llvm_gc_allocate
.Ltmp7:

# BB#5:                                 # %AllocLoop.cont
                                        #  반복문 안: Header = BB0_4

Depth=1
```

```
      decl   %ebx
      jne    .LBB0_4
# BB#6:                              # %Exit
      movq   (%rsp), %rax
      movq   %rax, llvm_gc_root_chain(%rip)
      xorl   %eax, %eax
      addq   $32, %rsp
      popq   %rbx
      retq
.LBB0_7:                             # %gc_cleanup
.Ltmp8:
      movq   (%rsp), %rcx
      movq   %rcx, llvm_gc_root_chain(%rip)
      movq   %rax, %rdi
      callq  _Unwind_Resume
.Lfunc_end0:
      .size  main, .Lfunc_end0-main
      .cfi_endproc
      .section  .gcc_except_table,"a",@progbits
      .align  4
GCC_except_table0:
.Lexception0:
      .byte  255                     # @LPStart Encoding = omit
      .byte  3                       # @TType Encoding = udata4
      .asciz  "\234"                 # @TType base offset
      .byte  3                       # 호출 위치 인코딩 = udata4
      .byte 26                       # 호출 위치 테이블 길이
      .long  .Ltmp0-.Lfunc_begin0    # >> 호출 위치 1 <<
      .long  .Ltmp7-.Ltmp0           #   .Ltmp0과 .Ltmp7 사이의 호출
      .long  .Ltmp8-.Lfunc_begin0    #      .Ltmp8로 점프
      .byte  0                       #   액션 발생 시: 클린업
      .long  .Ltmp7-.Lfunc_begin0    # >> 호출 위치 2 <<
      .long  .Lfunc_end0-.Ltmp7      #.Ltmp7과 .Lfunc_end0 사이의 호출
      .long  0                       #      도착점
      .byte  0                       #   핵션 발생 시: 클린업
```

```
        .align  4
        .type   llvm_gc_root_chain,@object # @llvm_gc_root_chain
        .bss
        .weak   llvm_gc_root_chain
        .align  8
llvm_gc_root_chain:
        .quad   0
        .size   llvm_gc_root_chain, 8

        .type   __gc_main,@object       # @__gc_main
        .section    .rodata,"a",@progbits
        .align  8
__gc_main:
        .long   2                       # 0x2
        .long   0                       # 0x0
        .size   __gc_main, 8

        .section    ".note.GNU-stack","",@progbits
```

예제 분석

이전 코드의 메인 함수에서는 stack roots() 링크드 리스트를 유지하는 내장 가비지 컬렉터 전략 shadow-stack을 사용한다.

```
define i32 @main() gc "shadow-stack"
```

이것은 머신 스택을 미러링한다. gc "strategy name"과 같이 함수명 뒤에 전략명을 지정해 원하는 다른 기술들을 사용할 수 있다. 전략명은 내장 전략일 수도 있고, 가비지 컬렉션을 위한 사용자 정의 전략일 수도 있다.

힙 객체에 대한 레퍼런스 또는 포인터인 루트를 식별하기 위해 LLVM은 intrinsic 함수의 @llvm.gcroot 또는 .statepoint 재배치 순서를 사용한다. @llvm.gcroot intrinsic 함수는 LLVM에게 스택 변수가 힙 객체를 가리키고 있으며, 이는 컬렉터에 의해 추적이 돼야 한다는 것을 알려준

다. 예제 구현 코드에서 다음과 같은 부분이 %tmp.1 스택 변수를 추적하기
위해 llvm.gcroot 함수를 호출하는 부분이다.

```
call void @llvm.gcroot(i8** %tmp.1, i8* null)
```

llvm.gcwrite 함수는 쓰기에 대한 경계 역할을 한다. 이는 특정 프로그램
에 가비지 컬렉션이 동작할 때마다 힙 객체의 필드에 포인터를 쓰고 컬렉터
는 이 사실을 알림 받는다는 의미다. llvm.gcread intrinsic 함수도 존재
하는데, 힙 객체의 필드에서 포인터를 읽을 경우 가비지 컬렉터에게 알려준
다. 다음 코드는 %A.1 값을 %B.upgrd 힙 객체에 쓴다.

```
call void @llvm.gcwrite(i8* %A.1, i8* %B.upgrd.1, i8** %B.1)
```

 LLVM은 가비지 컬렉터를 제공하지 않는다는 사실을 기억해야 한다. 가비지 컬렉터
는 언어의 런타임 라이브러리의 일부분이어야 한다. 앞선 설명은 가비지 컬렉터의
요구 사항을 컴파일러에게 전달할 수 있는 LLVM이 제공하는 인프라에 대해 다룬다.

참고 사항

- 가비지 컬렉션 문서는 http://llvm.org/docs/GarbageCollection.html을
  참고한다.
- 가비지 컬렉션의 또 다른 방법에 대해서는 http://llvm.org/docs/
  Statepoints.html을 참고한다.

LLVM IR을 자바스크립트로 변환

이 예제에서는 LLVM IR을 자바스크립트로 어떻게 변환할 수 있는지 간단
히 알아본다.

IR을 자바스크립트로 변환하기 위해 다음 단계들을 따라 한다.

1. emscripten이라는 LLVM을 자바스크립트로 컴파일하는 컴파일러를 사용할 것이다. https://kripken.github.io/emscripten-site/docs/getting_started/downloads.html에서 제공하는 SDK를 다운로드해야 하며, 소스코드로부터 빌드할 수도 있고, 단순 테스트를 위해서는 툴체인과 함께 제공되는 SDK를 사용해도 된다.

2. SDK를 다운로드한 후 특정 위치에 압축 해제한 다음에 다운로드의 루트 폴더로 이동한다.

3. default-jre, nodejs, cmake, build-essential, git 의존성 라이브러리들을 설치한다.

4. 다음 명령어들을 실행해 SDK를 설치한다.

```
./emsdk update
./emsdk install latest
./emsdk activate latest
```

5. ~/emscripten 스크립트를 확인해 올바른 값들인지 보고, 아닐 경우 알맞게 업데이트를 한다.

다음 단계를 따라 한다.

1. 변환을 위해 테스트 코드를 작성한다.

```
$ cat test.c
#include<stdio.h>

int main() {
    printf("hi, user!\n");
```

```
        return 0;
    }
```

2. 코드를 LLVM IR로 변환한다.

   ```
   $ clang -S -emit-llvm test.c
   ```

3. emsdk_portable/emscripten/master 경로에 있는 emcc 실행 파일에 .ll
   파일을 입력으로 전달해 자바스크립트로 변환한다.

   ```
   $ ./emcc test.ll
   ```

4. 생성된 출력 파일은 a.out.js 파일이며, 다음 명령어로 파일을 실행할
   수 있다.

   ```
   $ nodejs a.out.js
   hi, user!
   ```

참고 사항

- 더 자세한 정보는 https://github.com/kripken/emscripten을 참고한다.

Clang 정적 분석기의 사용

이 예제에서는 Clang 정적 분석기Static Analyzer에 의해 수행되는 정적 코드 분
석에 대해 배운다. 이 분석기는 Clang과 LLVM 기반으로 개발됐다. Clang
정적 분석기가 사용하는 정적 분석 엔진은 Clang 라이브러리 형태이기 때문
에 여러 클라이언트들의 각기 다른 컨텍스트에서 재사용할 수 있다.

0으로 나누는divide-by-zero 버그를 예로 들어 Clang 정적 분석기가 해당 버그
를 어떻게 다루는지 살펴본다.

LLVM을 Clang과 함께 빌드한다.

다음 단계를 수행한다.

1. 테스트 파일을 생성하고 테스트 코드를 작성한다.

```
$ cat sa.c
int func() {
    int a = 0;
    int b = 1/a;
    return b;
}
```

2. Clang 정적 분석기에 다음과 같이 커맨드라인 옵션을 전달해 실행하면 결과가 화면에 출력될 것이다.

```
$ clang -cc1 -analyze -analyzer-checker=core.DivideZero sa.c
sa.c:3:10: warning: Division by zero
int b = 1/a;
        ~^~
1 warning generated.
```

정적 분석기의 핵심은 프로그램을 대상으로 심볼릭 익스큐션execution을 수행한다는 점이다. 입력 값은 심볼릭 값으로 표현되고, 표현식의 값은 분석기가 입력 심볼과 경로를 활용해 계산한다. 코드의 실행은 경로에 따라 달라지기 때문에 모든 가능한 경로를 분석한다.

실행하는 동안 실행 트레이스traces가 ExplodedGraph 형태로 표현된다.

ExplodedGraph의 각 노드는 ExplodedNode로 불린다. ProgramState 객체로 구성돼 있는데, 이는 프로그램의 추상적인 상태를 나타낸다. 그리고 ProgramPoint는 프로그램 내에서의 해당 위치를 나타낸다.

각 버그의 타입마다 해당하는 체커checker가 존재한다. 각각의 체커들은 코어로 연결돼 있는데, ProgramState의 구성 및 생성에 기여하는 방법으로 코어에 연결돼 있다. 분석 엔진이 순회 과정에서 새로운 표현식을 만날 때마다 해당 표현식을 모니터링하게 등록된 체커에 알려 버그를 보고하거나 상태를 바꿀 수 있는 기회를 제공한다.

각각의 체커는 이벤트나 PreCall(함수 호출 이전), DeadSymbols(심볼이 죽을 경우) 등과 같은 콜백을 등록한다. 요청된 이벤트 발생 시에 체커들에게 알림이 가고, 각 이벤트 발생 시 수행할 일들을 실행한다.

이 예제에서는 0으로 나누는 버그 발생할 때 보고를 하는 divide-by-zero 체커를 살펴봤다. 이 경우 체커는 문장이 실행되기 전에 PreStmt 콜백을 등록한다. 다음에 실행될 표현식의 연산자를 확인하고 나눗셈 연산자가 발견될 경우 제로 값을 찾는다. 제로 값과 가까운 값을 찾은 경우 버그를 보고한다.

참고 사항

- 정적 분석기와 체커에 대해 자세한 정보를 알고 싶다면 http://clang-analyzer.llvm.org/checker_dev_manual.html을 참고한다.

bugpoint 사용

이 예제에서는 bugpoint라는 LLVM 기반 구조가 제공하는 유용한 툴에 대해 알아본다. bugpoint는 LLVM 툴 및 패스에서 문제의 근원을 추적해 나갈 수 있게 해준다. 이 툴은 최적화기 크래시, 최적화기의 잘못된 컴파일,

잘못된 네이티브 코드 생성 등을 디버깅하는 데 유용하다. 이 툴을 사용하면 문제에 대한 작은 테스트 케이스를 생성하고, 그 테스트 케이스를 기반으로 원인을 분석할 수 있다.

LLVM을 빌드하고 설치해야 한다.

다음 단계를 수행한다.

1. bugpoint 툴을 사용해서 테스트 케이스를 작성한다.

```
$ cat crash-narrowfunctiontest.ll
define i32 @foo() { ret i32 1 }

define i32 @test() {
    call i32 @test()
    ret i32 %1
}
define i32 @bar() { ret i32 2 }
```

2. 생성한 테스트 케이스에서 bugpoint를 사용해 결과를 확인한다.

```
$ bugpoint -load path-to-llvm/build/./lib/BugpointPasses.
so crash-narrowfunctiontest.ll -output-prefix crash-
narrowfunctiontest.ll.tmp -bugpoint-crashcalls
-silence-passes
Read input file     : 'crash-narrowfunctiontest.ll'
*** All input ok
Running selected passes on program to test for crash: Crashed:
Aborted (core dumped)
Dumped core
```

```
*** Debugging optimizer crash!
Checking to see if these passes crash: -bugpoint-crashcalls:
Crashed: Aborted (core dumped)
Dumped core

*** Found crashing pass: -bugpoint-crashcalls
Emitted bitcode to 'crash-narrowfunctiontest.ll.tmp-passes.bc'

*** You can reproduce the problem with: opt crash-
narrowfunctiontest.ll.tmp-passes.bc -load /home/mayur/LLVMSVN_REV/
llvm/llvm/rbuild/./lib/BugpointPasses.so -bugpoint-crashcalls

*** Attempting to reduce the number of functions in the testcase
Checking for crash with only these functions: foo test bar:
Crashed: Aborted (core dumped)
Dumped core
Checking for crash with only these functions: foo test: Crashed:
Aborted (core dumped)
Dumped core
Checking for crash with only these functions: test: Crashed:
Aborted (core dumped)
Dumped core
Emitted bitcode to 'crash-narrowfunctiontest.ll.tmp-reduced-
function.bc'

*** You can reproduce the problem with: opt crash-
narrowfunctiontest.ll.tmp-reduced-function.bc -load /home/mayur/
LLVMSVN_REV/llvm/llvm/rbuild/./lib/BugpointPasses.so
-bugpoint- crashcalls
Checking for crash with only these blocks: : Crashed: Aborted
(core dumped)
Dumped core
Emitted bitcode to 'crash-narrowfunctiontest.ll.tmp-reduced-
blocks.bc'

*** You can reproduce the problem with: opt crash-
narrowfunctiontest.ll.tmp-reduced-blocks.bc -load /home/mayur/
```

```
LLVMSVN_REV/llvm/llvm/rbuild/./lib/BugpointPasses.so -bugpoint-
crashcalls
Checking for crash with only 1 instruction: Crashed: Aborted
(core dumped)
Dumped core

*** Attempting to reduce testcase by deleting instructions:
Simplification Level #1
Checking instruction:  %1 = call i32 @test()Success!

*** Attempting to reduce testcase by deleting instructions:
Simplification Level #0
Checking instruction:  %1 = call i32 @test()Success!

*** Attempting to perform final cleanups: Crashed: Aborted (core
dumped)
Dumped core
Emitted bitcode to 'crash-narrowfunctiontest.ll.tmp-reduced-
simplified.bc'

*** You can reproduce the problem with: opt crash-
narrowfunctiontest.ll.tmp-reduced-simplified.bc -load
home/mayur/LLVMSVN_REV/llvm/llvm/rbuild/./lib/BugpointPasses.so
-bugpoint-crashcalls
```

3. 축소된 테스트 케이스를 보기 위해 llvm-dis 명령어를 사용해서 crash-narrowfunctiontest.ll.tmp-reduced-simplified.bc 파일을 .ll 형태로 변환한다. 그리고 축소된 테스트 케이스를 확인한다.

```
$ llvm-dis crash-narrowfunctiontest.ll.tmp-reduced-simplified.bc
$ cat $ cat crash-narrowfunctiontest.ll.tmp-reduced-simplified.ll
define void @test() {
    call void @test()
    ret void
}
```

예제 분석

bugpoint 툴은 커맨드라인마다 테스트 프로그램상에 전달된 모든 패스를 실행한다. 이 패스들 중 하나라도 크래시가 발생하면 bugpoint는 크래시 디버거를 실행한다. 크래시 디버거는 크래시를 발생시킨 패스들의 리스트를 최대한 축소하려고 시도하고, 불필요한 함수들을 제거한다. 테스트 프로그램을 하나의 함수로 축소시킬 수 있다면 그 후 실행 흐름 그래프의 에지들을 제거해 함수의 크기를 줄이려고 한다. 그 다음은 독립적인 LLVM 명령어들 중 크래시와 직접 연관이 없는 것들을 삭제한다. 최종적으로 bugpoint는 어떤 패스가 크래시를 유발하는지 보여주고, 축소된 테스트 케이스를 출력한다.

-output 옵션이 지정되지 않았다면 bugpoint는 "safe" 백엔드와 생성된 레퍼런스 결과에서 프로그램을 실행한다. 그리고 이후에 선택된 코드 생성기가 생성한 출력물을 비교한다. 크래시가 있다면 이전 단락에서 설명한 것처럼 크래시 디버거를 실행한다. 이 외에는 코드 생성기가 생성한 결과물이 레퍼런스 결과와 차이가 있다면 크래시 디버거와 유사한 방법으로 테스트 케이스를 축소하는 코드 생성기 디버거를 실행한다.

최종적으로 코드 생성기가 생성한 결과와 레퍼런스 결과가 동일하다면 bugpoint는 모든 LLVM 패스들을 실행하고 결과를 레퍼런스 결과와 체크한다. 불일치가 존재한다면 미스컴파일레이션 디버거를 실행한다. 프로그램을 두 개로 나누는 방법으로 미스컴파일레이션 디버거는 동작한다. 나누어진 한쪽은 지정된 대로 최적화 패스를 실행하고 그 후 두 조각을 다시 하나로 연결하고 결과를 실행한 후 패스의 리스트에서 어떤 패스가 미스컴파일을 유발하는 것인지 좁혀 나간다. 그리고 그 후 프로그램에서 잘못 컴파일되고 있는 부분을 집어낸다. 미스컴파일을 유발하는 최소화된 케이스를 출력한다.

이전의 테스트 케이스에서 bugpoint는 모든 함수의 크래시를 체크하고 테스트 함수에서 문제가 있다는 것을 알아낸다. 함수 내에서 문제되는 명령어들을 축소하는 작업도 수행한다. 각각 스테이지의 결과는 터미널에 출력되고, 그 결과로 설명은 충분히 된다. 마지막에 단순화되고 축소된 테스트 케이스를 비트코드 형태로 만드는데, 이것은 LLVM IR로 변환되고 축소된 테스트 케이스를 얻을 수 있다.

참고 사항

- bugpoint에 대해 좀 더 자세히 알아보려면 http://llvm.org/docs/Bugpoint.html을 참고한다.

LLDB 사용

이 예제에서는 LLVM이 제공하는 LLDB라 불리는 디버거의 사용 방법을 알아본다. LLDB는 차세대 고성능 디버거다. 근본적으로 재사용이 가능한 컴포넌트들의 집합으로 개발돼, 더 큰 LLVM 프로젝트에 이미 존재하는 라이브러리들과 비교했을 때 이점이 있다. LLDB는 gdb 디버깅 툴과 유사하다는 것을 알 수 있을 것이다.

준비

LLDB를 수행하기 전에 다음과 같은 과정이 필요하다.

1. LLDB를 사용하기 위해 llvm/tools 폴더의 소스코드를 체크아웃한다.

    ```
    svn co http://llvm.org/svn/llvm-project/lldb/trunk lldb
    ```

2. LLVM을 빌드하고 설치한다(LLDB도 동시에 빌드).

다음 단계를 수행한다.

1. LLDB를 사용해 간단한 예제에 대한 테스트 케이스를 작성한다.

```
$ cat lldbexample.c
#include<stdio.h>
int globalvar = 0;

int func2(int a, int b) {
    globalvar++;
    return a*b;
}

int func1(int a, int b) {
    globalvar++;
    int d = a + b;
    int e = a - b;
    int f = func2(d, e);
    return f;
}

int main() {
    globalvar++;
    int a = 5;
    int b = 3;
    int c = func1(a,b);
    printf("%d", c);
    return c;
}
```

2. -g 플래그를 이용해서 디버그 정보를 생성해 Clang으로 코드를 컴파일한다.

```
$ clang -g lldbexample.c
```

3. 이전에 생성한 파일을 LLDB로 디버깅한다. 생성된 파일을 로딩하려면 LLDB에게 파일명을 전달해야 한다.

```
$ lldb a.out
(lldb) target create "a.out"
Current executable set to 'a.out' (x86_64).
```

4. 메인 함수에 브레이크포인트를 설정한다.

```
(lldb) breakpoint set --name main
Breakpoint 1: where = a.out'main + 15 at lldbexample.c:20,
address = 0x00000000004005bf
```

5. 브레이크포인트 리스트를 보기 위해 다음 명령어를 실행한다.

```
(lldb) breakpoint list
Current breakpoints:
1: name = 'main', locations = 1
1.1: where = a.out'main + 15 at lldbexample.c:20, address =
a.out[0x00000000004005bf], unresolved, hit count = 0
```

6. 브레이크포인트를 만났을 때 실행될 명령어를 더한다. 여기서는 main 함수의 브레이크포인트를 만났을 때 백트레이스 bt 명령어를 실행하게 추가한다.

```
(lldb) breakpoint command add 1.1
Enter your debugger command(s). Type 'DONE' to end.
> bt
> DONE
```

7. 다음 명령어를 이용해 실행 파일을 실행한다. main 함수의 브레이크포인트에서 멈출 것이며, 이전 단계에서 설정한 것처럼 bt 명령어가 실행될 것이다.

```
(lldb) process launch
Process 2999 launched: '/home/mayur/book/chap9/a.out' (x86_64)
Process 2999 stopped
* thread #1: tid = 2999, 0x00000000004005bf a.out'main + 15 at
```

```
lldbexample.c:20, name = 'a.out', stop reason = breakpoint 1.1
    frame #0: 0x00000000004005bf a.out'main + 15 at
    lldbexample.c:20
  17
  18
  19 int main() {
-> 20 globalvar++;
  21 int a = 5;
  22 int b = 3;
  23
(lldb) bt
* thread #1: tid = 2999, 0x00000000004005bf a.out'main + 15 at
lldbexample.c:20, name = 'a.out', stop reason = breakpoint 1.1
  * frame #0: 0x00000000004005bf a.out'main + 15 at
lldbexample.c:20
    frame #1: 0x00007ffff7a35ec5 libc.so.6'__libc_start_
main(main=0x00000000004005b0, argc=1,
argv=0x00007fffffffda18, init=<unavailable>, fini=<unavailable>,
rtld_fini=<unavailable>, stack_end=0x00007fffffffda08) + 245 at
libc-start.c:287
    frame #2: 0x0000000000400469 a.out
```

8. watchpoint를 전역 변수에 설정하기 위해 다음 명령어를 수행한다.

```
(lldb) watch set var globalvar
Watchpoint created: Watchpoint 1: addr = 0x00601044 size = 4
state = enabled type = w
    declare @ '/home/mayur/book/chap9/lldbexample.c:2'
    watchpoint spec = 'globalvar'
    new value: 0
```

9. globalvar의 값이 3이 될 경우 실행을 멈추기 위해 watch 명령어를
사용한다.

```
(lldb) watch modify -c '(globalvar==3)'
To view list of all watch points:
(lldb) watch list
```

```
Number of supported hardware watchpoints: 4
Current watchpoints:
Watchpoint 1: addr = 0x00601044 size = 4 state = enabled type =w
    declare @ '/home/mayur/book/chap9/lldbexample.c:2'
    watchpoint spec = 'globalvar'
    new value: 0
    condition = '(globalvar==3)'
```

10. `main` 함수 이후에 실행을 계속하기 위해 다음 명령어를 사용한다. 실행 파일은 `func2` 함수 내에서 `globalvar`의 값이 3이 됐을 때 멈춘다.

```
(lldb) thread step-over
(lldb) Process 2999 stopped
* thread #1: tid = 2999, 0x000000000040054b a.out'func2(a=8,
b=2) + 27 at lldbexample.c:6, name = 'a.out', stop reason =
watchpoint 1
    frame #0: 0x000000000040054b a.out'func2(a=8, b=2) + 27 at
lldbexample.c:6
   3
   4      int func2(int a, int b) {
   5      globalvar++;
-> 6      return a*b;
   7      }
   8
   9

Watchpoint 1 hit:
old value: 0
new value: 3
(lldb) bt
* thread #1: tid = 2999, 0x000000000040054b a.out'func2(a=8,
b=2) + 27 at lldbexample.c:6, name = 'a.out', stop reason =
watchpoint 1
  *  frame #0: 0x000000000040054b a.out'func2(a=8, b=2) + 27 at
lldbexample.c:6
    frame #1: 0x000000000040059c a.out'func1(a=5, b=3) + 60 at
```

```
lldbexample.c:14
      frame #2: 0x00000000004005e9 a.out'main + 57 at
lldbexample.c:24
      frame #3: 0x00007ffff7a35ec5 libc.so.6'__libc_start_
main(main=0x00000000004005b0, argc=1,
argv=0x00007fffffffda18, init=<unavailable>,
fini=<unavailable>, rtld_fini=<unavailable>,
stack_end=0x00007fffffffda08) + 245 at libc-start.c:287
      frame #4: 0x0000000000400469 a.out
```

11. 실행 파일의 실행을 계속하기 위해 thread continue 명령어를 사용
   한다. 이는 그 이후에 브레이크포인트를 만날 일이 없기 때문에 끝까지
   실행될 것이다.

```
(lldb) thread continue
Resuming thread 0x0bb7 in process 2999
Process 2999 resuming
Process 2999 exited with status = 16 (0x00000010)
```

12. LLDB를 종료하기 위해 다음 명령어를 수행한다.

```
(lldb) exit
```

참고 사항

• LLDB 명령어는 http://lldb.llvm.org/tutorial.html을 참고한다.

LLVM 유틸리티 패스 사용

이 예제에서는 LLVM 유틸리티 패스에 대해 알아본다. 코드를 분석하는 것
만으로는 LLVM 관련해 이해하기 힘든 것들이 있는데, 유틸리티 패스는 이
름이 알려주는 것처럼 사용자들의 이해를 돕는 유용한 툴이다.

이 절에서는 프로그램의 실행 흐름 그래프를 생성해주는 2개의 유틸리티 패스를 살펴본다.

준비

LLVM을 빌드 및 설치하고 `graphviz` 툴을 설치해야 한다. http://www.graphviz.org/Download.php에서 다운로드하거나 제공 패키지가 있다면 패키지 매니저를 통해 설치할 수 있다.

예제 구현

다음 단계를 수행한다.

1. 유틸리티 패스 실행을 위해 필요한 테스트 코드를 작성한다. 테스트 코드는 if 블록으로 구성돼 있기 때문에 실행 흐름 그래프에서 새로운 에지를 생성할 것이다.

```
$ cat utility.ll
declare double @foo()

declare double @bar()

define double @baz(double %x) {
entry:
    %ifcond = fcmp one double %x, 0.000000e+00
    br i1 %ifcond, label %then, label %else

then:                    ; preds = %entry
    %calltmp = call double @foo()
    br label %ifcont

else:                    ; preds = %entry
    %calltmp1 = call double @bar()
    br label %ifcont
```

```
ifcont:                        ; preds = %else, %then
    %iftmp = phi double [ %calltmp, %then ], [ %calltmp1, %else ]

    ret double %iftmp
}
```

2. `view-cfg-only` 패스를 실행해 본체^{body}를 제외한 함수의 실행 흐름 그래프를 살펴본다.

```
$ opt -view-cfg-only utility.ll
```

3. `graphviz` 툴을 이용해 생성된 dot 파일을 열람한다.

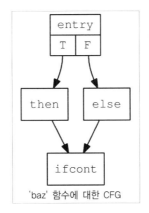

'baz' 함수에 대한 CFG

4. `view-dom` 패스를 실행해 함수의 지배자 트리^{Dominator Tree}를 열람한다.

```
$ opt -view-dom utility.ll
```

5. `graphviz` 툴을 이용해 생성된 dot 파일을 열람한다.

baz 함수를 위한 지배자 트리

- 유틸리티 패스 리스트는 http://llvm.org/docs/Passes.html#utility-passes
  를 참고한다.

찾아보기

ㄱ

가비지 컬렉션 333
가상 레지스터 182
가상 메소드 128
가상 주소 공간 331
가상 함수 83
간섭 그래프 189
간접 매핑 267
결과 피연산자 304
결합법칙 170
공유 오브젝트 129, 132
공통 로직 273
공통부분 표현식 제거 143, 254
괄호 표현식 62
교정 188
교환법칙 170
구두점 68
구분자 68
기계 명령어 190, 302
깊이 우선 탐색 172, 236
꼬리 호출 280
꼬리 호출 최적화 275

ㄴ

내장 가비지 컬렉터 전략 338
내장 레지스터 할당자 261
내장 전략 338
네이티브 머신 코드 123
네이티브 어셈블러 35
네이티브 코드 344
네이티브 플랫폼 ABI 123
네임스페이스 140
노드 이동 239

ㄷ

다중 명령어 308
다중 명령어 저수준화 308
단어 스트림 82
단일 베이직 블록 254
단항 연산자 114
단항 토큰 115
대기시간 236
덧셈 연산자 200
데이터 구조체 144
데이터 레이아웃 306
데이터 타입 140
도우미 메소드 160
도착점 328
드래곤에그 57
디버그 정보 182

ㄹ

래퍼 42
래퍼 함수 88
런타임 라이브러리 330
레지스터 열거자 286
레지스터 클래스 200
레지스터 할당 189, 236, 261
레지스터 할당 기법 263
레지스터 할당 동작 267
레지스터 할당 정책 284
레지스터 할당 제약 완화 284
레지스터 할당 제어 239
레지스터의 개수 37
레퍼런스 338
렉싱 39
루프 벡터화 171
루프 불변 코드 이동 166
루프 제거 166

루프 제거 패스 168
링크 레지스터 285
링크드 리스트 338

ㅁ

매칭 테이블 233
머신 DAG 188
머신 공통부분 표현식 제거 기법 242
머신 베이직 블록 189, 250
머신 스택 338
머신 어셈블리어 코드 333
머신 코드 210
머신 코드 계층 추상화 272
머신 코드 최적화 254
머신 코드 출력기 304
머신 함수 210, 242, 253
멀티클래스 290
메모리 디버깅 툴 330
메모리 사용량 189
메모리 새니타이저 329
메모리 참조 멤버 205
메모리 최적화 패스 161
메타데이터 331
멤버 함수 219
명령어 교정 188
명령어 문자열 294
명령어 반복 239
명령어 병합 함수 166
명령어 비트 인코딩 304
명령어 선택 생성기 229
명령어 선택 함수 300
명령어 스케줄링 189, 239, 301
명령어 연산 코드 304
명령어 인코딩 302, 303
명령어 정보 307
명령어 집합 정의 294
명령어 축약 함수 166
명령어 출력기 273, 297
명령어 타겟 서술 파일 200, 288
명령어 패턴 200
명시적 피연산자 리스트 202
문맥 자유 문법 39
물리 레지스터 254

미러링 338
미스컴파일 347

ㅂ

반복문 101
반복자 236
반환 타입 279
방향성 비순환 그래프 186
백엔드 호출 규약 285
백트레이스 350
버퍼 오버런 코드 332
베이스 주소 301
베이직 블록 102, 133
벡터 멤버 205
벡터화 171
벡터화 모델 172
변환 플래그 48
별칭 149
보조 타겟 305
보조 타겟 기능 305
보조 타겟 정보 307
복사 전파 243, 246
본체 355
분배법칙 170
분석 엔진 343
분석 패스 139
불리언 연산자 95
브레이크포인트 350
비교 연산자 94
비용 분할 생명주기 분석 239
비트 필드 302
비트코드 39
비트코드 포맷 147

ㅅ

사용자 정의 단항 연산자 120
사용자 정의 언어 76
사용자 정의 연산자 108
사용자 정의 이항 연산자 114
사용자 정의 전략 338
상수 62
상수 값 대체 170
상수 풀 색인 273

상향 트리 172
상호 재귀 함수 71
샘플 백엔드 285
생명주기 186
생명주기 분석 189
생성자 144, 201
섀도우 값 331
섀도우 메모리 331
숫자 표현식 62
슈퍼워드 수준 병렬화 171
스칼라 형태 217
스케줄러 의존성 그래프 196
스케줄링 298
스케줄링 단위 묶음 197
스케줄링 훅 189
스크립트 340
스택 209
스택 변수 338
스택 오버플로우 332
스택 크기 293
스택 포인터 285, 293
스택 프레임 275
스트리머 294
스필 코드 269
시작 표현식 102
식별자 표현식 63
실행 트레이스 342
실행 흐름 그래프 355
심볼릭 값 342
심볼릭 익스큐션 342

ㅇ

어드레스 새니타이저 329
어셈블러 API 272
어셈블리 문자열 200
어셈블리 코드 42, 125, 266
에일리어스 분석 143
엔트리 블록 270
역수 관계의 표현식 171
연산 우선순위 76
연산자 오버로딩 108
열거형 65
열거형 값 312

예외 객체 329
예외 구조체 328
예외 구조체 포인터 329
예외 종류 328
예외 처리 324
예외 처리 코드 328
예외 프레임 328
오버로딩 108
오프셋 계산 269
옵션 리스트 56
왼쪽 부등호 94
우변 62
위상 정렬 237
위상 정렬 노드 236
유도 변수 102
유익성 확인 함수 251
유틸리티 패스 353
유효 구간 255
유효 구간 목록 258
유효 구간 분석 254
유효 구간 생성 프로세스 260
유효 구간 정보 설계 254
유효성 검사 189
유효성 정보 260
유효한 번호 255
유효화 체크 243
의미 분석 39, 68
의사 명령어 308
의존성 그래프 196
의존성 라이브러리 340
이진 표현식 63
이항 연산 63
이항 연산자 108
이항 연산자 파서 116
이항 표현식 파서 76
인라인 변환 패스 157
인스턴스 201
인자 전달 규칙 287
인코딩 함수 304
일방향 트리 172

ㅈ

자동화된 선택자 188

자바스크립트 340
재귀 하향 파서 71
재귀 함수 275
재귀 호출 134, 278
재배치 순서 338
적극적인 죽은 코드 제거 152
전역 변수 177
전역 변수 주소 273
전역 컨텍스트 302
전용 벡터 명령어 171
점프 테이블 209
점프 테이블 엔트리 273
정수 타입 288
정의 사용 243
정적 단일 할당 30, 84, 102, 267
정적 단일 할당 타입 254
정적 변수 84
정적 분석기 341, 343
정적 컴파일러 298, 310
제로 값 343
제어 흐름 그래프 102, 191
조건 변수 101
조건문 94, 96
종료 조건 102
좌변 62
주소 선택 함수 301
죽은 선언 243
중간 표현 37, 98
중복 명령어 조합 32
즉각적인 코드 컴파일 94
지배자 트리 242, 253
지배자 트리 정보 148
지속시간 254
직접 매핑 267

ㅊ

차세대 고성능 디버거 348
체커 343
최상위 표현식 121
최적의 핸들러 328
최적화 기술 126
최적화 레벨 127
최적화 알고리즘 242

최적화 패스 126, 193, 347
최종 컴파일 298
최초 최적화 패스 192
최초 표현식 63
추상 구문 트리 39, 62, 67
추상 프레임 인덱스 268
추상 프레임 인덱스 교체 269

ㅋ

캐시 137
커맨드라인 옵션 342
커맨드라인 인터페이스 126
컨테이너 포맷 39
컴파일러 인스트루먼테이션 331
컴파일러 최적화 기법 278
코드 생성기 34
코드 생성기 추상화 272
코드 영역 최적화 242
코드 인스트루먼테이션 331
코드 출력 190
크래시 디버거 347
크로스컴파일러 35
클래스 생성자 243

ㅌ

타겟 독립적 DAG 188
타겟 독립적 코드 186
타겟 독립적인 명령어 233
타겟 등록 310
타겟 명령어 298
타겟 서술자 파일 285
타겟 선택 DAG 306
타겟 아키텍처 198, 201
타겟 저수준화 306
타겟 종속적인 DAG 301
타겟 종속적인 명령어 233
타겟 프레임 저수준화 306
타입 교정 188
타입 프로모션 288
탐욕스런 접근 방법 190
탑다운 파서 71
터미널 348
테스트 케이스 263

토큰 64
토큰 스트림 76
통계 데이터 243
트리플릿 306

ㅍ

파서 39, 71
파스 트리 71
파싱 로직 96
파이프라인 136
파이프라인 구조 284
패스 126
패스 리스트 136
패스 매니저 33, 136
패스 식별자 130
패스 초기화 243
패턴 166
패턴 매칭 코드 229
평행 명령어 축소 177
표현식 67
표현식 트리 172, 173
프레임 오프셋 269
프레임 저수준화 294, 307
프로그래밍 구조 67
프로그램 흐름 제어 95
프롤로그-에필로그 삽입자 패스 268
프롤로그-에필로그 코드 268
플래그 변수 멤버 205
플래그 조건 304
피연산자 140, 200
피연산자 클래스 200
피호출 저장 레지스터 268
피호출 함수 281

ㅎ

하드웨어 인코딩 286
함수 선언 63
함수 선언 파서 110
함수 수정 239
함수 시그니처 279
함수 에필로그 293
함수 인자 279
함수 정의 87

함수 프롤로그 293
함수 호출 63
핸들러 328
핸들러 카운터 329
헤더 파일 158
형제 호출 최적화 279
호출 규약 280, 287
호출 그래프 183
호출 명령어 183
호출 함수 281
확대-나누기 처리 221
확장 함수 310
활성 레코드 328
활성 상태 328
휴리스틱 189
흐름 제어문 67
힙 객체 333

A

ABI 123
Abstract Syntax Tree 39, 62
adce 48
add 명령어 178
ADD 스택 연산 292
addOperand 202, 205
addRegisterKilled() 205
address sanitizer 329
aggressive dead code elimination 152
alias 함수 145
AliasAnalysis 146
ALU 명령어 290
analysis pass 139
AND 165
Application Binary Interface 123
ARM 286, 305
ARM 프로세서 58
AsmPrinter 273
AST 39, 62
AVX 305

B

BaseAST 클래스 83
bb-vectorize 48

binary 키워드 109
body 355
Boolean 연산자 95
bugpoint 343
BuildMI() 205

C

C++ 연산자 오버로딩 108
C++ 파싱 81
callee-saved registers 268
CallingConv 287
cat 명령어 256
catch 328
CFG 39
checker 343
Clang 37
Clang 라이브러리 341
Clang 정적 분석기 341
Clang 프론트엔드 126
cmake 145
cmake 패키지 37
CMakeLists.txt 138, 297, 311, 315, 322
code generator 34
code instrumentation 331
CodeGen 83
Codegen() 83
CodeGenAndEmitDAG() 233
COFF 273
Combine redundant instructions 32
common subexpression elimination 143
constprop 48
Context Free Grammar 39
control flow graph 102
copy propagation 243
copy 명령어가 267
CPU 사이클 낭비 189
createTOYISelDag 301
cross-compiler 35
CSE 수행 함수 244

D

DAG 186
DAG 교정 단계 217

DAG 명령어 선택 생성기 229
DAG 선택 구현 302
DAG 최적화 단계 223
DAGCombine 처리 223
DAGCombine 패스 229
Data Layout 306
dce 48
dead definitions 243
deadargelim 48
def 키워드 63
DEF_TOKEN 65
diff 툴 277
Directed Acyclic Graph 186
divide-by-zero 버그 341
DoInstructionSelection() 233
Dominator Tree 355
DomTree 245
Dragonegg 57
dragonegg.so 플래그 59
dump() 89

E

ELF 273
ELF.h 312
else 토큰 97
emitEpilogue 272, 291
EmitFunctionBody() 274
EmitFunctionHeader() 274
EmitGlobalVariable() 274
EmitJumpTableEntry() 274
EmitJumpTableInfo() 274
EmitLinkage() 274
emitPrologue 272, 290
emscripten 340
enum 65
EOF_TOKEN 65
epilogue 268
eraseFromParent() 205
ex.ll 309
execution 342
ExplodedGraph 342
ExplodedNode 343
expression_parser() 117

F

false 조건 표현식 97
fastcc 280
foo 함수 169
for 반복문 103
Frame Lowering 306
free 함수 331
FunctionBlockCount.so 131
func_decl_parser() 117

G

garbage collection 333
gcc 30, 57
gdb 디버깅 툴 348
getAlways() 161
getAnalysisUsage() 243
getBasicBlock() 207
getNever() 161
getNumOperands() 205
getOpcode() 205
getVarInfo 260
globaldce 48
globalopt 48
globalvar 351
GNU Compiler Collection 30
GraphViz 툴 191, 354
greedy 접근 방법 190
gvn 48

H

heap object 333
hexdump 툴 40
hook 함수 288

I

IDENTIFIER_TOKEN 65
if 블록 354
if 토큰 97
if/then/else 94
illegal 노드 188
induction variable 102
initializePass 145
InitializePasses.h 138

inline 48
inliner.cpp 161
inlining.cpp 161
insertPrologEpilogCode() 269
instcombine 48
Intermediate representation 30, 37
intrinsic 324, 338
IR 30
IR 베이직 블록 207
IR 생성 256
IR 저수준화 211
IR 최적화 187
isalpha() 66
isCall() 205
IsEligibleForTailCallOptimization() 279
ISelLowering.cpp 278
isInsideBundle() 205
isMachineOpCode() 216
isReturn() 205
isspace() 66
isTargetOpCode() 216
isVariadic() 205
iterator 236

J

JIT 121
JIT 컴파일 94, 121
Just In Time 121

L

label 구조체 273
Left Hand Side 62
LEX 64
lexer 93
lexing 39
LHS 62
LICM 166
licm 48
LICM 패스 167
lifetime 254
live-in 번호 255
LiveInterval.cpp 260
llc 명령어 259

LLDB 348

LLVM 30

LLVM IR 병합 164

LLVM TOY 백엔드 284

LLVM trunk 234045 리비전 157

LLVM 내장 AP 83

LLVM 내장 함수 89

LLVM 디버그 빌드 260

LLVM 라이브러리 89

LLVM 루트 폴더 129

LLVM 백엔드 284

LLVM 비트코드 44

LLVM 어셈블리 45

LLVM 저장소 152

LLVM 최적화기 30, 33

LLVM 컴파일러 322

LLVM 코드 생성기 284

LLVM 패스 128

LLVM 프로젝트 286, 348

LLVM 헤더 129

llvm-as 툴 39

llvm-config 툴 89

llvm.gcread 339

llvm.gcroot 339

llvm.gcwrite 339

LLVMBuild.txt 297, 314, 315, 321

load 301

Load 연산 교정 218

loop deletion 166

loop invariant code motion 166

loop vectorization 171

loop-unswitch 48

LoopInfo 패스 133

loop문 102

loweratomic 48

LowerFormalArguments() 288

lowerinvoke 48

LowerReturn() 288

lowerswitch 48

M

MachineCSE 253

MachineFunction 273

MachineFunctionPass 229

MachineInstr 273

MachineOperand 267

MachO 273

main() 81

make 명령어 141

Makefile 140

malloc 331

matchFlatReduction() 176, 178

MBB 250

MC 계층 272

MC 레이블 구조체 273

MC 명령어 변환 190

MCCodeEmitter 273

MCExpr.cpp 312

MCExpr.h 311

MCInst 273

MCLabels 273

meld 툴 277

mem2reg 48

memcpy 163

memcpyopt 48

memory sanitizer 330

memset 163

ModRefResult 146

MOVHli16 310

MOVLOi16 310

MOVT 308

MOVW 308

mutually recursive functions 71

N

native assembler 35

NEON 305

NodeType 216

NUMERIC_TOKEN 65

O

opcodeCounter 142

opt 126

optimizer 30

OR 165

OR 연산자 108

P

PARAN_TOKEN 65
parse tree 71
parser 39, 71
pass 126
pass 클래스 128
PassManager 33
PerformCSE() 245
phi 명령어 102
pop 278
printOperand 295
private 멤버 306
ProcessBlock() 246
ProgramState 343
prologue 268
pseudo 명령어 308
push 278

R

raw_ostream 273
recursive decent parser 71
register pressure reduction 284
RHS 62
Right Hand Side 62
RISC 타입 285
runOnFunction 130, 156, 269
runOnMachineFunction() 244

S

SAMPLERegisterInfo.td 198
Scalar.cpp 138
SDAG 노드 298
sdiv 명령어 223
sdivrem 명령어 196, 223
SDK 340
SDNode 188
Select() 233, 300
SelectAddr() 302
SelectCode 188
Selection DAG 306
SelectionDAG 186
SelectionDAGISel 188
Semantic Analysis 68

semantic analysis 39
setDesc() 205
setMemRefs() 204
shadow-stack 338
Sibling call optimization 279
simplifycfg 48
sink 48
SLP 171
SLP 벡터화 171
SLPVectorizer.cpp 173
spill code 269
SSA 30, 102, 190
SSE 305
stack 209
stack roots() 338
Static Analyzer 341
Static Single Assignment 30, 84, 102
STL 76
store 301
Store 연산 교정 218
streamer 294
Superword-Level Parallelism 171
switch 명령어 209

T

TableGen 229, 284
Tail call optimization 275
tailcallelim 48
tailcallopt 279, 281
Target Lowering 306
TargetLoweringObjectFile 273
TargetRegisterInfo 267
TargetRegisterInfo.td 263
then 토큰 97
thread continue 353
THUMB 305
token 64
top-level 표현식 121
TOY 백엔드 284
TOY 아키텍처 310
TOY 어셈블리 294
TOY 언어 62
TOY 컴파일러 120

toy.cpp 66

TOY.h 314

TOYCallingConv.inc 288

TOYCallingConv.td 287

TOYFrameLowering.cpp 290

TOYFrameLowering::emitEpilogue() 290

TOYFrameLowering::emitPrologue() 290

TOYInstPrinter.cpp 295

TOYInstrFormats.td 295, 303

TOYInstrInfo.cpp 309

TOYInstrInfo.td 303

TOYISelDAGToDAG.cpp 300

TOYISelLowering.cpp 288

TOYMCAsmInfo.cpp 296

TOYMCAsmInfo.h 296

TOYMCCodeEmitter.cpp 304

TOYMCTargetDesc.cpp 318

TOYMCTargetDesc.h 317

ToyRegisterInfo.td 285

TOYSubtarget.h 305

TOYTargetInfo.cpp 314

TOYTargetMachine.cpp 315

traces 342

Triple.cpp 312

Triple.h 311

triplet 306

true 조건 표현식 97

try/catch문 328

tryToReduce() 178

type promotion 288

U

ubstituteRegister() 205

unary_parser() 116

UNARY_TOKEN 115

V

Valgrind 330

VarInfo 객체 260

vectorizeChainsInBlock() 176

VirtRegMap 267

virtual 메소드 128

W

watch 명령어 351

watchpoint 351

wrapper 42

X

x86 저수준화 188

x86-32 58

x86-64 58

X86ISelLowering.cpp 278

X86RegisterInfo.cpp 263

x86_64 호스트 플랫폼 35

XOR 165

에이콘출판의 기틀을 마련하신 故 정완재 선생님 (1935-2004)

LLVM Cookbook

한 권으로 끝내는 컴파일러와 LLVM

인 쇄 | 2017년 1월 5일
발 행 | 2017년 1월 13일

지은이 | 메이유르 판디 · 슈오그 사르다
옮긴이 | 박현재 · 민재원 · 서혜영 · 송은두 · 제한재

펴낸이 | 권 성 준
편집장 | 황 영 주
편 집 | 나 수 지

에이콘출판주식회사
서울특별시 양천구 국회대로 287 (목동 802-7) 2층 (07967)
전화 02-2653-7600, 팩스 02-2653-0433
www.acornpub.co.kr / editor@acornpub.co.kr

한국어판 ⓒ 에이콘출판주식회사, 2017, Printed in Korea.
ISBN 978-89-6077-957-0
ISBN 978-89-6077-210-6 (세트)
http://www.acornpub.co.kr/book/llvm-cookbook

이 도서의 국립중앙도서관 출판시도서목록(CIP)은 서지정보유통지원시스템 홈페이지(http://seoji.nl.go.kr)와
국가자료공동목록시스템(http://www.nl.go.kr/kolisnet)에서 이용하실 수 있습니다.(CIP제어번호: CIP2017000401)

책값은 뒤표지에 있습니다.